Bernhard Vogel / Hans-Jochen Vogel

Deutschland
aus der
VOGEL
PERSPEKTIVE

Bernhard Vogel / Hans-Jochen Vogel

Deutschland aus der VOGEL PERSPEKTIVE

Eine kleine Geschichte der Bundesrepublik

HERDER

FREIBURG · BASEL · WIEN

Gedruckt auf umweltfreundlichem, chlorfrei gebleichtem Papier

Alle Rechte vorbehalten – Printed in Germany
© Verlag Herder Freiburg im Breisgau 2007
www.herder.de
Satz: Barbara Herrmann, Freiburg i. Br.
Druck und Bindung: fgb · freiburger graphische betriebe 2007
www.fgb.de
ISBN 978-3-451-29280-4

Inhalt

Koalitionsverhandlungen nach dem Ende der Regierung Erhard –
Bilanz der Großen Koalition – Herbert Wehner (Hans-Jochen
Vogel)

Vorwort

Fast 80 Prozent aller Deutschen sind nach 1945, fast 50 Prozent nach 1965 geboren. Die Geschichte der Bundesrepublik und der DDR ist daher vielen von ihnen nicht mehr aus eigenem Erleben vertraut. Auch von den Lebensverhältnissen, unter denen sich Deutschland nach 1945 entwickelt hat, haben nur noch die Älteren eine eigene Vorstellung. Hinzu kommt die Schnelllebigkeit unserer Zeit, in der die Menschen zunehmend mit einer Flut von Informationen und Bildern überschüttet werden. Erinnerungen verblassen rasch. Das ist für die Gegenwart nicht ohne Risiko. Denn nur wer weiß – so sagt eine alte Volksweisheit – woher er kommt, weiß auch, wo er sich befindet und wohin sein Weg führen wird. Oder, um es mit Jacob Burckhardt zugespitzt zu sagen: Geschichtslosigkeit führt in die Barbarei.

Deshalb wollen wir mit diesem Buch Ereignisse und Persönlichkeiten aus den letzten sechzig Jahren in Erinnerung rufen, die uns für die Entwicklung der Bundesrepublik bedeutsam erscheinen. Wir tun das, indem wir darstellen, wie wir diese Persönlichkeiten und diese Ereignisse wahrgenommen haben, und indem wir zu beschreiben versuchen, wie sie sich in größere Zusammenhänge einordnen. Es ist also kein historisches Kompendium, sondern ein individueller Blick auf die Geschichte der Bundesrepublik aus der „Vogel Perspektive" – das heißt aus der Perspektive zweier Brüder dieses Namens, die ihr Leben lang im Dienst unseres Gemeinwesens tätig waren.

Wir gehören verschiedenen Parteien an, der Ältere der SPD, der Jüngere der CDU. Als der Jüngere 1962 dem Älteren – er war bereits Oberbürgermeister von München – seine Kandidatur für den Heidelberger Stadtrat auf der CDU-Liste ankündigte, gratulierte ihm dieser und schrieb: „Ich freue mich darüber, daß nun auch Du zu denen gehörst, die politische Verantwortung nicht nur in der Theorie predigen, sondern auch bereit sind, praktisch nach dieser Einsicht zu handeln. Daß die damit verbundenen Entscheidungen und Konsequenzen nicht immer erfreulich und angenehm sind, liegt auf der Hand ... Daß Du anderen politischen Auffassungen huldigst als ich, soll unsere Freundschaft nicht stören. Wer es mit der Demokratie ernst meint, wird auch das zu ertragen wissen ... Da unser Name recht häufig ist, haben wir dadurch eine Chance, den in dem Sachverhalt liegenden Presseeffekt hintanzuhalten."

Daran haben wir uns gehalten. Unterschiedlicher Meinung sind wir in nicht wenigen Punkten bis heute geblieben. Das kann man den einzelnen Kapiteln dieses Buches entnehmen. Aber wir haben uns stets gegenseitig respektiert und ernst genommen. Und wir haben kein Hehl daraus gemacht, dass wir beide die Grundwerte, an denen wir uns – wenn auch gelegentlich mit unterschiedlichen Ergebnissen – orientieren, aus christlichen Wurzeln herleiten.

Über Jahrzehnte sind wir nie gemeinsam aufgetreten. Jetzt tun wir es gelegentlich, so auch als Autoren dieses Buches. Wir wollen damit zeigen, dass unser Land eines solchen Grundkonsenses und auch eines vernünftigen Umgangs mit divergierenden Meinungen bedarf. Wir möchten gerne nicht als Beispiel für etwas Ungewöhnliches, sondern als Beispiel für etwas Selbstverständliches angesehen werden. Geschrieben haben wir das Buch aber auch, um unseren Mitbürgerinnen und Mitbürgern vor allem aus der jungen Generation Mut zu machen. Es macht Sinn, sich politisch zu engagieren. Wir haben keinen Grund, an der Politik oder gar an der Demokratie zu zweifeln. Die Geschichte der Bundesrepublik ist ungeachtet mancher Fehlleistungen, personeller Unzulänglichkeiten und Krisen eine beispiellose Erfolgsgeschichte. Ob sie das auch für die Zukunft bleibt, hängt von uns allen ab.

Als Kapitel-Überschriften haben wir jeweils bestimmte Daten gewählt, die uns als Anknüpfungspunkte für unsere Ausführungen am geeignetsten erschienen. Drei Kapitel haben wir gemeinsam geschrieben: das Kapitel über das Grundgesetz (Kap. 3), das Kapitel über die Einführung des Euro (Kap. 21) und die Schlussbetrachtung. Etliche Kapitel haben dagegen nur einen von uns als Verfasser. In einer Reihe von Fällen haben wir aber auch getrennte Beiträge zum selben Thema verfasst. Verzichtet haben wir darauf, uns immer dann ausdrücklich zu widersprechen, wenn wir Ereignisse oder auch Personen unterschiedlich sehen oder unterschiedlich beurteilen. Und natürlich war es nicht zu vermeiden, dass dasselbe historische Faktum in mehreren Beiträgen zur Sprache kommt – aber dann in einem anderen Zusammenhang oder auch aus einem anderen Blickwinkel. Redaktionsschluss dieses Buches war der 31.12.2006.

Wir danken dem Verlag Herder, insbesondere Herrn Dr. Rudolf Walter und, für das Schlusslektorat, Herrn Udo Richter. Aber auch von anderer Seite haben wir Unterstützung erfahren. Stellvertretend danken wir den Damen Marlies Hirt, Gisela Krause und Hildegard Lechner sowie den Herren Hartwig Bierhoff, Dr. Günter Buchstab, Prof. Dr. Dieter Dowe und Dr. Bernd Löhmann.

Vor allem aber danken wir unseren Lesern.

Hans-Jochen Vogel   Bernhard Vogel

1   8. Mai 1945 –
Als der Krieg zu Ende ging

Kriegsgefangener in Italien

Hans-Jochen Vogel

Das Kriegsende habe ich in amerikanischer Kriegsgefangenschaft in einem Lager bei Coltano in der Nähe von Pisa erlebt.

Soldat war ich seit Ende Juli 1943. Ich hatte mich freiwillig zur Wehrmacht gemeldet, weil mein Jahrgang besonders nachdrücklich von der Waffen-SS „umworben", das heißt zum Eintritt in die Waffen-SS gedrängt wurde. Erst der Annahmeschein der Wehrmacht schützte einen vor weiteren Behelligungen. Ich war damals 17 ½ Jahre alt. Auch ohne freiwillige Meldung wäre ich wenig später einberufen worden.

Nach Ausbildungszeiten in Frankreich und Mitteldeutschland und einem Fronteinsatz in Italien, der wegen einer komplizierten Verletzung vorzeitig endete, kehrte ich nach längerem Lazarettaufenthalt im Januar 1945 als Unteroffizier zu meiner Einheit nach Italien zurück. Anfang März 1945 wurde ich bei dem Versuch, eine verloren gegangene Berghöhe südlich von Bologna wieder in Besitz zu nehmen, durch einen Bauchschuss verwundet. Unser Gegner war dort eine brasilianische Einheit.

Heute wissen nur noch wenige, dass sich an dem von Hitler begonnenen Krieg an der Seite der drei Hauptalliierten USA, Sowjetunion und Großbritannien am Ende 44 weitere Staaten beteiligt haben – darunter neben acht anderen südamerikanischen Staaten eben auch Brasilien, das als einziges Land auch Truppen in Stärke einer Division nach Europa entsandte. Eben diese kam dann um die Jahreswende 1944/45 in Norditalien zum Einsatz.

US-Verbindungsoffizier bei dieser Division war übrigens ein Major namens Vernon Walters. Ich habe ihn später in Bonn während meiner Zeit als Vorsitzender der SPD-Bundestagsfraktion als Botschafter der Vereinigten Staaten persönlich kennengelernt und mit ihm die Befriedigung darüber geteilt, dass aus Feinden, die sich 40 Jahre zuvor an der Front gegenübergestanden hatten, Bundesgenossen geworden waren. Bundesgenossen, die ungeachtet einiger Meinungsverschiedenheiten – etwa in der Nachrüstungsfrage – in den Grundpositionen übereinstimmten.

Nach erneutem Lazarettaufenthalt fand ich mich im April wieder bei meinem Bataillon ein. Das Bataillon – in Friedenszeiten 600 bis 1000 Mann, jetzt aber höchstens noch 80 Mann stark – befand sich südlich des Po auf dem Rückzug. Ein Hauptfeldwebel, der es gut mit mir meinte, schickte mich mit den Handwerkern der Einheit (das waren etwa zehn Mann) und 15 Kühen (das war die letzte Verpflegungsreserve von Belang) nach Norden auf den Marsch. Ich sollte die Männer und die Kühe über den Po in Sicherheit bringen und dann irgendwo zwischen Po und Etsch oder auch nördlich der Etsch wieder mit dem Bataillon zusammentreffen. Wahrscheinlich wollte der Hauptfeldwebel so dem jüngsten Unteroffizier seiner Einheit eine Chance geben, zu überleben und früher als andere nach Hause zu kommen.

Am Abend vor dem Abmarsch – es war der 19. April 1945 – hörte ich zusammen mit einer Handvoll Kameraden in einem halb zerstörten Bauernhaus Joseph Goebbels' Rede zu Hitlers 56. Geburtstag. Obwohl wir wussten, dass die westlichen Alliierten und auch die sowjetischen Truppen schon tief nach Deutschland vorgestoßen und die Heimatorte der meisten von uns bereits besetzt waren, und obwohl auch in unserem Frontabschnitt der endgültige Zusammenbruch schon begonnen hatte, gelang es diesem teuflischen Verführer noch einmal, uns für einen Augenblick in seinen Bann zu ziehen. Ob nicht doch im letzten Moment noch die Wunderwaffen eine Wende brächten? Und ob nicht doch vielleicht der Tod des amerikanischen Präsidenten

15

Franklin D. Roosevelt, den er wohl mit dem Tode der russischen Zarin Elisabeth während des Siebenjährigen Krieges verglich, zum Auseinanderfallen des Bündnisses der Westmächte mit der Sowjetunion führen würde, so wie der Tod der Zarin das Ausscheiden Russlands aus der Allianz gegen Friedrich den Großen zur Folge hatte? So fragten wir uns. Aber die Wirkung dieses letzten Versuchs einer Massensuggestion verflog binnen weniger Minuten. Einschläge in nächster Nähe und der Anblick einzelner oder auch in Gruppen zurückflutender Soldaten brachten uns rasch auf den Boden der Realität zurück.

Meine kleine Gruppe erreichte in den folgenden Tagen mit einiger Mühe den Po. Tiefflieger und Partisanen machten jede Bewegung am Tage und auch in der Nacht überaus riskant. Am Po gab es keine intakten Brücken mehr, sondern lediglich noch Fähren, die wegen der ständigen Luftangriffe nur während der Dunkelheit übersetzen konnten. Als wir versuchten, auch unsere Kühe auf eine solche Fähre zu bringen, erklärte mich der Fährenkommandant für verrückt und drohte, uns insgesamt vom Transport auszuschließen. So ließen wir die Kühe zurück und waren froh, dass wir selber über den Fluss kamen.

Von dort marschierten wir zwischen Versprengten anderer Einheiten in Richtung Vicenza. Plötzlich umringten uns an einem Ortseingang bewaffnete Zivilisten in großer Zahl. Wir hielten Widerstand für sinnlos und nahmen die Hände hoch. Einige Minuten war die Situation angespannt. Die Partisanen – um solche handelte es sich – schienen unschlüssig, was sie mit uns anfangen sollten. Dann erschien ein katholischer Priester, der begütigend auf sie einredete und uns – inzwischen war die Zahl der Gefangenen auf über 50 angewachsen –, von den Partisanen bewacht, auf den Dorffriedhof führte. Dort saßen wir acht Stunden zwischen den Grabsteinen, bis eine amerikanische Einheit eintraf und uns zu einer Gefangenensammelstelle auf einer großen Wiese brachte.

Binnen Kurzem versammelten sich auf dieser Wiese etwa 5000 Gefangene, und zwar nicht nur Deutsche, sondern auch

Dienstverpflichtete, Freiwillige und sogenannte Hilfswillige aus vieler Herren Länder, die meisten in einem ziemlich kläglichen Zustand. Auf der anderen Seite der Wiese zogen in einer nicht abreißenden Kolonne amerikanische Einheiten mit Panzern, Lastwagen und Jeeps vorbei. Im Vergleich zu unseren armseligen Resten eine schier erdrückende Fülle an Menschen und Material, die uns den ganzen Wahnsinn der Hitler'schen Kriegsverlängerung aufs Drastischste vor Augen führte.

Von Vicenza wurden wir nach einem kurzen Aufenthalt in einem Zwischenlager mit Lastwagen über den Futa-Pass nach Pisa transportiert. Die Ladeflächen waren mit 40 bis 50 Männern pro Fahrzeug dicht besetzt. In den Passkurven schwankten die Fahrzeuge bedenklich. Durch Pisa marschierten wir am frühen Morgen am Schiefen Turm vorbei in ein ausgedehnteres Gefangenenlager, in dem etwa 25.000 Mann untergebracht waren. Die Lebensbedingungen waren einigermaßen erträglich. Da ich von der Schule her etwas Englisch konnte, wurde ich als Dolmetscher eingesetzt. Meine Aufgabe war es dabei unter anderem, Nachrichten aus der amerikanischen Armeezeitung *Stars and Stripes* zu übersetzen und an ein Schwarzes Brett zu heften.

Dort befestigte ich am 9. Mai 1945 eine Meldung, die, von mir in ein ziemlich holperiges Deutsch übertragen, die bedingungslose Kapitulation und damit das Ende des Zweiten Weltkrieges in Europa verkündete. Was ich in diesem Augenblick am stärksten empfand, war die Erleichterung darüber, dass das Morden und Töten endlich vorbei war. Dieses Gefühl war stärker als die Wahrnehmung dieses Tages als Tag der totalen Niederlage Deutschlands. Dass es zugleich der Tag der Befreiung war, der Befreiung weiter Teile Europas und auch unseres eigenen Landes von einem mörderischen Gewaltregime, lag damals außerhalb meiner Vorstellung. Auch darüber, dass die totale Niederlage für einen völligen Neuanfang bessere Voraussetzungen schuf als das Ende des Ersten Weltkrieges für die Weimarer Republik, habe ich mir damals keine Gedanken gemacht.

Meinen Mitgefangenen ging es ähnlich. Über unser künftiges Schicksal waren wir im Ungewissen. Natürlich hofften wir, eines Tages nach Hause zurückkehren zu können. Aber viele, darunter auch ich, hielten es für wahrscheinlicher, dass wir zunächst auf Jahre hinaus als Gefangene in Frankreich oder in der Sowjetunion zum Wiederaufbau der von uns zerstörten Städte und Landschaften eingesetzt würden.

Über das Ausmaß der Verbrechen während der Zeit der NS-Gewaltherrschaft waren wir uns zu diesem Zeitpunkt nicht im Klaren. Was darüber in *Stars and Stripes* zu lesen war – etwa über die Leichenberge in den von den Alliierten befreiten Konzentrationslagern – erschien mir und den meisten Mitgefangenen unfasslich. Einzelne Gefangene, die als Soldaten im Osten eingesetzt waren, bevor sie nach Italien kamen, sprachen allerdings von Massenexekutionen von Juden.

Eine konkrete Vorstellung, wie es in Deutschland weitergehen, wie dort ein neuer Anfang möglich sein sollte, hatte niemand von uns. Über die Frage, wie wohl die elementarsten Lebensbedürfnisse zu decken seien, gingen die Gespräche kaum hinaus. Einzelne spekulierten darauf, dass es schon bald zu einem Konflikt zwischen den Westmächten und der Sowjetunion kommen könnte und wir dann wieder gebraucht würden. Aber sie fanden wenig Gehör.

Hätte uns damals einer die Entwicklung vorausgesagt, die das Land seitdem genommen hat – wir hätten ihn für einen Fantasten gehalten und an seinem Verstand gezweifelt. Und kaum einer von uns hätte geglaubt, dass unser Volk schon in absehbarer Zeit wieder einen geachteten Platz in der Völkergemeinschaft einnehmen würde. Immerhin war damals von der Umwandlung Deutschlands in einen Agrarstaat und seiner Aufteilung in eine ganze Reihe von Staaten die Rede. Ich meine, wir haben allen Anlass, dafür unserem Schicksal – oder, wie ich persönlich sagen möchte, dem Herrgott – dankbar zu sein.

Für mich selbst ging die Gefangenschaft erfreulich rasch zu

Ende. Schon im Juli 1945 fuhr ich mit einigen hundert Kameraden über die wiederhergestellte Eisenbahn-Linie über den Brenner nach Deutschland zurück. Eine gute Woche mussten wir auf dem ehemaligen Fliegerhorst Heufeld bei Bad Aibling auf freiem Feld verbringen. Dann erhielten wir unsere Entlassungspapiere, und ein Lastwagen brachte mich zusammen mit 30 bis 40 anderen Gefangenen ohne Rücksicht auf unsere Heimatorte aus unerfindlichen Gründen nach Mainz, wo wir französischen Posten – Mainz gehörte damals zur französischen Besatzungszone – geradezu vor die Füße gekippt wurden. Nicht wenige wurden von den Franzosen in solchen Fällen wieder eingesammelt und zur Arbeit im Bergbau oder in der Landwirtschaft für mehrere Jahre nach Frankreich überstellt. Ich hatte Glück und kam trotz oder vielleicht gerade wegen meines abenteuerlichen Aufzuges – ich trug noch immer eine Tarnhose, eine uralte Wehrmachtsjacke und einen blauen Tropenhut – und wohl auch wegen meines sehr jugendlichen Aussehens unbehelligt über eine schon wieder passierbare Behelfsbrücke über den Rhein nach Wiesbaden in die amerikanische Besatzungszone. Einen Tag später war ich zu Hause bei meinen Eltern in Gießen. Meine Mutter war seit meinem letzten Urlaub schneeweiß geworden. Die Luftangriffe in den letzten Kriegsmonaten und die Sorge um ihren Sohn, von dem sie monatelang keine Nachricht erhielt, hatten ihr schwer zugesetzt. Es war der 27. Juli 1945 – auf den Tag zwei Jahre nach meiner Einberufung 1943.

Schlussfolgerungen aus dem Erlebten habe ich schrittweise gezogen. Zunächst ging es darum, das tägliche Leben zu sichern – also einigermaßen zu essen, genügend Wärme im Winter und ein Dach über dem Kopf zu haben. Dann war es wichtig, einen Beruf zu finden und mit der Ausbildung – in meinem Fall war es das Jura-Studium – voranzukommen. Bald wurde mir aber klar, dass es nicht genügte, sich nur um die eigenen Angelegenheiten zu kümmern. Je mehr das Ausmaß der Katastrophe und der materiellen und moralischen Zerstörungen deutlich wurde, umso mehr kam ich zu dem Ergebnis: Du musst dich auch für das Gemeinweisen engagieren und dich am Wiederaufbau politischer Strukturen beteiligen, die eine Wiederholung des Geschehens unmöglich machen und Deutschland in den Kreis der Völker- und Staatengemeinschaft zurückführen. Eine Konsequenz daraus war dann 1950 mein Beitritt zur deutschen Sozialdemokratie, aus dem schließlich ein lebenslanges politisches Engagement erwuchs.

* * *

Schüler ohne Schule

Bernhard Vogel

Am 8. Mai 1945 war für mich der Krieg schon seit ein paar Wochen zu Ende. Nach den schweren Luftangriffen auf Gießen im Dezember 1944, die auch unser Haus unbewohnbar machten, waren wir auf das landwirtschaftliche Versuchsgut der Universität, für das mein Vater verantwortlich war, zurückgekehrt. Als die Front näher rückte, hatten einige zur Versorgung der Tiere auf dem Hof zurückgebliebene Männer zu unserem Schutz in einem Hohlweg einen kleinen Bunker in die Felswand gesprengt. Dort kampierten wir – ein paar Frauen, darunter meine Mutter, und ein halbes Dutzend Kinder – seit ein paar Tagen notdürftig. Geschlafen wurde abwechselnd in einem Schäferwagen. Am Ostersonntag – es war der 1. April – zogen Hunderte ausgemergelter, nur notdürftig bekleideter Männer, die sich zum Teil mühsam aufeinander stützten, in Holzpantinen oder barfuß an uns vorbei: „Freigelassene Gefangene", Zwangsarbeiter, sagte man mir, dem damals 12-Jährigen. Dann herrschte plötzlich eine ungewohnte Stille: Der Fluglärm, die Bombenabwürfe, der Kanonendonner, die Geschosseinschläge, die uns seit Monaten zum schrecklichen Alltag geworden waren, hatten aufgehört. Der

Krieg sei nun für uns zu Ende, hieß es. Wir seien auf Gedeih und Verderb den amerikanischen Soldaten ausgeliefert.

Mit dem 8. Mai selbst verbinde ich keine konkrete Erinnerung. Nur verspätet und unvollständig erfuhren wir von der bedingungslosen Kapitulation in Reims und Berlin. Erst viel später wurde mir die historische Bedeutung dieses Tages bewusst.

Am Ostermontag rollte der erste amerikanische Jeep auf den Hof. Zum ersten Mal sah ich einen Menschen schwarzer Hautfarbe. Ich war neugierig, aber ich kann mich nicht erinnern, Angst gehabt zu haben.

Erleichterung erfasste uns: Die Monate zuvor hatten wir zum großen Teil im Luftschutzkeller verbracht. Vor allem während der Nacht flogen amerikanische und englische Bombergeschwader – meist nach Osten – über uns hinweg und kamen wenige Stunden später zurück. Manchmal luden sie ihre Bombenlast aber auch in unmittelbarer Nähe ab, und der Feuerschein brennender Städte erhellte die Dunkelheit. Ich lernte zu unterscheiden: Bomben, die man pfeifen hört, treffen einen nicht. Die Tage und Nächte, in denen die Bomben auf Gießen fielen, die Angst, mit der ich mich an meine Mutter klammerte, werde ich nie vergessen. Zum Beispiel ist mir der Nikolaustag 1944 deswegen in schlimmer Erinnerung.

Bis heute überrascht mich, dass der Bombenkrieg, dass der Tod und das Leid so vieler Menschen erst so spät eine Rolle in der zeitgeschichtlichen Diskussion gespielt haben und dass eines der ersten Bücher zu diesem Thema, das eine breite Diskussion auslöste, erst 2002 erschienen ist (Jörg Friedrichs *Der Brand*). Hat der Bombenkrieg das Ende des nationalsozialistischen Terrorregimes tatsächlich beschleunigt? Es ist trostreich, dass heute die Kathedrale von Coventry, der am meisten von deutschen Bomben zerstörten englischen Stadt, und die Dresdner Frauenkirche – nicht allein das Kreuz auf der Kuppel ist eine Spende aus England – zum Symbol der Aussöhnung und zum Zeichen gegen das Vergessen geworden sind.

21

Bevor die Amerikaner im April 1945 auf den Hof kamen, hatte eine dort einquartierte SS-Kompanie das Weite gesucht. Ein SS-Sturmführer floh mit Frau und Kind in einem voll bepackten KdF-Wagen, einem Vorläufer des „Käfers". Auf dem Autodach hatte er zwei große, farbige Hitler-Bilder befestigt.

Die Amerikaner errichteten auf den Feldern rund um den Hof ein großes Tanklager und füllten aus Tanklastern Benzin in Tausende von Benzinkanistern. Wegen der Brandgefahr mussten wir von einem auf den anderen Tag den Hof verlassen und in die Stadt zurückkehren. Die Verdunkelung war aufgehoben: Zum ersten Mal sah ich mit Bewusstsein eine von elektrischem Licht erleuchtete Stadt, ein für mich damals unglaublicher Anblick, den ich nie vergessen habe. Von Schule sprach niemand: Die Lehrer, soweit sie überlebt hatten, waren noch nicht wieder aus dem Krieg zurück. Die Gebäude waren größtenteils zerstört.

Im Herbst 1944 waren die Gymnasien aus der zerstörten Stadt aufs Land verlagert worden. Soweit wir in der Stadt geblieben waren, wurden wir aus allen Schulen zusammengefasst und notdürftig weiter unterrichtet. Anfang Dezember kam der Schulbetrieb endgültig zum Erliegen.

Für Millionen Mütter und Ehefrauen stand die Sorge um das Überleben ihrer Söhne und Männer im Mittelpunkt. Die Nachrichten beschränkten sich auf das Hörensagen. Post oder gar Telefon gab es zunächst nicht. Nur eine deutschsprachige Zeitung für die ganze amerikanische Zone – die *Neue Zeitung* – wurde in München herausgegeben. Sie erschien zweimal wöchentlich und musste im Tabakladen abgeholt werden. Unsere gute Mutter verzehrte sich vor Sorge um meinen älteren Bruder.

Im Übrigen war man um die Beschaffung von Nahrungsmitteln bemüht. Das Hamstern begann und der Schwarzmarkt entwickelte sich. Der Schüler ohne Schule wurde zum Gärtner: Kartoffeln und Zuckerrüben wurden gepflanzt, wo immer ein Quadratmeter dafür zu sichern war. Ich zog in einem Bombentrichter, in dem ich windgeschützte Terrassen anlegte, Tomaten.

Die Trümmer der zerbombten Häuser wurden zu Fundgruben: erhalten gebliebene Dachziegel, nicht verbrannte Fensterrahmen und Türblätter. Jeder Nagel fand neue Verwendung. Das Steineklopfen wurde zur Alltagsbeschäftigung. Glas war besonders wertvoll, um die eigenen Fenster nicht nur mit Pappe oder Packpapier vernageln zu müssen.

Im Herbst 1945 hörten wir von den ersten Bemühungen, die Schule wieder beginnen zu lassen. Da die meisten Lehrer noch nicht „entnazifiziert" waren, das heißt noch nicht über einen Bescheid der Spruchkammer verfügten, durften sie nur kleine Gruppen und nur in ihrer Privatwohnung unterrichten. Also zogen wir zu fünft oder sechst vom Lateinlehrer zum Mathematiklehrer und von dort weiter zum Deutschlehrer. Die Wege nahmen mehr Zeit in Anspruch als der Unterricht. Schulbücher gab es nicht: Die aus der NS-Zeit waren verboten und neue weder geschrieben noch gedruckt. Matrizendrucker hatten Seltenheitswert, und wo es sie gab, fehlten Papier und Druckpaste. Schließlich kam ein halbwegs normaler Schulbetrieb wieder in Gang. Soweit wir in Gießen wohnten und nicht Fahrschüler waren, fand der Unterricht nachmittags in der Dienstwohnung unseres früheren Direktors statt. Weil er aktiver Nationalsozialist gewesen war, wurde er abgesetzt und dazu verurteilt, vor unserer Schule den Kanal und die Straße zu reinigen.

Um wirklich zu begreifen, was vor dem 8. Mai 1945 in Deutschland geschehen war und was jetzt geschah, war ich noch zu jung. Nur vereinzelt hatte ich eine Idee davon bekommen, welche Katastrophen sich ereigneten. So mussten wir nach dem Februar 1943 in der Volksschule, der heutigen Grundschule, zu Beginn des Unterrichts aufstehen. Der Lehrer spielte auf seiner Geige und sagte zu uns mit getragener Stimme: „Wir denken an Stalingrad."

Zu Hause wurden gegen Ende des Krieges – insbesondere, als die Sorge um meinen Bruder an der Front wuchs – nach besonders sorgsamer Überprüfung der Verdunkelung nahezu jeden Abend „Feindsender" gehört. Vor allem die deutschsprachigen Nachrichten der BBC, und dort die scharfen Kommentare von Lindley Fraser, sind mir in Erinnerung geblieben. Ebenso ist mir die Rundfunkansprache Adolf Hitlers vom 1. September 1939 im Gedächtnis geblieben: „Ab 5 Uhr 45 wird zurückgeschossen!" – nicht zuletzt, weil sie später immer wieder wiederholt wurde. Auch die Rede von Joseph Goebbels im Berliner Sportpalast – „Wollt ihr den totalen Krieg?"– und der anschließende fanatische Beifall klingen bis heute nach.

Von ihren jüdischen Schulkameradinnen, von denen man nichts mehr wisse, hat meine Mutter uns erzählt. Als die Geschwister Scholl und ihre Gefährten hingerichtet wurden, sagte sie uns, Kurt Huber, der ebenfalls hingerichtete Mentor der Gruppe, sei entfernt mit uns verwandt. Davon dürften wir aber niemandem etwas erzählen.

Als ich zehn Jahre alt geworden war, musste ich zum Jungvolk und bekam die dazugehörige Uniform. Aber meine Eltern erwirkten ein ärztliches Attest, das bescheinigte, ich sei kränklich, litte unter Asthma und müsse deshalb vom Dienst befreit werden. Für mich war das damals bitter, denn ich wäre gerne mit auf die Fahrten gegangen, hätte gerne Geländespiele gemacht und gezeltet. Wenn am Montag in der Schule davon erzählt wurde, konnte ich nicht mitreden.

Auch jetzt, nach dem Ende des Krieges, erschloss sich mir erst langsam, was vor dem 8. Mai 1945 geschehen war und was jetzt geschah. Ich begann, meinem Lateinlehrer aufmerksam zuzuhören, wenn er von den lateinischen Texten über die römische Republik einen Bogen zur Gegenwart schlug, begann Zeitung zu lesen und Rundfunknachrichten zu hören – zumal ich samstagabends von meinem mittlerweile heimgekehrten Bruder abgefragt wurde, was in der vergangenen Woche Wichtiges geschehen war, und mit richtigen Antworten mein Taschengeld aufbessern konnte.

Im Stadttheater wurde Carl Zuckmayers *Des Teufels General* gegeben. Die Fliegertragödie führte 1947 zu einer der ersten öffentlichen Diskussionen um die jüngste Vergangenheit, um aktiven Widerstand oder passives Erdulden. Ich war so beeindruckt, dass ich eines Nachmittags, ohne meine Lehrer zu fragen, meine ganze Klasse veranlasste, eine Jugendvorstellung zu besuchen. Ich bekam vier Stunden Arrest und musste einen Aufsatz über das Stück schreiben. Jahrzehnte später – Zuckmayer war inzwischen aus dem Exil in Vermont nach Europa, nach Saas Fee zurückgekehrt – war er oft mein Gast in der Mainzer Staatskanzlei, und er las (mit Schmunzeln) meinen jugendlichen Versuch. Zum Gedächtnis an ihn habe ich später den Zuckmayer-Preis zur Pflege der deutschen Sprache gestiftet. Er wird mit einer Carl-Zuckmayer-Medaille und einem Fass mit 30 Litern Wein aus seinem Geburtsort, dem rheinhessischen Nackenheim, von meinem Mainzer Nachfolger noch heute verliehen.

Ich begann zu lesen. Walter Dirks und die von ihm herausgegebenen *Frankfurter Hefte* gehörten zu meiner regelmäßigen Lektüre, später auch die Zeitschrift *Hochland*. Sehr früh fiel mir Eugen Kogons Buch *Der SS-Staat* in die Hände. Ich war erschüttert. Das ganze furchtbare Ausmaß der nationalsozialistischen Verbrechen begann sich mir zu erschließen.

Ein Schulkamerad nahm mich mit in die wöchentlichen Gruppenabende einer katholischen Gemeinschaft von Gymnasiasten, des Bundes Neudeutschland. Dort wurde die Bibel gelesen und ausgelegt. Ich wurde in meiner Pfarrei heimisch, wurde Ministrant und bald selbst Gruppenführer. Wir machten die ersten größeren Fahrten, anfangs mit von den Amerikanern bereitgestellten Lastwagen, nach der Währungsreform auch mit eigenen Fahrrädern. Wir besuchten Zeltlager und Jugendburgen, erlebten Einkehrtage und die ersten Exerzitien. Langsam begann sich bei mir zu ordnen, was ich las und hörte. Furchtbares war geschehen. Man konnte und man durfte es nicht vergleichen, es gab nichts Vergleichbares! Aber wir hatten überlebt. Neues entstand, und wir durften dabei sein und mitgestalten.

Josef Pieper, mit seinen Büchern und philosophischen Traktaten, hat mich beeindruckt, Romano Guardini habe ich gelesen. An erzählender Literatur begann ich Werner Bergengruen zu lesen, Ernst Wiechert, Heinrich Böll und auch schon Hermann Hesse. Mit der Frage, was ich später studieren sollte, habe ich mich damals allerdings noch nicht befasst. Dazu war ich, ganz im Gegensatz zu meinem Bruder, ein viel zu schlechter Schüler und keineswegs sicher, ob ich das Abitur bestehen würde. Als mein Vater mich allerdings für eine Hotelfachschule anmelden wollte, habe ich erfolgreich Widerstand geleistet. Im Sommer 1949 erfüllte sich der Wunsch meiner Eltern. Wir zogen nach München. Kein Abschied ist mir schwerer gefallen als dieser Abschied von Gießen. Von meiner Klasse, meiner Pfarrei, meiner Jugendgruppe, von meinen Freunden. Es war der Abschied von meiner Kindheit.

2 20. Juni 1948 –
Die Währungsreform stellt Weichen

Aus der Sicht von Hans-Jochen Vogel

In der Nachkriegsgeschichte der Bundesrepublik nimmt der 20. Juni 1948 einen besonderen Platz ein. Es war der Tag, an dem das von den drei westlichen Militärgouverneuren erlassene erste Gesetz zur Neuordnung des Geldwesens, das sogenannte Währungsgesetz, in Kraft trat: der Tag, an dem das Geld endlich wieder etwas wert war. Das gelang unter anderem deshalb, weil die öffentlichen Schulden, die das NS-Regime insbesondere in den Kriegsjahren in astronomischer Höhe aufgehäuft hatte, gestrichen und die privaten Guthaben im Verhältnis 10:0,65 reduziert wurden. An Bargeld konnte jeder an diesem Tag 40 Reichsmark und wenig später noch einmal 20 Reichsmark im Verhältnis 1:1 in D-Mark umtauschen. Ich erinnere mich noch gut daran, wie wir in einer langen Schlange vor einem Schalter nach dem neuen Geld anstanden und schließlich die neuen Scheine mit einer Mischung aus Freude, Hoffnung, aber auch gelinden Zweifeln in den Händen hielten. Die zwiespältigen Gefühle erhielten zusätzliche Nahrung, als im zeitlichen Zusammenhang mit der Währungsreform alsbald nicht nur das System der Lebensmittelkarten und der Bezugsscheine schrittweise beseitigt, sondern auch die staatlichen Preisbindungen aufgehoben wurden. „Kann das so von heute auf morgen wirklich gut gehen?" – so fragten wir uns. Diese Sorge wurde auch in der politischen Diskussion geäußert, und zwar nicht nur von Sozialdemokraten. Vor allem die Aufhebung der Preisbindung stieß auf erhebliche Bedenken, weil angesichts der noch immer vermuteten Knappheit des Angebots starke Preissteigerungen befürchtet wurden.

Aber es ging gut – jedenfalls im Endergebnis. Die Regale in den Läden füllten sich in einer Geschwindigkeit, die man nicht für möglich gehalten hätte. Selbst Waren, die vor dem 20. Juni – wenn überhaupt – nur auf dem schwarzen Markt zu erlangen waren, lagen nun plötzlich in den Schaufenstern. Ob man sie bekam, war wieder allein davon abhängig, ob man das notwendige Geld besaß. Und das floss allmählich, weil die Löhne und Renten im Verhältnis 1:1 gezahlt wurden. Studenten, wie ich damals einer war, taten sich da schwerer. Ein Darlehen des Studentenwerks in Höhe von 30 D-Mark, das ich später zurückgezahlt habe, half mir über das Gröbste hinweg. Natürlich fragten wir uns, woher all die Waren und Lebensmittel von einem Tag auf den anderen eigentlich kamen. Sie mussten wohl in erheblichem Umfang von denen gehortet worden sein, die das richtige Gespür hatten. Zudem gab die neu gewonnene Geldstabilität dem Arbeitseifer und damit der Produktion einen starken Auftrieb.

Vorbereitet und durchgeführt wurde die Währungsreform für die drei westlichen Besatzungszonen von den Besatzungsmächten, vor allem von der amerikanischen Besatzungsmacht, die ihrerseits deutsche Experten beteiligte. Einer von ihnen, Erwin Hielscher – er war zu meiner Oberbürgermeisterzeit in München Stadtkämmerer – erzählte mir später, wie intensiv unter amerikanischer Aufsicht und strenger Isolierung von der Außenwelt in einer Kaserne in der Nähe von Kassel zwischen dem 21. April und dem 8. Juni 1948 in mehreren Sitzungen die verschiedensten Varianten erörtert wurden.

Die rasche und umfassende Aufhebung der Bewirtschaftungsbestimmungen und der Preisvorschriften war hingegen das Werk Ludwig Erhards, der diese Entscheidungen als Direktor der Verwaltung für Wirtschaft der sogenannten Bizone mit bewerkenswerter Risikobereitschaft nahezu im Alleingang und ohne Abstimmung mit der Militärregierung im Zwei-Zonen-Wirtschaftsrat in Gestalt des sogenannten Leitsätzegesetzes vom 24. Juni 1948 durchsetzte.

Beide Maßnahmen – die Währungsreform und die Freigabe der ökonomischen Aktivitäten – waren der Beginn dessen, was man später als Wirtschaftswunder bezeichnete. Allerdings gab es auf dem Weg dorthin noch eine Reihe von Schwierigkeiten. So kam es noch im Sommer und im Herbst 1948 zu erheblichen Preissteigerungen und zu Reallohneinbußen, gegen die die Gewerkschaften im November 1948 sogar mit einem eintägigen Generalstreik protestierten. Auch wuchs vorübergehend die Arbeitslosigkeit. Erst Anfang der 50er Jahre stellte sich ein selbsttragender Aufschwung ein. Dass Ludwig Erhard – ab September 1949 als Bundeswirtschaftsminister unter Konrad Adenauer – hartnäckig an seinen Vorstellungen festhielt, trug dazu wesentlich bei.

Eine weitere wichtige Ursache für den wirtschaftlichen Aufschwung war das europäische Wiederaufbauprogramm der USA, das nach seinem Urheber, dem amerikanischen Generalstabschef im Zweiten Weltkrieg und späteren Außenminister, allgemein als Marshall-Plan bezeichnet wurde. In seinem Rahmen stellten die USA für den Wiederaufbau der westeuropäischen Wirtschaft zwischen 1948 und 1952 die für damalige Verhältnisse enorme Summe von 13,3 Mrd. US-Dollar zur Verfügung, von denen rund 1,4 Mrd. in die Bundesrepublik und nach West-Berlin flossen. Eine solche Hilfeleistung des Siegers für den unterlegenen Kriegsgegner wenige Jahre nach dessen Kapitulation war ein absolutes Novum. Sie spielte auch psychologisch für die Stimmung im Lande eine erhebliche Rolle, weil die Besatzungsmacht auf diese Weise vom Vormund zur Helferin wurde. Natürlich sollte auf diese Weise auch der Gefahr begegnet werden, dass sich die Menschen in ihrer Verzweiflung dem Kommunismus zuwenden würden und sich so der Einfluss der Sowjetunion verstärken könnte. Aber das ändert nichts an dem solidarischen Charakter dieser amerikanischen Entscheidung, die wahrlich alles andere als selbstverständlich war. Ich empfinde jedenfalls noch heute ein Gefühl der Dankbarkeit, wenn ich über jene Zeit nachdenke.

Der 20. Juni 1948 bewirkte aber noch mehr. Verblasste doch der Nachkriegskonsens darüber, dass unsere Gesellschaftsordnung auch im ökonomischen Bereich von Grund auf erneuert werden müsse, von diesem Tage an schnell. Vor dem 20. Juni bewegte viele von denen, die überlebt hatten, der Gedanke, aus dem Zusammenbruch der nationalsozialistischen Gewaltherrschaft und dem vorangegangenen Scheitern der Weimarer Republik müsse gerade im Bereich der Ökonomie etwas Neues hervorgehen: eine freiheitliche, nicht kommunistische Gesellschaftsordnung jenseits des Kapitalismus etwa, wie sie der namhafte Nationalökonom und Soziologe Richard Löwenthal 1946 unter dem Pseudonym Paul Sering in seinem gleichnamigen Buch entworfen hatte – und wie sie wohl auch den Verfassern des Ahlener Programms der CDU der britischen Besatzungszone von 1947 vorschwebte, in dem es hieß, das kapitalistische Wirtschaftssystem sei den staatlichen und sozialen Lebensinteressen des deutschen Volkes nicht gerecht geworden. Selbst in den im Juli 1949 von diesem von Konrad Adenauer geführten Unionsverband verabschiedeten Düsseldorfer Leitsätzen findet sich noch der Satz: „Neben größtmöglichster Streuung des Eigentums bejahen wir im industriellen Raum Unternehmensformen des Gemeineigentums dann, wenn sie wirtschaftlich zweckmäßig, betriebstechnisch möglich und politisch notwendig sind." Ich glaube nicht, dass man diese übereinstimmenden Gedankengänge in verschiedenen politischen Lagern von heute her als eine Äußerung des Zeitgeistes oder der Mode der Jahre 1946 und 1947 erklären kann. Vielmehr waren darin die Erfahrungen der vorangegangenen Jahrzehnte ebenso zu spüren wie der Wunsch, der Wiederkehr ökonomischer und von ihnen verursachter politischer Krisen künftig wirksam zu begegnen. Gerade anhand des Buches von Richard Löwenthal wurde darüber seinerzeit an den Universitäten viel diskutiert. Auch in Marburg, wo ich damals mein vor der Einberufung im Frühjahr 1943 in München begonnenes Jurastudium fortsetzte.

Diese Vorstellungen schob Ludwig Erhard beiseite, indem er Fakten schuf, die sich als stärker erwiesen. Er verband sie mit dem Begriff der Sozialen Marktwirtschaft, den er von der sogenannten Freiburger Schule und insbesondere von dem Ökonomie-Professor Alfred Müller-Armack übernahm. Darunter sollte eine Wirtschaftsordnung verstanden werden, die das Wettbewerbsprinzip mit sozialen Sicherungen verband und für den Markt einen staatlichen Rahmen vorsah, so zum Beispiel eine straffe Wettbewerbskontrolle, und auch eine Ordnung, in der 1951 sogar die paritätische Mitbestimmung in der Montanindustrie Platz fand.

Die Union hatte sich parallel dazu von ihrem Ahlener Programm gelöst. Die Sozialdemokratie hielt jedenfalls in ihrer Programmatik noch länger an planwirtschaftlichen Elementen fest. Erst in ihrem 1959 verabschiedeten Godesberger Programm bekannte sie sich endgültig zu dem Prinzip einer vom Staat in bestimmten Grenzen gehaltenen Marktwirtschaft unter Wahrung der sozialen Gerechtigkeit. „Wettbewerb so weit wie möglich – Planung so weit wie nötig!" lautete der entsprechende Kernsatz, den das Godesberger Programm aus dem Berliner Aktionsprogramm von 1954 übernahm. An diesem Prozess habe ich nach meinem Parteibeitritt auf der örtlichen Ebene in München mitgewirkt. Ganz leicht fiel mir das am Anfang nicht, weil mich der Gedanke des Gemeineigentums an marktbeherrschenden Unternehmen noch lange faszinierte.

Die Währungsreform löste schließlich noch einen anderen, weit über den wirtschaftlichen Bereich hinaus bedeutsamen Vorgang aus – nämlich die Blockade West-Berlins durch die Sowjetunion und als Antwort darauf die Luftbrücke. Die Sowjetunion hatte versucht, die von ihr für ihre Besatzungszone am 23. Juni 1948 angeordnete Währungsreform, mit der sie auf die westliche Währungsreform reagierte, auf ganz Berlin zu erstrecken. Als die Westmächte daraufhin am 24. Juni die D-Mark in den drei westlichen Sektoren Berlins einführten, verhängte die Sowjetunion eine vollständige Blockade West-Berlins für alle Land- und Wasserwege. Den Amerikanern gelang es jedoch, von den Engländern unterstützt, die Versorgung West-Berlins mit den notwendigsten Lebensmitteln und Waren in einer gewaltigen Anstrengung auf dem Luftwege sicherzustellen. Daran scheiterte die Blockade. Am 12. Mai 1949 wurde sie von der Sowjetunion aufgehoben. Sie scheiterte aber auch am Freiheitswillen der Berliner, dem Ernst Reuter als Bürgermeister Ausdruck gab.

Das tat er besonders nachdrücklich in der historischen Rede, die er am 9. September 1948 vor über 600.000 Menschen auf dem Platz vor der Reichstagsruine hielt. In dieser Rede, die ein weltweites Echo auslöste, sagte er unter anderem: „Ihr Völker der Welt, ihr Völker in Amerika, in England, in Frankreich, in Italien! Schaut auf diese Stadt und erkennt, dass ihr diese Stadt und dieses Volk nicht preisgeben dürft und preisgeben könnt! Es gibt nur eine Möglichkeit für uns alle gemeinsam, so lange zusammenzustehen, bis dieser Kampf gewonnen (ist)." Das war ein wichtiger Schritt auf dem Wege zur Rückkehr Deutschlands in die Familie der freien Völker. In Westdeutschland haben wir diese Ereignisse damals aufmerksam und mit großer Sympathie für Berlin verfolgt. Den meisten von uns war klar, dass der Sowjetunion hier erstmals nach dem Kriege ihre Grenzen deutlich gemacht worden sind. Persönlich begegnet bin ich Ernst Reuter nicht; aber seine Stimme habe ich dank der Rundfunkübertragung seiner Rede und der Wochenschau auch heute noch im Ohr.

Man soll sich mit großen Worten zurückhalten. Aber der 20. Juni 1948 war für unser Volk gewiss ein Schicksalstag: ein Tag, an dem sich sein Schicksal nach der vorausgegangenen Katastrophe zum Besseren gewendet hat.

* * *

Aus der Sicht von Bernhard Vogel

Den Vorabend des 20. Juni 1948 – es war ein Samstag – habe ich als 15-jähriger Schüler in Gießen erlebt. Seit Tagen herrschte nervöse Stimmung. Man wartete auf eine wichtige Nachricht und hielt das Radio eingeschaltet. Schließlich meldete der Hessische Rundfunk, eine Währungsreform sei angeordnet worden. Jeder könne zunächst 40 Deutsche Mark in Empfang nehmen und in einigen Tagen nochmals 20 Deutsche Mark – Kopfgeld nannte sich das. Die Reichsmark verliere ihre Gültigkeit, nur das Hartgeld bleibe im Umlauf – allerdings abgewertet im Verhältnis von 10:1. Für einen kurzen Augenblick hatte jeder denselben Geldbetrag in seinem Portemonnaie.

Meine erste Reaktion war, überall – in den Anzugtaschen meines Vaters oder in den Sparschweinen beispielsweise – nach Geldmünzen zu fahnden und sie unter den hohen Schränken in unserem zur Küche umfunktionierten Wohnzimmer zu verstecken. Niemand sollte erfahren, wie viel ich davon besaß.

Die neuen Geldscheine wirkten fremd, seltsam amerikanisch auf mich. Dass sie einen Neuanfang, gar den Anfang eines „Wirtschaftwunders" markierten, ahnte wohl niemand. Aber dieser Tag änderte doch die Stimmungslage – eine noch sehr vorsichtige Zuversicht begann sich zu verbreiten.

Wochen später mein erster Einkauf mit neuem Geld: ein Paar Halbschuhe, ohne Bezugschein, für 22 DM. Mehr als die Hälfte meines Kopfgeldes! Glücklicher habe ich seitdem nie wieder ein Schuhgeschäft verlassen. Überhaupt füllten sich die Schaufenster auf geheimnisvolle Weise. Nur – wie konnte man an das Geld kommen, das nötig war, um etwas von diesen Schätzen zu erwerben?

Im Sommer sammelte ich Bucheckern, ein sehr mühsames Geschäft. Für fünf Pfund bekam man an einer Sammelstelle ein paar Mark. Und wenn ich am Samstagabend einigermaßen fehlerfrei und vollständig berichten konnte, was sich in der zurückliegenden Woche politisch ereignet hatte, bekam ich von meinem Bruder 50 Pfennige Taschengeld. Machte ich Fehler, gab es weniger.

Vor der Währungsreform brachte mein Bruder – er arbeitete für kurze Zeit bei einer amerikanischen Militäreinheit – gelegentlich abends ein kleines Frühstückspaket von dort mit nach Hause. Zum ersten Mal sah ich Apfelsinen und Cornflakes. Manchmal gab es für meine Mutter ein paar ungeröstete Kaffeebohnen. Waren Zigaretten dabei, konnte man sie auf dem Schulhof gegen Lebensmittel umtauschen. Meine erste Begegnung mit dem Schwarzmarkt!

Ludwig Erhard – damals Direktor der „Verwaltung für Wirtschaft des Vereinigten Wirtschaftsgebiets" der Bizone, das heißt der amerikanischen und der englischen Besatzungszone – war wohl der erste Name eines deutschen Politikers, der sich mir einprägte. Doch begriff ich erst viel später, welchen Mut dieser Mann hatte, als er, gestützt auf die Freiburger Schule bedeutender Wirtschaftswissenschaftler, die auch Kontakte zum Kreisauer Kreis hatten, die Soziale Marktwirtschaft einführte. Wäre er bereits 1948 einem parlamentarischen Gremium direkt verantwortlich gewesen, er hätte für seine kühne Idee keine Mehrheit gefunden. Seitdem weiß ich: Politiker müssen hören, was die Bevölkerung sagt, aber sie müssen auch den Mut haben, als richtig erkannte Ziele vorzugeben und dann in der Bevölkerung um Zustimmung dafür zu werben!

Vom Ahlener Programm der CDU der britischen Zone, das fast eineinhalb Jahre vor der Währungsreform verabschiedet worden war, habe ich damals in der amerikanischen Besatzungszone, zu der Gießen gehörte, noch nichts mitbekommen. Dass davon später oft die Rede sein sollte, verdankt die CDU vor allem der SPD, die immer wieder versuchte, die Union an diesem Programm zu messen oder vielleicht eher: mit diesem Programm zu ärgern.

Auf einer Tagung in der westfälischen Kleinstadt – vom 1. bis 3. Februar 1947 – war es zu einer Einigung zwischen Konrad Adenauer, dem CDU-Vorsitzenden in der britischen Besatzungszone, und den Wortführern des Gewerkschaftsflügels der CDU gekommen. Man hatte ein Aktionsprogramm zur Krisenbewältigung beschlossen: Im zweiten Notwinter nach dem Krieg war die Versorgung der Bevölkerung pro Kopf und Tag auf 1586 Kalorien gesunken.

Das Programm beruhte auf einer Synthese von christlich-sozialem und privatwirtschaftlichem Gedankengut. Es wollte eine Alternative zu den Verstaatlichungs- und Entflechtungsplänen der Besatzungsmacht und den Enteignungsinitiativen von SPD und KPD in Nordrhein-Westfalen aufzeigen und führte zu einer Reihe von Anträgen im nordrhein-westfälischen Landtag.

Das Ahlener Programm wurde nie zum Grundgesetz der CDU. Es war zeitbezogen und galt nur in der britischen Besatzungszone. Mit dem Erfolg der Erhard'schen Wirtschaftspolitik, mit der Gründung der Bundesrepublik, mit der Amtsübernahme der ersten Bundesregierung aus CDU/CSU, FDP und DP wurde es zu den Akten gelegt.

3   23. Mai 1949 –
Das Grundgesetz tritt in Kraft

Bernhard und Hans-Jochen Vogel

In der Zeit, die dem Inkrafttreten des Grundgesetzes in den drei westlichen Besatzungszonen vorausging, konzentrierte sich die politische Aufmerksamkeit primär auf Vorgänge in der eigenen Gemeinde und im eigenen Land und natürlich auf die Aktivitäten der Besatzungsmächte. Immerhin gab es ja in den Ländern seit kurzer Zeit Verfassungen und die durch sie geschaffenen Staatsorgane, die allerdings noch unter fortdauernder Aufsicht der Besatzungsmächte standen und gelegentlich, vor allem in der französischen Zone, auch deren Interventionen unterworfen waren. Ende 1946 / Anfang 1947 fanden in allen westdeutschen Ländern die ersten Landtagswahlen statt.

Da wir seinerzeit zunächst in Hessen wohnten – der eine von uns legte 1948 in Marburg sein erstes juristisches Staatsexamen ab, der andere besuchte in Gießen die Schule – und dann ab 1949 als Gerichtsreferendar beziehungsweise als Schüler in Bayern lebten, haben wir uns mit den Verfassungen dieser beiden Länder schon damals näher befasst. Bei der hessischen Verfassung wurde lebhaft über Artikel 41 diskutiert, der die sofortige Sozialisierung des Bergbaus, der Betriebe der Eisen- und Stahlerzeugung, der Energiewirtschaft und eines Teils des Verkehrswesens verfügte und der in einer gesonderten Abstimmung angenommen wurde. Die von Wilhelm Hoegner geprägte bayerische Verfassung beeindruckte dadurch, dass sie von Anfang an das Institut des Volksentscheids und außerdem als einzige eine zweite Kammer, einen Senat, vorsah, der allerdings Jahrzehnte später, im Februar 1998, durch Volksentscheid abgeschafft wurde. Sie kannte ursprünglich – wie andere Landesverfassungen auch – die Todesstrafe. Diese wurde für das gesamte

Bundesgebiet und damit auch für Bayern erst durch das Grundgesetz aufgehoben. Im Übrigen ist diese Landesverfassung durch eine große Anschaulichkeit und Detailliertheit mancher Bestimmungen gekennzeichnet. So heißt es beispielsweise im Artikel 141 Abs. 3: „Der Genuss der Naturschönheit und die Erholung in der freien Natur, insbesondere das Betreten von Wald und Bergweide, das Befahren der Gewässer und die Aneignung wildwachsender Waldfrüchte in ortsüblichem Umfang ist jedermann gestattet." Oder im Artikel 151 Abs. 1: „Die gesamte wirtschaftliche Tätigkeit dient dem Gemeinwohl, insbesondere der Gewährleistung eines menschenwürdigen Daseins für alle." Und – sehr aktuell – im Artikel 132: „Für den Aufbau des Schulwesens ist die Mannigfaltigkeit der Lebensberufe, für die Aufnahme eines Kindes in eine bestimmte Schule sind seine Anlagen, seine Neigung, seine Leistung und seine innere Berufung maßgebend, nicht aber die wirtschaftliche und gesellschaftliche Stellung der Eltern."

Oberhalb der Landesebene beschäftigte man sich mit der zunehmenden Ost-West-Spannung und der Frage, was denn geschehen könne, um die Einheit Deutschlands zu bewahren oder – so begann man bereits damals zu formulieren – wiederherzustellen. Die von Ministerpräsident Hans Ehard im Juni 1947 nach München einberufene Konferenz aller deutschen Ministerpräsidenten war schon am Vorabend ihres offiziellen Beginns spektakulär gescheitert, weil die Ministerpräsidenten der Länder der sowjetischen Zone der Tagesordnung nicht zustimmen durften und sogleich wieder abreisten. Im März 1948 hatte überdies der für ganz Deutschland verantwortliche alliierte Kontrollrat seine Tätigkeit eingestellt, weil der Vertreter der sowjetischen Militäradministration die weitere Teilnahme verweigerte. Und die sowjetische Blockade West-Berlins vom Juni 1948 bis zum Mai 1949 – elf Monate hindurch musste die West-Berliner Bevölkerung aus der Luft versorgt werden – tat ein Übriges.

Eine nicht zu unterschätzende Rolle spielte im Vorgriff auf die künftige Entwicklung in Westdeutschland oberhalb der Länder

der sogenannte Wirtschaftsrat. Er wurde von der britischen und amerikanischen Militärregierung im Juni 1947 als eine gemeinsame Institution der Länder und ihrer Besatzungszonen ins Leben gerufen und auf ökonomischem Gebiet mit einigen Kompetenzen – darunter auch dem Recht, Gesetze zu erlassen – ausgestattet. Im April 1949 erlaubte die französische Besatzungsmacht auch den Ländern ihrer Zone den Beitritt. In der Fastnachtszeit erfreute sich damals der Schlager *Wir sind die Eingeborenen von Trizonesien* großer Beliebtheit. Nun existierte eine Institution, die über ein aus Delegierten der Landtage bestehendes parlamentarisches Gremium, eine aus Vertretern der Landesregierungen gebildete Länderkammer und ein vom parlamentarischen Gremium gewähltes Exekutivorgan, den sogenannten Verwaltungsrat, verfügte. Diesem gehörte unter anderem – als Direktor für Wirtschaft – Ludwig Erhard an, auf dessen bahnbrechende Bedeutung dafür, dass im Zuge der Währungsreform die Bewirtschaftung und die Preisbindung aufgehoben wurden, bereits im Kapitel 2 eingegangen worden ist.

Die Parteien organisierten sich ebenfalls erst allmählich auf der westdeutschen Ebene. Als erste traf die SPD im Oktober 1945 eine entsprechende Entscheidung, aufgrund deren sie dann unter Führung Kurt Schumachers der von den Kommunisten mit Hilfe der sowjetischen Militäradministration in der sowjetischen Besatzungszone durchgesetzten Vereinigung der dortigen SPD mit der KPD im April 1946 nachdrücklich widersprach. Die FDP, in der sich das Erbe unterschiedlicher liberaler Parteien zusammenfand, betrachtete sich seit ihrer Gründung im Januar 1946 zunächst als gesamtdeutsche Partei und beschränkte sich erst auf Westdeutschland, als die Haltung der sowjetischen Militäradministration, die im Osten bereits im Juli 1945 die Gründung der LDPD zugelassen hatte, ihr keine andere Wahl mehr ließ. Im Dezember 1948 wählte sie Theodor Heuss zu ihrem Vorsitzenden.

Während SPD und FDP an alte Parteitraditionen anknüpfen konnten, entstand mit der Christlich Demokratischen Union –

ihr Name war ursprünglich in der sowjetischen Besatzungszone geprägt worden und wurde dann im Westen übernommen – die einzige Neugründung, die dauerhaften Bestand haben sollte. Ihre Gründung geht auf eine große Zahl örtlicher und regionaler Initiativen zurück, die beherzte Männer und Frauen, die aus dem ehemaligen Zentrum, aber auch aus anderen früheren christlichen Parteigruppen stammten, zum Teil schon vor Ende des Krieges ergriffen hatten. Ihr Ziel war eine Union der Landschaften, der sozialen Gruppen, vor allem aber der Konfessionen. Darum lässt sich ihre Gründung nicht auf ein bestimmtes Datum fixieren. Die Berliner CDU trat mit einem Gründungsaufruf im Juni 1945 an die Öffentlichkeit. Sie konnte aber ihren Führungsanspruch für ganz Deutschland nicht durchsetzen, zumal die sowjetische Besatzungsmacht ihre Vorsitzenden Jakob Kaiser und Ernst Lemmer Ende 1947 absetzte. Erst im Oktober 1950, also ein Jahr nach den ersten Bundestagswahlen, schlossen sich die westdeutschen Landesverbände in Goslar unter Führung Konrad Adenauers zu einer Bundespartei zusammen, allerdings mit Ausnahme Bayerns. Dort fand die Gründungsversammlung der CSU auf Landesebene im Januar 1946 statt. Josef Müller, der wegen seiner Herkunft von einem kleinen fränkischen Bauernhof so genannte „Ochsensepp", wurde ihr erster Vorsitzender. Sie wahrt bis heute ihre Eigenständigkeit. Öffentlich in Erscheinung traten die Parteien auf der westdeutschen und dann auf der Bundesebene zunächst weniger durch ihre Parteitage als durch ihre Führungspersonen, also durch Kurt Schumacher für die SPD, Theodor Heuss für die FDP und Konrad Adenauer für die Union.

Eine bundespolitische Ebene im eigentlichen Sinn gab es vor 1949 nicht. Die Bundesrepublik – den Benennungsvorschlag „Bundesrepublik Deutschland" hatte der Ellwanger Kreis der CDU/CSU im April 1948 ins Gespräch gebracht und fand damit breite Zustimmung – wurde erst durch das Grundgesetz geschaffen. Das sollte man bedenken, um die Bedeutung der Anstrengungen voll ermessen zu können, aus denen das Grundgesetz hervorging. Als politisch engagierte junge Menschen waren uns die Zusammenhänge damals einigermaßen klar. Aber es ist zu bezweifeln, dass sich die Mehrheit des deutschen Volkes seinerzeit für solche politischen Zusammenhänge interessierte. Dafür stand die Sorge um die Befriedigung der elementaren Lebensbedürfnisse noch zu sehr im Vordergrund. Außerdem entwickelte sich auch ein überregionales Nachrichtennetz nur schrittweise.

Den Anstoß zur Erarbeitung eines Grundgesetzes für die Bundesrepublik gaben nach dem Scheitern der Londoner Sechs-Mächte-Konferenz im Juli 1948 die westlichen Alliierten mit den sogenannten Frankfurter Dokumenten, die sie am 1. Juli 1948 den westdeutschen Ministerpräsidenten übergaben. Sie forderten darin unter anderem zur Einberufung einer verfassunggebenden Versammlung und zur Gründung eines föderativen Staates auf. Die Ministerpräsidenten reagierten zunächst widerstrebend, da sie eine Vertiefung der Teilung Deutschlands und eine Präjudizierung einer späteren Nationalversammlung für ganz Deutschland fürchteten und darum die provisorische Neugründung unter gesamtdeutschen Vorbehalt gestellt sehen wollten. Von Ernst Reuter, dem damaligen Oberbürgermeister von Berlin, ließen sie sich indes überzeugen, dass ein westdeutscher Staat keine Absage an die faktisch ohnehin nicht mehr bestehende Reichseinheit bedeuten würde. Sie bestanden aber darauf, den provisorischen Charakter der Grundnorm zu betonen, und wollten sie deshalb nur als vorläufiges Grundgesetz verstanden wissen, das lediglich die Billigung der Landtage finden, nicht aber durch einen Volksentscheid beschlossen und auch nicht als Verfassung bezeichnet werden sollte. Das war das Ergebnis der sogenannten „Rittersturzkonferenz", zu der der rheinland-pfälzische Ministerpräsident Peter Altmeier Anfang Juli (8. bis 10. Juli 1948) in ein Hotel dieses Namens am Stadtrand von Koblenz einlud.

Im August 1948 trat im Schloss Herrenchiemsee ein Verfassungskonvent aus von den Landesregierungen berufenen Sachverständigen zusammen, der in der erstaunlich kurzen Zeit von nur 13 Tagen wichtige Vorarbeiten für eine Verfassung auf föderaler Basis leistete. Am 1. September 1948 konstituierte sich dann der Parlamentarische Rat in Bonn. Seine insgesamt 65 von den damaligen elf westdeutschen Landtagen gewählten Mitglieder, zu denen noch fünf Vertreter West-Berlins mit beratender Stimme hinzutraten, gingen an die Arbeit. Das Saarland, das dem französischen Wirtschaftsgebiet eingegliedert und damit von der übrigen französischen Besatzungszone abgetrennt worden war, durfte nicht teilnehmen. Die Mitglieder des Parlamentarischen Rates, vier Frauen und 61 Männer, waren größtenteils gleichzeitig Abgeordnete eines Landtags. Viele von ihnen verfügten über Reichstagserfahrung aus der Weimarer Zeit. Drei hatten schon der Nationalversammlung von 1919 angehört. Das letzte noch lebende Mitglied des Parlamentarischen Rates, der sozialdemokratische Abgeordnete Hannsheinz Bauer, ist erst im Juli 2005 gestorben.

Neun Monate nach dem Zusammentreten des Parlamentarischen Rates wurde das Grundgesetz verabschiedet und von den Militärgouverneuren genehmigt. Am 23. Mai 1949 trat es in Kraft. In Erinnerung sind uns aus diesen Monaten die heftigen Auseinandersetzungen um die Aufteilung der Befugnisse zwischen dem Bund und den Ländern, um den Charakter des Bundesrats und um die Finanzverfassung geblieben. In der Frage der Zusammensetzung des Bundesrates setzte sich schließlich Bayern mit seiner Forderung durch, ihn nicht ebenfalls vom Volk wählen zu lassen, sondern aus Vertretern der Landesregierungen zu bilden und ihn an Gesetzgebung und Verwaltung des Bundes zu beteiligen. In der Frage der Finanzverfassung liefen die Beratungen – auch unter dem Einfluss der Militärgouverneure – zunächst auf eine möglichst schwache Kompetenz des Bundes hinaus. Erst eine Intervention Kurt Schumachers – der selbst nicht dem Parlamentarischen Rat angehörte – und ein Gespräch zwischen ihm und Konrad Adenauer führten zu einer stärkeren direkten Beteiligung des Bundes an den Steuereinnahmen und zu einer gewissen Bundeszuständigkeit auch für die Finanz- und Steuerverwaltung.

Als die maßgebenden Persönlichkeiten des Parlamentarischen Rates traten – neben Konrad Adenauer als Vorsitzendem und Carlo Schmid als Vorsitzendem des Hauptausschusses – Georg August Zinn und Theodor Heuss in Erscheinung. Daneben profilierten sich auch Elisabeth Selbert (SPD), die, von Helene Weber (CDU) tatkräftig unterstützt, im Artikel 3 des Grundgesetzes den Satz „Männer und Frauen sind gleichberechtigt" durchsetzte.

Alle Länderparlamente, mit Ausnahme Bayerns, haben dem Grundgesetz zugestimmt. Der bayerische Landtag lehnte mit seiner CSU-Mehrheit in einer dramatischen Sitzung am 20. Mai 1949 kurz nach Mitternacht das Grundgesetz ab, weil es dem Bundesstaatsprinzip nicht genügend Rechnung trage. Aus der CSU-Fraktion stimmten nur neun fränkische Abgeordnete nicht für die Ablehnung. Es ist das Verdienst des damaligen Ministerpräsidenten Hans Ehard, dass die Mehrheit trotz lebhafter Attacken der im Aufstieg begriffenen Bayernpartei dennoch die Geltung des Grundgesetzes auch für Bayern akzeptierte. Erstaunen weckt heute bei der Lektüre des Sitzungsprotokolls die Äußerung des späteren CSU-Fraktionsvorsitzenden Prälat Meixner, er lehne das Grundgesetz insbesondere deshalb ab, weil es im Artikel 20 heiße: „Alle Staatsgewalt geht vom Volke aus." Das sei für Christen unannehmbar, weil so dem gottlosen Zwangsstaat das Tor geöffnet werde.

Wir glauben nicht, dass uns am 23. Mai 1949 die Bedeutung des Grundgesetzes für die Weiterentwicklung der Bundesrepublik hinreichend bewusst war. Dafür stand die Auffassung, es könne sich nur um ein Provisorium handeln, zu sehr im Vordergrund. Hinzu kam, dass am 7. Oktober 1949 ein sogenannter Deutscher Volksrat die Deutsche Demokratische Republik proklamierte und damit die Frage der Überwindung der Teilung Deutschlands noch weiter an Gewicht gewann (s. Kapitel 7). In Wahrheit war aber von heute her gesehen der 23. Mai 1949 ein historischer Tag. Zwei Anläufe, zu einer demokratischen Ordnung unseres Landes zu kommen, waren gescheitert: 1848/49 der eindrucksvolle Versuch der Paulskirche, weil die Kräfte der Restauration stärker waren als die Kräfte der bürgerlichen Revolution, und dann zwischen 1919 und 1933 die Demokratie von Weimar. Sie war zunächst mit den ungewöhnlich harten Bedingungen des Versailler Vertrages und nach einer kurzen Phase der Stabilisierung mit der Weltwirtschaftskrise und der durch sie verursachten Massenarbeitslosigkeit konfrontiert. Zugrunde gegangen ist sie aber nicht nur deswegen und wegen unbestreitbarer Mängel der Weimarer Verfassung. Vielmehr scheiterte sie, weil es nicht mehr genug Demokratinnen und Demokraten, eine unselige Zersplitterung des Parteienspektrums und außer den Feinden der Republik von links und rechts, die mitunter gemeinsame Sache machten, zu viele Gleichgültige gab. Erst das Grundgesetz war erfolgreich. Es wurde zur dauerhaftesten demokratischen Verfassung unserer Geschichte und die erste Verfassung, die im Bewusstsein unseres Volkes Wurzeln geschlagen hat.

Dies ist dem Grundgesetz gelungen, weil ihm ein Menschenbild und eine Wertordnung zugrunde liegen, die Orientierung geben; weil es unmittelbar geltende Grundrechte verankert hat; weil es das Demokratie-, das Rechtsstaats-, das Sozialstaats- und das Bundesstaatsprinzip als Grundlage unserer staatlichen Ordnung festgeschrieben und jeder Verfassungsänderung entzogen hat; weil es die Leitlinien bestimmte, nach denen Macht ausgeübt werden und sich die politische Einheit aus der Vielzahl der wirkenden Kräfte immer aufs Neue bilden soll.

Die Väter und Mütter des Grundgesetzes haben damit eine unmittelbare Antwort auf die vorausgegangene Katastrophe des NS-Gewaltregimes gegeben. Deshalb sprachen sie in der Präambel von der „Verantwortung vor Gott und den Menschen" und setzten an die Spitze des Grundgesetzes in seinem ersten Artikel die Sätze: „Die Würde des Menschen ist unantastbar. Sie zu achten und zu schützen ist Verpflichtung aller staatlichen Gewalt."

„Verantwortung vor Gott" – das drückt unbeschadet der individuellen religiösen oder weltanschaulichen Überzeugungen aus, dass der Mensch eben nicht allmächtig und allwissend ist, sondern sein Tun und Lassen vor einer höheren Instanz zu verantworten hat.

Die Vorschriften, die das Funktionieren eines demokratischen Staates ermöglichen sollten, sind auch von den Erfahrungen mit der Weimarer Republik geprägt. Einige Beispiele machen das deutlich. So wird der Bundespräsident nicht – wie der Reichspräsident der Weimarer Verfassung – unmittelbar vom Volk gewählt. Auch ist er überwiegend mit repräsentativen Aufgaben betraut und kann beispielsweise keine Notverordnungen erlassen; der Staatsaufbau ist konsequenter föderal. Der Bundeskanzler kann nur im Wege des konstruktiven Misstrauensvotums durch die Wahl eines Nachfolgers abgelöst werden. Das Bundesverfassungsgericht hat eine starke Position, die sich für die Entwicklung unseres Gemeinwesens als überaus segensreich erwiesen hat.

Das Grundgesetz ist in den letzten 60 Jahren zwar immer wieder ergänzt und geändert worden, seine Grundaussagen sind aber bis heute unverändert geblieben. Wie viele andere haben wir uns in unseren unterschiedlichen öffentlichen Funktionen bemüht, diesem Grundgesetz gerecht zu werden.

4 15. September 1949 –
Konrad Adenauer wird Bundeskanzler

Bernhard Vogel

Am 15. September 1949 wird Konrad Adenauer zum ersten Bundeskanzler der Bundesrepublik Deutschland gewählt. Er wird von den Fraktionen der CDU/CSU, der FDP und der DP – einer kleinen deutschnationalen Partei, die ihren Schwerpunkt in Niedersachsen hat – unterstützt und erhält mit 202 Stimmen, darunter seiner eigenen, im ersten Wahlgang die erforderliche Mehrheit. Bei den vorausgegangenen Bundestagswahlen am 14. August hatte sich die Union – gegen alle Erwartungen – mit 31 % der Stimmen als stärkste Partei erwiesen, dicht gefolgt von der SPD mit 29,2 %.

Vieles sprach angesichts der bedrückenden Not und der Überfülle von Aufgaben für eine große Koalition aus Union und SPD. Aber die SPD unter Kurt Schumacher beanspruchte für diesen Fall das Wirtschaftsministerium, womit das im Zwei-Zonen-Wirtschaftsrat grundgelegte Konzept der Sozialen Marktwirtschaft ohne Chance auf Verwirklichung geblieben wäre. Besonders Adenauer wollte keine große Koalition. Er lehnte jede Form der Planwirtschaft ab, er wollte Ludwig Erhard als Wirtschaftsminister und eine handlungs- und entscheidungsfähige Regierung, und er wollte eine starke Opposition.

Am 21. August lud er führende Politiker von CDU und CSU aus den Ländern in sein Haus nach Rhöndorf ein und unterbreitete ihnen sein Konzept: eine von der CDU geführte Bundesregierung, eine Koalition mit FDP und DP. Um sich der FDP zu versichern, sollte Theodor Heuss erster Bundespräsident werden. (Die Bundespräsidentenwahl fand noch vor der Konstituierung des Bundestages am 12. September 1949 statt.) Hans Ehard

(CSU), der bayerische Ministerpräsident, sollte erster Bundesrats-präsident werden. Er selbst stehe als Kanzler zur Verfügung. Sein Arzt habe ihm, dem 73-Jährigen, bestätigt, dass er gesundheitlich in der Lage sei, das Amt für zwei Jahre zu übernehmen. Peter Altmeier, der Ministerpräsident von Rheinland-Pfalz, gehörte zu den wenigen, die für eine große Koalition votierten.

Adenauer setzte sein Konzept weitgehend durch. Nur in einem Punkt folgten die Ministerpräsidenten ihm nicht. Die Zaun-könige, wie Adenauer sie schon während der Konferenz auf dem Rittersturz bei Koblenz im Juli 1948 halb spöttisch, halb verächt-lich genannt hatte, wählten Karl Arnold, den Ministerpräsidenten des bevölkerungsreichsten Landes Nordrhein-Westfalen, zum Bundesratspräsidenten.

Konrad Adenauer hatte sich in Köln sofort nach der Beset-zung durch englische Truppen aktiv an der Gründung der CDU beteiligt und war Anfang 1946 wie selbstverständlich zum Vorsit-zenden der CDU für die ganze britische Besatzungszone gewählt worden. Der Parlamentarische Rat, der am 1. September 1948 in Bonn zusammentrat, um das Grundgesetz auszuarbeiten, hatte ihn dann zum Präsidenten gewählt: ein Ehrenposten für den al-ten Mann, wie Carlo Schmid meinte, in Wahrheit aber die Grund-lage für seinen Aufstieg zum Bundeskanzler. Adenauer wurde zur zentralen Figur der Beratungen und beeinflusste das Ergebnis entscheidend.

Bei der Wahl Bonns zum Tagungsort hatte Adenauer seine Hand nicht im Spiel. Sein Vorschlag war, in der französischen Be-satzungszone, und zwar in Rheinland-Pfalz, zu tagen, etwa in Bad Ems oder in Koblenz. Die treibende Kraft für Bonn war der Lei-ter der nordrhein-westfälischen Staatskanzlei. Erst als man sich in Bonn wohlfühlte, schlug Adenauer vor, Bonn zur vorläufigen Bundeshauptstadt zu machen. Hätte man sich damals für Frank-furt entschieden – ich habe erhebliche Zweifel, ob gut 40 Jahre später Berlin wieder deutsche Hauptstadt geworden wäre.

Die Aufgaben, die von der neuen und ersten Bundesregierung zu bewältigen waren, waren ungeheuer. Der Nationalsozialismus hatte nicht nur ein zerstörtes Land hinterlassen, in das noch dazu viele Millionen von Flüchtlingen strömten. Von Tag zu Tag traten die entsetzlichen Greueltaten an den Juden und an der Zivilbevölkerung, die Deutsche vor allem in den besetzten osteuropäischen Ländern begangen hatten, deutlicher ins Bewusstsein. Die Spannungen zwischen den Kriegsalliierten nahmen zu. Mit Zustimmung der Sowjetunion erfolgte die Gründung der DDR. Deutschland war ein geteiltes Land.

In der Innenpolitik hatten der Abbau der Arbeitslosigkeit, die Beseitigung der größten Kriegsschäden, die Eingliederung der Vertriebenen und Flüchtlinge, die Durchsetzung und der Ausbau der Sozialen Marktwirtschaft, die Förderung des freien Wettbewerbs, der Aufbau der sozialen Sicherungssysteme, der soziale Wohnungsbau, die Mitbestimmung in der Montanindustrie – die allerdings nur mit den Stimmen der sozialdemokratischen Opposition zustande kam –, das Betriebsverfassungsgesetz Vorrang.

Die Erfolge der Adenauer'schen Innenpolitik führten bei der SPD schließlich zehn Jahre später zu einer grundsätzlichen Neuorientierung im Godesberger Programm von 1959, das den innen- und außenpolitischen Gegebenheiten Rechnung trug und der SPD endgültig den Weg zur Volkspartei öffnete.

In der Außenpolitik musste wenigstens eine gewisse staatliche Souveränität zurückgewonnen werden. Adenauers Ziel war vom ersten Tag seiner Regierungstätigkeit an die feste Bindung an den freien Westen, die Abgrenzung zum kommunistischen Osten, die Aussöhnung mit Frankreich, der europäische Einigungsprozess, die Verständigung mit Israel, der Versuch einer Wiedergutmachung der an den Juden begangenen Verbrechen. Adenauer war davon überzeugt, das zentrale Ziel der deutschen Politik nach dem Zweiten Weltkrieg, die Wiedervereinigung, nur erreichen zu können, wenn es zunächst gelang, im Westen eine starke, demokratische, freiheitliche Bundesrepublik aufzubauen, die der kommunistischen Bedrohung widerstand, jede Form von Neutralität ablehnte und ganz Deutschland schließlich die Einheit in Freiheit ermöglichte.

Adenauers Politik fußte auf einem klaren Konzept: die Lehren aus der Weimarer Republik und der nationalsozialistischen Diktatur ziehen, die neue Chance nutzen, einen freiheitlichen Rechtsstaat wenigstens in diesem Teil Deutschlands aufzubauen, die Postulate des Grundgesetzes, die er selbst an entscheidenden Stellen mitformuliert hatte, in die Alltagswirklichkeit der Bundesrepublik umsetzen, Ehe und Familie unter den besonderen Schutz des Staates stellen, das Eigentum achten, seine Sozialpflichtigkeit nicht übersehen, durch die Soziale Marktwirtschaft als dritten Weg zwischen Kapitalismus und Sozialismus „Wohlstand für alle" erreichen, der Bundesrepublik wieder einen Platz unter den freien Völkern der Welt sichern.

Gelegentlich wird auch heute noch der Vorwurf erhoben, die Beschäftigung mit der NS-Vergangenheit sei über all diesen Aufgaben in der Zeit der Adenauer'schen Kanzlerschaft zu kurz gekommen, ja gar nicht wirklich gewollt gewesen. Und in der Tat ist das „Beschweigen der Vergangenheit" (Norbert Frei) in weiten Kreisen erst mit dem Eichmann-Prozess in Jerusalem (1961) und im ersten Auschwitz-Prozess in Frankfurt (1963–1965) aufgebrochen worden. Meine Thüringer Jahre haben mich allerdings gelehrt, mit meinem Urteil vorsichtiger zu sein. Auch in den jungen Ländern steht eine wirklich tiefgreifende und kritische Auseinandersetzung mit den jüngsten Erfahrungen mit einer zweiten, wenn auch völlig andersartigen, mit der NS-Diktatur nicht vergleichbaren Diktatur auf deutschem Boden noch aus. Vieles spricht dafür, dass sie erst in der nachfolgenden, hoffentlich nicht mehr mit so vielen Teilungsfolgen belasteten Generation in aller Offenheit geführt werden wird.

Unmittelbar nach der Wende fassten beide Volksparteien Beschlüsse, SED-Mitglieder nicht aufzunehmen. Beide Parteien verfahren inzwischen diesbezüglich deutlich milder. Umso mehr ist darauf zu achten, dass die Verbrechen der Stasi und führender SED-Funktionäre, die sich ihrer Verantwortung zu entziehen suchen, nicht in Vergessenheit geraten. Auch sollte man nicht übersehen: 8,5 Millionen Deutsche waren am Ende des Krieges Mitglieder der NSDAP; 2,3 Millionen waren am Ende der DDR Mitglied der SED.

Aus den zwei Jahren Kanzlerschaft, die der Arzt Adenauer 1949 zugebilligt hatte, wurden 14 Jahre. Bei den Bundestagswahlen von 1953 verfehlte die Union zunächst die absolute Mehrheit der Sitze im Parlament nur um zwei Mandate, gewann sie aber später durch Übertritte. Vier Jahre später, 1957, erhielt eine deutsche Partei zum ersten Mal in freien, zentralen Wahlen sogar die absolute Mehrheit der Stimmen. Adenauer stand im Zenit seines öffentlichen Ansehens. Wesentlich dazu beigetragen hatte ohne Frage seine Moskau-Reise im September 1955, die er im Bemühen unternahm, die Beziehungen zur Sowjetunion zu verbessern.

Ein wichtiges Ergebnis dieser spektakulären, ja dramatischen Reise war die Aufnahme diplomatischer Beziehungen. Der für sein Bild in der deutschen Öffentlichkeit entscheidende Ertrag aber war die Zusage der sowjetischen Seite, die noch immer festgehaltenen 10.000 Kriegsgefangenen, verschleppten Zivilisten und politischen Gefangenen freizulassen, das „Faustpfand" im Kalten Krieg freizugeben. Für viele gilt die Rückkehr der Gefangenen noch heute als außenpolitische Großtat und innenpolitischer Triumph, als größter politischer Erfolg Adenauers. Die Bilder von den heimkehrenden Gefangenen im Lager Friedland bei Göttingen trieben uns die Tränen in die Augen. Ich werde die Bilder nicht vergessen.

Deutsche Soldaten kehrten nach zehn und mehr Jahren gemeinsamen Leidens heim, nach Frankfurt am Main die einen, nach Frankfurt an der Oder die anderen. Die Machthaber in der DDR, die immer wieder propagiert hatten, es gebe keine Gefangenen mehr, nur noch rechtmäßig abgeurteilte Straftäter würden festgehalten, und die noch 1955 die Freilassung von Gefangenen verhindern wollten, brachte die Rückkehr in große Verlegenheit. Auch für die Wahlen vom Herbst 1961 signalisierten die Demoskopen der Union zunächst wieder die absolute Mehrheit. Aber dann kam der 13. August, der Bau der Berliner Mauer (s. Kapitel 7). Ich war damals sehr überrascht, dass Adenauer den Wahlkampf fortsetzte und nicht sofort nach Berlin reiste. Heute weiß ich, dass Rücksicht auf die Wünsche der USA ausschlaggebend war. Erst neun Tage danach kam er nach Berlin. Zu spät! Zwar konnte er unter großer Mühe auch die neue Regierung noch einmal bilden, aber er war nicht mehr der unbestrittene Sieger. Mühsam verliefen die Verhandlungen mit der FDP, mühsam wurde die Koalition erneuert. Das Ende der Kanzlerschaft Adenauers war in Sicht. Der von ihm wenig geschätzte Ludwig Erhard war als Nachfolger nicht mehr zu verhindern.

Über der Würdigung der Adenauer'schen Innen-, Außen-, Deutschland- und Europapolitik darf man nicht vergessen, dass der erste Bundeskanzler seine Nachkriegskarriere als durchsetzungsfähiger Parteiführer begann und seine Ziele nur gestützt auf seine Partei erreichen konnte. Sein Einfluss auf seine Partei sowie auf die Union insgesamt und seine Prägekraft dürfen nicht unterschätzt werden. Als – zunächst informeller – Parteiführer hat er mit dem Aufbau einer modernen, überkonfessionellen Volkspartei eine beispielhafte Leistung vollbracht. Von ihrer Gründung auf der Bundesebene an (die erst 1950, also nach der Bundestagswahl und nach seiner Wahl zum Bundeskanzler, erfolgte) bis 1966 stand er ihr vor. Er machte sie zur „Kanzlerpartei", und er hat die Neustrukturierung des deutschen Parteiensystems wesentlich beeinflusst. Mit der – für ihn ganz selbstverständlichen – Verbindung des Amtes des Bundeskanzlers mit dem des Parteivorsitzenden hat er eine „Strukturbedingung des bundesdeutschen Regierungssystems" (Hans-Peter Schwarz) erkannt und praktiziert – eine Praxis, von der lediglich Helmut

Schmidt und, in seinen ersten und in seinen letzten Jahren, Gerhard Schröder abgewichen sind.

Mich hat die faszinierende Gestalt dieses großen Staatsmannes schon als Schüler begeistert. Die großen Redeschlachten im Deutschen Bundestag in den Anfangsjahren der Bundesrepublik – es ging damals um das Ruhrstatut, den Schuman-Plan, die Montanunion, die Wiederbewaffnung und vieles andere mehr – schlugen mich in ihren Bann. Ein Mäzen hatte es meinem Münchner Gymnasium, dem Maximiliansgymnasium, ermöglicht, in den Klassenzimmern eine Übertragungsanlage für den Rundfunk einzubauen. Ich erreichte, dass wir im Rahmen des damals aufkommenden Sozialkundeunterrichts wichtige Bundestagsdebatten hören durften. Und ich sicherte mir damit zugleich über Jahre meine Wiederwahl als Klassen- und später auch als Schulsprecher. Ein Teil meiner Kameraden war interessiert wie ich, der andere Teil freute sich, dass der reguläre Unterricht ausfiel.

Keinen Augenblick bestand für mich auch nur der geringste Zweifel, dass ich der Partei Konrad Adenauers (oder, da das in München nicht möglich war, eben der CSU) beitreten würde: aus Bewunderung für diesen Mann, aber auch wegen meines Engagements in der katholischen Jugend, das mich sehr früh mit der katholischen Soziallehre, vor allem mit den Werken der Jesuitenpatres Gundlach und Nell-Breuning, in Verbindung brachte und mein Welt- und Menschenbild formte.

Ich begann noch als Schüler, einen CSU-Kandidaten für den Münchner Stadtrat zu unterstützen, indem ich mit Freunden zusammen Tausende von Werbezetteln kuvertierte und verteilte. Und ich wählte – damals erreichte man das Wahlalter erst mit 21 Jahren – selbstverständlich bei meiner ersten Wahl, der Landtagswahl von 1954, die Kandidaten der CSU.

Als Student und Promovend in Heidelberg rieten meine Lehrer von einem Parteieintritt ab. Wer Politische Wissenschaft betreiben wolle, dürfe sich keiner Partei anschließen, meinten sie.

Gegen ihren Rat hat mich ein junger KfZ-Meister davon überzeugt, dass man etwas für das Gemeinwesen zu tun und sich politisch zu engagieren habe, und mich veranlasst, für den Heidelberger Stadtrat zu kandidieren und in die CDU einzutreten. Mein Bruder war zu dieser Zeit längst SPD-Mitglied und, als ich in den Stadtrat einzog, auch schon Münchener Oberbürgermeister. Meine Nominierung habe ich ihm und natürlich auch meinen Eltern zwar mitgeteilt, aber zu heftigen familiären Diskussionen kam es deswegen nicht. Eine DPA-Korrespondentin, mit der zusammen ich mich auf unser Examen vorbereitete, meinte, das habe keinen Nachrichtenwert. Wie mein Bruder auf meine Nominierung reagiert hat, ist schon im Vorwort erwähnt worden.

Als ich zum Universitätsassistenten bestellt wurde und mir der Rektor der Universität, Wilhelm Hahn, die Ernennungsurkunde zum Beamten auf Zeit überreichte, empfahl er mir, mich aus der überregionalen Politik herauszuhalten. Er werde jedenfalls eine ihm angetragene Bundestagskandidatur nicht annehmen. Einige Jahre später trafen wir uns in der Kultusministerkonferenz wieder. Er war Kultusminister von Baden-Württemberg, ich von Rheinland-Pfalz. Wir haben gemeinsam mit dem bayerischen Kollegen Hans Maier über Jahre aufs Engste freundschaftlich zusammengearbeitet und glauben, in diesen Jahren die schlimmsten Auswüchse sozialdemokratischer Bildungspolitik verhindert zu haben.

Als ich 1965 in den Bundestag kam, war Ludwig Erhard Bundeskanzler, aber auch Konrad Adenauer war in seinem angestammten Bonner Wahlkreis wiedergewählt worden. Wir Jungen hatten größten Respekt vor dem großen alten Mann. Wenn er zur Fraktionssitzung erschien – in kerzengeradem Gang, noch immer eine stattliche Erscheinung – trat Stille ein, und wir wussten, dass wichtige Entscheidungen anstanden.

Weil der Bundestag keinen Platz für den Altkanzler hatte, hatte ihm der Bundesrat zwei Zimmer zur Verfügung gestellt und sie angemessen ausstatten lassen. Dorthin lud er zum Tee ein. Mich erreichte seine Einladung im Herbst 1966, als Ludwig Erhards Nachfolge diskutiert wurde: Barzel, Schröder, Gerstenmaier oder gar Kiesinger? Ich traute mich, ihn zu fragen: Weil ich der Jüngste sei, bäte ich um seinen Rat. „Herr Vogel, Sie glauben wohl, Sie seien jung. Das will ich Ihnen sagen: Die Jungen von heute sind wesentlich jünger als Sie!", bekam ich in rheinischem Tonfall zu hören. Zwei Jahre später schallte es uns von den 68ern entgegen: „Trau keinem über 30!" Eine Antwort, wen ich wählen sollte, bekam ich von Adenauer nicht. Er hat wohl zunächst Eugen Gerstenmaier und nach dessen Verzicht Kurt Georg Kiesinger unterstützt.

Am 19. April 1967 starb Konrad Adenauer in seinem Rhöndorfer Haus, und am 25. April fand in Bonn und Köln ein Staatsakt statt, wie ihn die Bundesrepublik bis dahin nicht gekannt hatte. Alle, natürlich auch wir Mitglieder des Bundestages, strömten nach Köln. Im Gürzenich und danach im Dom – Kardinal Frings hielt das Pontifikal-Requiem – stauten sich die Menschen. 25 Staatsoberhäupter waren gekommen, darunter der amerikanische Präsident Johnson, Charles de Gaulle, Harold Wilson, der englische Premier, und auch einer seiner Vorgänger, Harold Macmillan, neben den ich im allgemeinen Gedränge geriet und der nicht aufhören wollte, Adenauer zu loben und preisen – aber auch, besonders beachtet, David Ben Gurion. Viele Tausende begleiteten den Sarg zum Rhein. Tausende säumten die Rheinufer, als der Geleitzug der Bundesmarine rheinaufwärts fuhr. Ich war wieder im Bundeshaus, als das Schnellboot in der Dämmerung Bonn erreichte. Mir war bewusst: Eine Ära ging zu Ende; Deutschland trauerte um den Mann, der für den Beginn eines neuen Abschnitts unserer Geschichte stand. Der Abschied fiel schwer.

Vier Tage nach dem Tod Adenauers, am 23. April, fanden in Rheinland-Pfalz Landtagswahlen statt. Der Wahlkampf war selbstverständlich sofort abgebrochen worden, aber ohne Einfluss auf das Ergebnis blieben die Ereignisse trotzdem nicht. Die CDU gewann deutlich, ohne sie konnte keine Regierung gebildet werden, der ich ja angehören sollte.

Unter allen Zeitzeugen und unter allen Historikern ist unbestritten, dass Konrad Adenauer sich meisterhaft auf die Realpolitik verstand. Er gilt zu Recht als überaus geschickter, flexibler Pragmatiker, als bisweilen auch listiger Taktiker, ein Meister im Finassieren. Doch lassen sich seine Erfolge, lässt sich alles, was dauerhaft mit seinem Namen verbunden ist, nicht allein mit seinem taktischen Geschick erklären. Es ist die christlich-abendländische Kultur, das Christentum und der Humanismus der griechisch-römischen Antike, auf dem Adenauers weltanschauliche Prägung beruht und die den Orientierungsrahmen für sein konkretes politisches Handeln, für die Gestaltung der bundesrepublikanischen Gesellschaft bildete und die ihn mit Robert Schuman und Alcide De Gasperi, den beiden anderen Vätern der Römischen Verträge, verband.

Adenauer war Pragmatiker, aber er war seinen Wertegrundlagen verpflichtet. Er verfolgte sein Ziel aufgrund seiner Weltanschauung. Er war gläubiger Christ und sich der Verantwortung vor Gott und den Menschen bewusst. Die Verbindung von Grundsätzen und politischem Pragmatismus war das Geheimnis seines Erfolges.

Lange Zeit ist nicht nur von konkurrierenden Parteien, sondern auch von Wissenschaftlern, Literaten und Publizisten die Ansicht genährt worden, die Zeit Adenauers sei eine Zeit der Restauration, des Stillstands, der dumpfen Behäbigkeit gewesen. So denkt heute, zumal nach 1989, fast niemand mehr. Adenauers Verdienste sind unbestritten. Seit Jahren ist hinsichtlich der Bewertung seiner Person und seiner politischen Leistung kein Schwanken mehr zu beobachten.

Was immer man über den Sinn einer Erhebung, wie sie das ZDF unlängst durchgeführt hat, denken mag, wer denn „unser Bester", wer also die wichtigste positive Gestalt der deutschen

Geschichte sei: Adenauer siegte vor Martin Luther, vor Johann Wolfgang von Goethe, vor Willy Brandt und vor Karl Marx. Die neuere Forschung erkennt die prägende Bedeutung des ersten Kanzlers für die Gestaltung der Bundesrepublik an. So urteilt zum Beispiel Kurt Sontheimer, „die in Adenauers Ära gelungene Grundlegung der Bundesrepublik" sei zum „Ausgangspunkt einer Erfolgsgeschichte" geworden, „wie sie keinem deutschen Staat der Vergangenheit beschieden war" (1991). Und einer der jüngeren deutschen Historiker, Dominik Geppert, bilanziert 2002: Betrachte man allerdings den Wandel von der „Zusammenbruchsgesellschaft" der frühen Nachkriegszeit zu einer pluralistischen Konsumgesellschaft Ende der 50er Jahre, betrachte man die „schrittweise Eingewöhnung in demokratische Verfahren und die Ausprägung einer zivilen Kultur", dann müsse man zu dem Schluss kommen, dass „in der Adenauer-Ära tatsächlich die Fundamente der gegenwärtigen deutschen Gesellschaft gelegt" worden seien.

Es entbehrt nicht einer gewissen Ironie, dass nach der Wiederherstellung der deutschen Einheit kritische Einwände gegen Adenauers Außenpolitik der Zustimmung zu seiner Option für den Westen und seiner Abkehr vom klassischen Nationalstaat gewichen sind.

In den jungen Ländern der Bundesrepublik allerdings bleibt das Adenauer-Bild in der älteren Generation korrekturbedürftig. Das hat nur wenig mit der Politik Adenauers, aber viel mit dem offiziellen Blick der DDR auf Adenauer zu tun: der Klassenfeind, der Spalter der Nation, die angeblich verpasste Chance der Stalin-Note, die Nicht-Anerkennung der DDR, die Hallstein-Doktrin. Die jahrzehntelange Indoktrination wirkt bis heute nach.

Weil Adenauer sich um den politischen Nachwuchs Sorgen machte, begrüßte er die Pläne Heinrich Krones, Konrad Kraskes und Bruno Hecks, in Eichholz bei Bonn eine politische Bildungsstätte zu schaffen und begabte Studenten zu fördern. Auch damit, dass die Stiftung, die seinen Namen trägt, in Lateinamerika tätig wurde, war er einverstanden. Ein historisches Archiv und weitere Aufgaben kamen später hinzu. Die Entwicklung aller politischen Stiftungen im Allgemeinen und der Konrad-Adenauer-Stiftung im Besonderen zu ihrer heutigen Bedeutung hat er nicht mehr erlebt.

Heute sind sein Politikverständnis und seine Grundsätze maßgebend für das Programm der Konrad-Adenauer-Stiftung. Das Leben und das Lebenswerk Konrad Adenauers ist für uns Leitgedanke, auch für unsere künftige Arbeit. Ich bin dankbar dafür, dass ich mit meinen bescheidenen Kräften seit einigen Jahren diesem Werk dienen darf.

5 20. August 1952 –
Kurt Schumacher stirbt

Hans-Jochen Vogel

Kurt Schumacher habe ich nur ein einziges Mal aus unmittelbarer Nähe erlebt. Das war im Mai 1949 bei einer öffentlichen Kundgebung auf dem Ludwigsplatz in Rosenheim. Ich war damals als Gerichtsreferendar beim Amtsgericht Miesbach tätig und hatte in der Zeitung gelesen, dass Schumacher im Anschluss an einen Landesparteitag der bayerischen SPD eine Rede unter freiem Himmel halten werde. Da meine finanziellen Verhältnisse sehr beengt waren, fuhr ich die 30 Kilometer von Miesbach nach Rosenheim mit dem Fahrrad. Gegen elf Uhr stand ich dann bei hellem Sonnenschein unter mehreren hundert Zuhörern nur wenige Meter vom Rednerpult entfernt auf dem Ludwigsplatz.

Was Schumacher dort gesagt hat, weiß ich nicht mehr genau. In alten Zeitungen ist zu lesen, dass er offenbar nicht nur die CSU und die damals im Aufstieg befindliche Bayernpartei, sondern auch die föderalistischen Vorstellungen Wilhelm Hoegners kritisiert hat. Jedenfalls eröffnete er bei dieser Gelegenheit den Wahlkampf in Bayern. Denn die ersten Bundestagswahlen waren bereits auf den 14. August 1949 angesetzt. Deutlich vor Augen habe ich aber auch heute noch sein Erscheinungsbild und vor allem sein Gesicht. Ihm fehlte damals nicht nur der rechte Arm, den er schon im Ersten Weltkrieg verloren hatte, sondern auch das linke Bein, das ihm im September 1948 amputiert werden musste. Er sprach daher im Sitzen. Aber sein Gesicht war markant und durch die Jahre seiner KZ-Haft gezeichnet. Schon deshalb ging von ihm eine Aura absoluter Glaubwürdigkeit aus, die durch seine ruhige, aber entschiedene Sprechweise noch verstärkt wurde.

Für meinen Beitritt zur SPD, den ich ein Jahr später vollzog, spielte dieses Erlebnis eine wichtige Rolle. Schon damals habe ich mich auch mit dem Lebensweg dieses eindrucksvollen Mannes beschäftigt und dann die letzten Jahre seines politischen Wirkens bis zu seinem Tod aufmerksam verfolgt. Und was war das für ein Leben!

1895 – also im gleichen Jahr wie mein Vater – als Sohn einer liberalen Kaufmannsfamilie im westpreußischen Kulm geboren, meldete er sich bei Beginn des Ersten Weltkriegs nach einem Notabitur freiwillig zum Militär. Schon im Dezember 1914 schwer verwundet, trat er während seines Studiums der Rechtswissenschaften und der Nationalökonomie im Januar 1918 der Mehrheitssozialdemokratie bei. 1920 als Redakteur der sozialdemokratischen *Schwäbischen Tagwacht* nach Stuttgart übersiedelt, nahm er in der dortigen SPD bald führende Funktionen ein. 1924 wurde er in den württembergischen Landtag, 1930 in den Reichstag gewählt. Dort gehörte er zu denjenigen jüngeren SPD-Abgeordneten, die einen Reformsozialismus mit einem akzentuierten Republikanismus verbanden und als scharfe Gegner des Nationalsozialismus hervortraten.

In der Zeit der NS-Gewaltherrschaft musste er fast zehn Jahre in verschiedenen Konzentrationslagern, darunter zuletzt im KZ Dachau, verbringen. Von dort nach schweren Misshandlungen im März 1943 entlassen, erlebte er nach einer neuerlichen kurzfristigen Verhaftung im Zusammenhang mit dem 20. Juli 1944 das Kriegsende in Hannover. Hier begann er unverzüglich mit dem Wiederaufbau der westdeutschen Sozialdemokratie, deren Vorsitzender er von seiner Wahl im Jahre 1946 bis zu seinem Tode blieb.

Im Gedächtnis behalten habe ich aus diesen Jahren sein selbstbewusstes Auftreten gegenüber den westlichen Besatzungsmächten, seine entschiedene Ablehnung des Kommunismus und sein Engagement für die deutsche Wiedervereinigung. Weil er befürchtete, die von Konrad Adenauer betriebene – auch militärische – Westintegration könne dieses Ziel gefährden, widersprach er ihr nachdrücklich, gelegentlich auch mit scharfer Polemik. Im Innern trat er für einen radikalen Bruch mit der NS-Vergangenheit und einen demokratischen Neuanfang ein, der auch eine Änderung der wirtschaftlichen Strukturen im Sinne der damaligen sozialdemokratischen Vorstellungen einschloss. Auf diesem Hintergrund war für ihn, der fest mit einer sozialdemokratischen Mehrheit gerechnet hatte, das Ergebnis der ersten Bundestagswahl, bei der die SPD der Union knapp unterlag und Adenauer eine sogenannte bürgerliche Koalition bilden konnte, eine herbe Enttäuschung.

In meinen Archivbeständen befinden sich drei Dokumente, die Schumachers Haltung in zentralen Fragen sehr anschaulich kennzeichnen. Das ist einmal seine Doktorarbeit über das Thema *Der Kampf um den Staatsgedanken in der deutschen Sozialdemokratie* aus dem Jahre 1920. In diesem Text beschäftigt er sich mit der Frage, welche Rolle der Staat in einer sozialdemokratisch bestimmten Gesellschaftsordnung einnehmen solle. Dabei kommt er zu dem Ergebnis, dass die Sozialdemokratie keinesfalls auf einen handlungsfähigen Staat verzichten könne und sich deshalb von dem Marx'schen Prinzip des im Verlaufe von aufeinanderfolgenden Klassenkämpfen absterbenden und endlich ganz verschwindenden Staates distanzieren müsse. Deshalb fordert er eine positive Staatstheorie, die dem Staat seinen eigenen, nicht vom Individuum und seinen Zwecken abgeleiteten, universalen Wert zuerkennt. Nicht so sehr in der sozialdemokratischen Praxis – die bewegte sich mit ihren Reformaktivitäten bereits im konkreten staatlichen Rahmen –, wohl aber in der programmatischen Theorie der Partei war das ein bemerkenswerter Schritt, der schon in die Richtung des Godesberger Programms von 1959 wies. Dieses nahm Schumacher übrigens im Oktober 1945 in einer Rede in Kiel noch in einem anderen Punkt vorweg, nämlich mit dem Satz: „Es ist gleichgültig, ob jemand durch die Methoden marxistischer Wirtschaftsanalyse, ob er aus philosophischen oder ethischen

Gründen oder ob er aus dem Geist der Bergpredigt Sozialdemokrat geworden ist."

Das zweite Dokument ist der Text der Rede, die Schumacher am 23. Februar 1932 im Reichstag gehalten hat. Die Rede ist eine einzige Abrechnung mit den Nationalsozialisten, die seit den Reichstagswahlen des Jahres 1930 mit 107 Abgeordneten im Parlament vertreten waren. Ihnen schleuderte er den Satz ins Gesicht: „Die ganze nationalsozialistische Agitation ist ein dauernder Appell an den inneren Schweinehund im Menschen." Und weiter: „Das deutsche Volk wird Jahrzehnte brauchen, um wieder moralisch und intellektuell von den Wunden zu gesunden, die ihm diese Art Agitation geschlagen hat." Am Ende sagte er: „Sie können tun und lassen, was Sie wollen; an den Grad unserer Verachtung werden Sie niemals heranreichen!" Leider spendeten diesen Äußerungen nur die Sozialdemokraten Beifall. Die Abgeordneten der anderen Fraktionen blieben stumm. Schumachers Satz vom dauernden Appell an den inneren Schweinehund eignet sich übrigens auch heute vorzüglich zur Kennzeichnung aktueller rechtsextremistischer Parolen.

Das dritte Dokument stammt aus dem Oktober 1945. Es ist ein Brief an einen fränkischen Parteifreund, der mit ihm zusammen in den Konzentrationslagern Flossenbürg und Dachau gelitten hatte. Ihm schrieb er unter anderem: „Mit der Einigung aller Schaffenden sieht es allerdings zur Zeit so aus, daß trotz Schalmeienklang die einzig mögliche Einheitspartei eine starke sozialdemokratische Partei ist. Kommunisten sind von unserem Gesichtspunkt aus gesehen theoretisch und praktisch bankrott. Ihre Existenz beruht lediglich darauf, daß sie als Faktor der russischen Außenpolitik fungieren."

Kein Wunder, dass dieser Mann hohe moralische Autorität genoss und dadurch maßgeblich dazu beitrug, der wiedererstandenen Demokratie im eigenen Volk, aber auch im Ausland Vertrauen zu schaffen. Zu Recht gilt er neben Konrad Adenauer als die beherrschende Gestalt der frühen Nachkriegszeit.

Der SPD bin ich allerdings nicht nur seinetwegen beigetreten. Außer ihm beeindruckten mich auch noch andere Sozialdemokraten, die dem NS-Gewaltregime in ähnlicher Weise widerstanden hatten, so Waldemar von Knoeringen und Wilhelm Hoegner, aber auch Thomas Wimmer, damals Münchner Oberbürgermeister, dem ich 1960 nachfolgte. Auch machte ich mich zunächst mit den programmatischen Aussagen der Parteien und ihrer Geschichte vertraut und besuchte ihre Versammlungen. Danach kam ich zu dem Ergebnis, dass mir die SPD wegen ihrer Geschichte, ihrer sozialen Tradition und ihrer aktuellen politischen Positionen am nächsten stand. So bin ich denn im Dezember 1950 ihr Mitglied geworden. Dort – so war ich überzeugt – konnte ich am Wiederaufbau eines besseren Deutschland am ehesten mitwirken. Diese Überzeugung hat mich nicht getrogen.

6 Sommer 1958 –
Mein erstes Auto

Hans-Jochen Vogel

Mein erstes Auto habe ich im Sommer 1958, also vor bald 50 Jahren, gekauft. Es war ein VW-Käfer und kostete 3790 DM. Ich war damals gerade zum Berufsmäßigen Stadtrat und Leiter des Rechtsreferats der Landeshauptstadt München gewählt worden. Das brachte eine deutliche Erhöhung meines Einkommens mit sich. Erhielt ich vorher als ein an die bayerische Staatskanzlei abgeordneter Amtsgerichtsrat 753 DM monatlich, stieg mein Gehalt jetzt auf 2916 DM. Nur deshalb konnte ich mir ein Auto leisten. Bis dahin besaß ich ein sogenanntes Leichtmotorrad Marke „Quick" mit 98 ccm Hubraum, das schon für 500 DM zu haben war.

Für heutige Leser mögen diese Zahlen erstaunlich klingen. Nur zum Vergleich: Heute erhält ein Berufsmäßiger Stadtrat – in DM umgerechnet – 14.759 DM und ein Amtsgerichtsrat 7050 DM. Der Lebenszuschnitt war also im Ergebnis deutlich einfacher – auch wenn man bedenkt, dass die Preise seinerzeit deutlich niedriger waren und die Kaufkraft des Geldes deshalb deutlich höher war.

Immerhin befand sich die Bundesrepublik 1958 in einem kontinuierlichen wirtschaftlichen Aufschwung. Die Wachstumsrate des Bruttosozialprodukts betrug 4,5 %, die Löhne und Gehälter hatten im vorhergehenden Jahr durchschnittlich um über 5 % zugenommen. Auch war der Wiederaufbau der zerstörten Städte und gerade auch der Stadt München beträchtlich vorangekommen. Die allgemeine Stimmung war deshalb in dieser Hinsicht ziemlich optimistisch – jedenfalls optimistischer, als man das 13 Jahre nach Kriegsende eigentlich hätte erwarten können.

Interessant ist auch ein Vergleich der Kraftfahrzeugzahlen. 1958 waren in München rund 90.000 Personenkraftfahrzeuge zugelassen. Heute sind es fast 690.000. Dennoch gab es bereits Verkehrsprobleme, weil der Ausbau des Altstadt- und des Mittleren Ringes noch ganz in den Anfängen steckte und beispielsweise der zentrale Marienplatz in dichter Folge auch von den oberirdisch verkehrenden Straßenbahnen gekreuzt wurde. Auch die Parkmöglichkeiten waren in der Innenstadt bereits eingeschränkt. Vor dem Haus, in dem ich damals in einer der ersten neu entstandenen Wohnsiedlungen lebte, konnte ich aber das neue Auto ohne Weiteres am Straßenrand parken.

Bisher habe ich von der wirtschaftlichen Situation zu Zeiten meines ersten Autokaufs und von der damaligen Entwicklung des Lebensstandards gesprochen. Es erscheint aber lohnend, auch einen Blick auf die allgemeine politische Lage im Jahre 1958 zu werfen, zumal das vorhergehende Kapitel sich auf das Jahr 1952 und das nachfolgende sich auf das Jahr 1961 bezieht. Die Lage war in diesem Jahr 1958 durchaus nicht spannungsfrei. Zwar regierte Konrad Adenauer mit der absoluten Mehrheit der Stimmen, die er mit seiner Partei bei den Bundestagswahlen im September 1957 ein einziges Mal errungen hatte. Und am 1. Januar 1958 waren die Römischen Verträge mit der Folge wirksam geworden, dass die Europäische Wirtschaftsgemeinschaft (EWG), bestehend aus Frankreich, Italien, den Niederlanden, Belgien, Luxemburg und der Bundesrepublik, ins Leben trat.

Zugleich gab es jedoch lebhafte Proteste gegen die vom Bundestag im März 1958 mit der Regierungsmehrheit beschlossene atomare Ausrüstung der Bundeswehr im Rahmen der NATO, falls es nicht zu einer allgemeinen Abrüstungsvereinbarung kommen sollte. Damit setzte sich die Mehrheit über das Manifest hinweg, in dem einen Monat zuvor 18 deutsche Atomwissenschaftler – darunter auch Carl Friedrich von Weizsäcker – den Verzicht auf eine atomare Bewaffnung der Bundeswehr gefordert hatten. „Kampf dem Atomtod!" war die Parole großer Massendemonstrationen, an denen in München auch ich teilnahm. Und es gab die zweite Berlin-Krise, die Chruschtschow durch ultimative Forderungen nach dem Abzug der Alliierten aus West-Berlin auslöste. An der Bewältigung dieser Krise hatte der im Oktober 1957 gewählte Regierende Bürgermeister von Berlin einen erheblichen Anteil. Das war der damals erst 45 Jahre alte Willy Brandt, dessen Name sich allmählich der breiteren Öffentlichkeit einprägte.

Zwei weitere Ereignisse des Jahres 1958 erscheinen außerdem erwähnenswert. Das war die Wahl von Papst Johannes XXIII., der alsbald das Zweite Vatikanische Konzil einberief und der katholischen Kirche den Weg in die Gegenwart öffnete. Und es war der Film *Wir Wunderkinder*. Er zeigte die Lebensgeschichte zweier typischer Deutscher während der ersten Hälfte des 20. Jahrhunderts und übte Zeitkritik in kabarettistischer Verpackung. Sein Erfolg war sehr groß. Ich habe ihn selber in kurzem Abstand zweimal gesehen. Manche Sequenzen stehen mir heute noch vor Augen.

Zurück zu meinem Auto. Ich konnte es sofort benutzen, weil mein Wehrmachtsführerschein aus dem Jahre 1944 fortgalt. Die Technik war denkbar einfach und das Benzin kostete 64 Pfennig pro Liter. In der Stadt fuhr ich eher mit der Straßenbahn als mit dem Auto. Aber für die Fahrt in den Familienurlaub nach Südtirol war es sehr nützlich. Vor allem die beiden Kinder – damals sieben und vier Jahre alt – hatten eine große Freude an dem neuen Gefährt. So war ich also mit 32 Jahren sehr früh in einem Zustand der Mobilität angelangt, der heute selbstverständlich erscheint.

7 13. August 1961 –
Der Mauerbau

Aus der Sicht von Bernhard Vogel

„Niemand hat die Absicht, eine Mauer zu errichten", hatte Walter Ulbricht – seit September 1960 in der Nachfolge von Wilhelm Pieck Vorsitzender des neu gebildeten Staatsrates und Staatsoberhaupt der DDR – auf einer internationalen Pressekonferenz am 15. Juni 1961 in Ostberlin gesagt. Kaum zwei Monate später, am 13. August 1961, eine Stunde nach Mitternacht, begannen Betriebskampfgruppen, Volkspolizei und Nationale Volksarmee in Berlin Pflaster aufzureißen und Stacheldraht-Barrieren zu errichten. Wir im Westen erschraken, diskutierten die Nachricht. Wieder eine Maßnahme zur Verunsicherung der Menschen in Berlin. Wir ahnten nicht, was wirklich passierte.

Am 24. August 1961 wird ein Westberliner Schneidergeselle beim Versuch, aus Ostberlin zurückzukehren, von Transportpolizisten erschossen. Am 17. September 1961 stirbt der erste Ostberliner an den Verletzungen, die er sich am 19. August beim Versuch, sich aus einem Haus an der Bernauer Straße abzuseilen, zugezogen hat. Am 6. Oktober 1961 ergeht an das „Kommando Grenze" der Befehl, auch von der Schusswaffe Gebrauch zu machen. 300 Wachttürme, mehr als 250 Hundelaufanlagen und 22 Bunker teilen inzwischen die Stadt.

Nur etwa 5000 DDR-Bürgern gelingt es in den folgenden 28 Jahren, die innerdeutsche Grenze zu überwinden. Fast 1000 Menschen verlieren bei Fluchtversuchen ihr Leben.

Vor dem Mauerbau waren 2,7 Millionen Ostdeutsche in den Westen geflohen. Seit 1957 stand das Verlassen der DDR als Republikflucht unter Strafe. Trotzdem war der Strom der Flüchtlinge nach Westberlin seit 1960 dramatisch angestiegen. Allein im April 1961 verließen 30.000 Menschen die DDR. Der Exodus nahm panikartige Züge an.

Im März 1961 hatte Ulbricht auf einer Tagung der Staaten des Warschauer Paktes in Moskau eine sofortige Absperrung Westberlins gefordert. Am 5. August erreichte das Politbüro der SED die offizielle Genehmigung des Paktes, das Erforderliche zu veranlassen. Am 12. August ordnete Ulbricht die Abriegelung Westberlins für den folgenden Tag an. Seit Mitte Juni hatte die SED unter der Verantwortung des ZK-Sekretärs für Sicherheitsfragen, Erich Honecker, die Vorbereitungen begonnen.

Der Bau der Mauer war der Offenbarungseid eines Systems, das auf Zwang beruhte und seinen Zusammenbruch nur dadurch aufhalten konnte, dass es seine Bewohner gewaltsam am Verlassen seines Staatsgebietes hinderte. Durch die Mauer sollte nicht der Osten vor Eindringlingen oder Angriffen aus dem Westen geschützt werden, dem eigenen Bürger sollte die Flucht aus der DDR unmöglich gemacht werden. Alle Grenzsicherungsanlagen waren auf die Abwehr von Flüchtlingen aus dem eigenen Land ausgerichtet.

Der Westen protestierte, griff aber nicht ein. Willy Brandt, der Regierende Bürgermeister von Berlin, versuchte zu beruhigen und mahnte, wo er konnte, zur Besonnenheit. Konrad Adenauer setzte seinen Wahlkampf fort und reiste erst am 22. August nach Berlin (s. Kapitel 4). Kennedy wollte auf keinen Fall einen Atomkrieg riskieren und hoffte, den Westberlinern durch demonstrative Gesten den Rücken zu stärken. Die amerikanische Garnison wurde aufgestockt. Am 19. August trafen Vizepräsident Johnson und der Vater der Luftbrücke Lucius D. Clay in Berlin ein.

Langsam wurde uns, wurde auch mir klar: Der 13. August 1961 bedeutete die tiefste Zäsur seit der Gründung der beiden deutschen Staaten. Auch für die Gegner des SED-Regimes gab es keine Alternative mehr. Sie mussten versuchen, sich, so gut es ging, auf Dauer einzurichten. Die Deutschen in der DDR wurden nun endgültig zu denjenigen, die die Hauptlast der Folgen des von Hitler verlorenen Zweiten Weltkriegs zu tragen hatten.

1955 war ich zum ersten Mal in die geteilte Stadt gekommen, mit dem Interzonenzug von Frankfurt am Main. In meiner Naivität fuhr ich bis zum Bahnhof Friedrichstraße, also, ohne es zu wissen, in den Ostsektor der Stadt. In den folgenden Jahren habe ich Berlin sehr häufig besucht, vor allem weil ich im Zusammenhang mit meiner Tätigkeit am Heinrich-Pesch-Haus viele Dutzende von Teilnehmergruppen seiner Sozialen Seminare begleitete, um ihnen die geteilte Stadt, das geteilte Deutschland so anschaulich wie möglich vor Augen zu führen. Solange es möglich war – bis 1961 – gingen wir natürlich auch nach Ostberlin. Der Besuch der Staatsoper Unter den Linden kostete uns nur ganz wenige DM. In der Karl-Marx-Buchhandlung, in der Stalinallee erwarb ich im Laufe der Jahre alle sozialistischen Klassiker. Im vom ZK der SED gegründeten „Museum für Deutsche Geschichte" im Zeughaus Unter den Linden konnte man sozialistische Geschichtsdeutung kennenlernen. Aber natürlich lockte auch die Museumsinsel. Der Zufall wollte es, dass wir auch am 23. Oktober 1956 in Berlin waren – an dem Tag, an dem der Ungarnaufstand einen Höhepunkt erreichte. Noch in der Nacht zum 24. Oktober rückten sowjetische Truppen in Budapest ein. Nie war die Kontrolle an der „Grenzübergangsstelle" Dreilinden penetranter als in dieser Nacht vom 23. auf den 24. Oktober, und sie dauerte Stunden. Eine junge, besonders kämpferische Volkspolizistin musterte streng unser Auto und unser Gepäck. Als sie auf meine Einkäufe von der Stalinallee stieß – ich hatte unter anderem die Textbücher der beiden Filme *Ernst Thälmann*, Sohn seiner Klasse und *Ernst Thälmann*, Führer seiner Klasse erworben – hielt sie erstaunt inne. „Ich kenne die Drehbücher nicht nur, ich zeige auch die Filme dazu regelmäßig in Westdeutschland", war meine wahrheitsgemäße Antwort. Ihre Züge verklärten sich, und wir durften fahren. Eines Tages erschienen zwei Verfassungsschutzbeamte bei mir in Mannheim. Mitbürger hätten sie darauf aufmerksam gemacht, in Hinterzimmern pfälzischer Gasthöfe würden Betriebsräte im Kommunismus geschult. Sie haben mich beruhigt wieder verlassen.

Im Sommer 1959 nahm ich mit vier Freunden auf Initiative des Ministeriums für Gesamtdeutsche Fragen, wie es damals hieß, an den kommunistischen Weltjugendspielen teil. Sie fanden zum ersten Mal außerhalb des kommunistischen Machtbereiches, in Wien, statt. Peter Pinto war mein Deckname. Klara Marie Fassbinder, das „Friedensklärchen", bekennende Katholikin und Mitglied der Deutschen Friedensunion, war omnipräsent. In große Verlegenheit kam ich erst, als ich einer Arbeitsgruppe „Segelflug" zugeteilt wurde und man mich nach den Startgebühren in Westdeutschland fragte.

Nach dem Bau der Mauer wurde jeder Besuch in Ostberlin zu einem unsicheren Abenteuer. Wir parkten meist am verlassenen, menschenleeren Lehrter Bahnhof und fuhren die wenigen hundert Meter mit der S-Bahn zum Bahnhof Friedrichstraße. Man musste den Reisepass durch einen Schlitz schieben und warten. Später, in meiner Zeit als Ministerpräsident von Rheinland-Pfalz, habe ich es mir zur Regel gemacht, jedes Jahr eine Region der DDR zu besuchen (s. Kapitel 22). Elfmal bekam ich die Einreisegenehmigung. Einmal wurde sie mir versagt, 1981, als der Einmarsch auch von NVA-Truppen in Polen drohte. Ich hatte in Japan auf einer Pressekonferenz geäußert, Japan solle in diesem Falle die Einladung an Honecker zurückziehen. Wenige Monate später, nach der Leipziger Messe, rief mich Berthold Beitz, damals Vorsitzender des Ost-Ausschusses der Deutschen Wirtschaft an. Honecker lasse mich grüßen, er sei auf der Krim in Urlaub gewesen. Ich möchte doch bitte wieder kommen. 1988, bei meiner letzten Reise als rheinland-pfälzischer Ministerpräsident, waren wir unter anderem in Halle. Nichts ließ mich die unmittelbar bevorstehende Wiedervereinigung ahnen. Aber dass die Menschen im Gegensatz zu früheren Reisen nicht mehr verstohlen wegsahen, dass ich freundlich gegrüßt und um Autogramme gebeten wurde, das fiel mir schon auf.

Dem Bau der Mauer war nicht nur die Zeit der Berlin-Blockade von 1948/49 vorausgegangen, sondern auch der 17. Juni 1953. Inzwischen wissen wir alle, dass der 17. Juni 1953 mehr war als der Protest von Arbeitern in der Berliner Stalinallee, die gegen Normerhöhungen und die schlechte Versorgungslage protestierten. Was völlig unorganisiert begann, wurde zu einem Volksaufstand gegen das SED-Regime. In mehr als 700 Städten und Gemeinden beteiligten sich zwischen dem 16. und dem 21. Juni über eine Million Menschen an Streiks, Demonstrationen und Kundgebungen. In über 1000 Betrieben ruhte die Arbeit, von Berlin bis Rostock, von Schwerin bis Frankfurt an der Oder, von Neubrandenburg bis Potsdam, von Magdeburg über Halle, Cottbus und Leipzig bis nach Dresden, von Karl-Marx-Stadt bis Erfurt, von Görlitz bis Suhl.

Ein Zentrum des Protestes war Jena, wo die Arbeiter des VEB Carl Zeiss den Aufstand trugen und mehrere Tage demonstrierten. 25.000 Menschen protestierten in der 80.000-Einwohner-Stadt – trotz der standrechtlichen Erschießung eines der Streikenden, des 26-jährigen Alfred Diener.

Aber alle Hoffnung war zu Ende, als die sowjetische Armee Panzer ausrücken ließ. Die Gefängnisse waren mit Inhaftierten überfüllt. Es gab Tote. Mindestens 125 Bürgerinnen und Bürger sind unmittelbar von den sowjetischen Truppen oder der Volkspolizei getötet worden. Innerhalb weniger Tage wurden 20 Todesurteile gefällt. Hunderte wurden zu Arbeitslager oder Zuchthaus verurteilt. DDR-weit verschwanden etwa 13.000 Menschen hinter Gefängnismauern.

Heute wissen wir: Der Volksaufstand vom 17. Juni 1953, der erste Aufstand im kommunistischen Machtbereich nach dem Krieg, war nicht erfolgreich, aber er ist nicht gescheitert. Der Freiheitswille der Menschen blieb lebendig. Man darf den 17. Juni 1953 ebenso wenig vergessen wie den 13. August 1961. Auf den Juni 1953 in Berlin folgte 1956 Budapest, 1968 Prag, 1980 Danzig und schließlich Leipzig 1989 (s. Kapitel 7).

36 Jahre später, im Herbst 1989, als sich wieder Menschen zu Protestzügen versammelten, war alles anders. Der Generalsekretär der KPdSU Michail Gorbatschow war zwar zum Staatsgründungstag der DDR am 7. Oktober nach Ostberlin gefahren. Aber er hinterließ die Botschaft „Wer zu spät kommt, den bestraft das Leben" und gab seinen Truppen den Befehl, in den Kasernen zu bleiben. Die friedliche, unblutige Revolution nahm ihren Verlauf. Am 9. November fiel die Mauer. Nur eine Minderheit hatte in Westdeutschland die Hoffnung bewahrt, den Tag der Wiedervereinigung noch selbst zu erleben.

Der 17. Juni wurde zum Feiertag. „Nationaler Gedenktag des Deutschen Volkes" stand in den Kalendern. Am Vormittag gedachte die Bundesrepublik offiziell der Brüder und Schwestern in der DDR. Von Jahr zu Jahr nahm die Zahl der Teilnehmer ab. Der 17. Juni wurde schließlich zu einem freien Tag, einem Feiertag unter anderen. Als die JU Speyer mich bat, an einem 17. Juni Mitte der 80er Jahre vor dem Gedenkstein im Domgarten zu sprechen, hätten wir im Nebenzimmer einer kleinen Gaststätte gut Platz gehabt. Ein Tag, „jahrzehntelang im Osten verschwiegen und im Westen wesenlos geworden" (Erich Loest).

Um das Unrecht, das tagtäglich in der DDR und insbesondere an dieser widernatürlichen Grenze geschah, wenigstens zu dokumentieren, Täter möglicherweise abzuschrecken und Opfern ein Stück Gerechtigkeit widerfahren zu lassen, wurde auf Initiative des Regierenden Bürgermeisters von Berlin, Willy Brandt, im November 1961 die Zentrale Erfassungsstelle der Justizverwaltungen der Länder in Salzgitter gegründet. Nach der Wiedervereinigung wurde sie in „Zentrale Beweis- und Dokumentationsstelle" umbenannt. Bis zum Ende der DDR wurden dort 4400 Tötungshandlungen, 2700 Misshandlungen im Strafvollzug und 30.000 politische Unrechtsurteile erfasst. Die Finanzierung erfolgte zunächst durch alle Länder einschließlich Berlins sowie durch den Bund. 1988 stellten Nordrhein-Westfalen (Ministerpräsident Johannes Rau), das Saarland (Ministerpräsident Oskar Lafontaine), Hamburg (Erster Bürgermeister Klaus von Dohnanyi) und Bremen (Bürgermeister Klaus Wedemeier) die Zahlungen an die Erfassungsstelle ein. 1989 folgte Schleswig-Holstein und 1990 schließlich auch Berlin diesem Beispiel. Die Kosten wurden von den verbliebenen Ländern mit übernommen, der Bund verdoppelte seinen Beitrag.

In jedem der vier Gespräche, die ich mit Erich Honecker geführt habe, argumentierte er, die Existenz der Erfassungsstelle sei ein direkter Angriff auf die Souveränität der DDR: Je eher sie verschwinde, desto besser sei es für die gegenseitigen Beziehungen. Er sah in der Erfassungsstelle in Salzgitter „eine ungeheuerliche Einmischung in die Angelegenheiten der DDR". Ihre Auflösung sei ein wichtiger Beitrag zu vertrauensbildenden Maßnahmen. Meine Antwort: Je weniger die Notwendigkeit bestehe, Untaten zu erfassen, desto weniger bestehe die Notwendigkeit, diese Stelle aufrechtzuerhalten. „Wenn Deutsche nicht mehr in Lebensgefahr geraten, wenn sie von Deutschland nach Deutschland wollen, fällt ein wesentlicher Grund für die Erfassungsstelle weg." (Zitate nach der Niederschrift des internen Parteiarchivs der SED)

Als mich der Thüringer Landtag am 5. Februar 1992 zum Ministerpräsidenten wählte, befand sich Erich Honecker auf der Flucht vor dem Zugriff der deutschen Strafjustiz in der chilenischen Botschaft in Moskau. Erst im Sommer des gleichen Jahres kehrte er gezwungenermaßen nach Berlin zurück. Die Anklage im Zusammenhang mit den Todesschüssen an der innerdeutschen Grenze ist in der Sache dennoch nicht verhandelt worden. Bevor es dazu kommen konnte, stellte das Berliner Verfassungsgericht fest, dass eine Fortsetzung des Verfahrens gegen den kranken Honecker einen Verstoß gegen die Menschenwürde darstelle. Die in Salzgitter gesammelten Erkenntnisse sind ihm darum nicht zum persönlichen Verhängnis geworden. Aber sie tragen bis heute dazu bei, geschehenes Unrecht nicht in Vergessenheit geraten zu lassen.

Nicht alle Verantwortlichen für das Geschehen an der innerdeutschen Grenze konnten sich einer Bestrafung entziehen. Die höchste Strafe erhielt der einstige DDR-Verteidigungsminister Heinz Keßler mit siebeneinhalb Jahren Haft; Egon Krenz, letzter DDR-Staatsratsvorsitzender und SED-Parteichef, erhielt ein Jahr weniger.

Die Staatsanwaltschaften und Gerichte haben sich mit der strafrechtlichen Aufarbeitung des DDR-Unrechts nicht leichtgetan. Es waren Taten zu ahnden, die in einer anderen Staatlichkeit geschehen waren und die teilweise viele Jahre zurücklagen. Dass fast alle „Mauerschützen" – der letzte Prozess ging genau 15 Jahre nach dem 9. November 1989 zu Ende – mit Bewährungsstrafen davongekommen sind, hat bei vielen, vor allem in den jungen Ländern, Unverständnis, auch Zorn ausgelöst.

Nach der Wende traf ich in Thüringen auf eine Gruppe von Menschen, die noch mehr als andere unter der unmenschlichen Grenze quer durch Deutschland gelitten hatte. Sie war vor allem im Frühsommer 1952, also noch vor dem Bau der Mauer, und im Herbst 1961 Opfer einer groß angelegten Zwangsaussiedlungsaktion geworden. Mit der Aktion „Ungeziefer" und der Aktion „Kornblume" waren allein in Thüringen über 5000 politisch missliebige Bürger gegen ihren Willen, unter Strafandrohung, mit brutaler Gewalt und natürlich ohne Entschädigung aus dem sogenannten Grenzstreifen, einem in der Regel fünf Kilometer breiten Hinterland, das ohnehin nur mit Spezialausweis betreten werden durfte, bei Nacht und Nebel in das Landesinnere der DDR „umgesiedelt" worden. In menschenverachtender Weise wurden ganze Familien ihrer Heimat und ihrer Existenz beraubt, verloren Hab und Gut, Freunde und Nachbarn und gingen einem ungewissem Schicksal entgegen: ein besonders elementarer Fall politischer Verfolgung, eine elementare Verletzung der Menschenwürde. Zwar waren 1992 und 1994 drei Rehabilitationsgesetze vom Bundestag verabschiedet worden, die ausdrücklich feststellten, dass derartige Zwangsaussiedlungen mit tragenden Grundsätzen eines Rechtsstaates unvereinbar und folglich als Akte individueller politischer Verfolgung anzusehen seien, aber gleichwohl Ausgleichsleistungen nur bei Eingriffen in die Vermögenssubstanz, gesundheitlichen Schädigungen oder beruflichen Nachteilen vorsahen. Das hieß, dass zahlreiche Zwangsausgesiedelte ohne Entschädigungsansprüche blieben. Das wollten wir nicht hinnehmen. Eine gesetzliche Regelung begegnete schwerwiegenden verfassungsrechtlichen Bedenken, weil keine Kompetenz des Landes gegeben war. Also riefen wir – CDU und SPD, zu dieser Zeit in einer großen Koalition verbunden – gemeinsam eine Stiftung ins Leben, um den etwa 2000 noch lebenden Betroffenen eine einmalige Zuwendung von 4000 DM gewähren zu können. Wir wussten, dass das erlittene Unrecht nicht wiedergutzumachen war, aber wir wollten das Unrecht brandmarken und wenigstens ein Zeichen des guten Willens setzen.

Bedauerlicherweise ist kein anderes junges Land unserem Beispiel gefolgt. Es bleibt eine wichtige politische Aufgabe, Signale zu setzen, dass wir die Opfer von Unrecht und Verfolgung auch künftig nicht vergessen. Wir sind es ihnen und ihren Leiden schuldig, dass die Untaten des SED-Regimes nicht verharmlost werden. Nichts darf totgeschwiegen, nichts darf schöngeredet werden!

* * *

Aus der Sicht von Hans-Jochen Vogel

Walter Ulbricht, damals Erster Sekretär des ZK der SED und Staatsratsvorsitzender, hatte zwar noch am 15. Juni 1961 auf einer Pressekonferenz erklärt, niemand habe die Absicht, eine Mauer zu errichten. Das sei westliche Propaganda. Aber die entsprechenden Gerüchte verstummten schon deshalb nicht, weil die Zahl derer, die die DDR – seinerzeit sagte man noch Sowjetische Besatzungszone – über die noch frei passierbaren Berliner Übergänge verließen, ständig weiter anstieg. Am frühen Morgen des 13. August 1961 wurde dann gemeldet, dass die SED-Führung mit der Abriegelung Ost-Berlins begonnen habe. Bald kamen auch die ersten Bilder, auf denen zu sehen war, wie zunächst ein Stacheldrahtzaun die beiden Seiten einer Straße voneinander trennte und Menschen einander über den Zaun hinweg verzweifelt zuwinkten. Fest eingeprägt hat sich mir auch ein Bild, das einen DDR-Soldaten zeigt, der mit geschultertem Gewehr von Ost nach West über den Zaun springt.

Diese Maßnahme löste eine Welle der Empörung und der Solidarität, aber auch große Sorgen aus, weil man ja eine militärische Konfrontation nicht von vornherein ausschließen konnte. Allerdings ergab sich bald, dass die westlichen Alliierten und vor allem die USA wohl energisch protestierten und auch ihre Truppenpräsenz in West-Berlin verstärkten, an den Einsatz militärischer Gewalt aber nur für den Fall dachten, dass West-Berlin von östlicher Seite betreten und die dort stationierten alliierten Truppen in Mitleidenschaft gezogen würden. Das unterblieb. Und auch die Verbindungen zwischen West-Berlin und der Bundesrepublik wurden – anders als in der Zeit der Luftbrücke – nicht unterbrochen. Dabei ist immer zu bedenken, dass der Gedanke an eine militärische Konfrontation damals stets mit der Angst vor einem atomaren Konflikt verbunden war.

Die Empörung und die Solidarität zeigten sich auch in München. Am 17. August 1961 veranstaltete das Kuratorium Unteilbares Deutschland auf dem Marienplatz eine große Kundgebung, zu der Tausende von Münchnerinnen und Münchnern erschienen und an die sich ein Protestmarsch durch die Stadt anschloss. Auf dieser Kundgebung sprachen außer mir der damalige Berliner Innensenator Jochen Lipschitz und der seinerzeitige Bundesminister Ernst Lemmer. Ich selber sagte in meiner Rede unter anderem:

> „Es geht jetzt und hier um Menschlichkeit. Es geht darum, dass wir nicht nur Lippenbekenntnisse ablegen, sondern helfen. Dass wir gerade jetzt Briefe schreiben und Pakete in die Zone schicken. Und dass wir den Flüchtlingen, die in den letzten Wochen zu uns gekommen sind, mit offenen Armen und offenen Herzen begegnen. Es geht darum, dass wir den Menschen im freien Berlin den Rücken stärken."

Und ich schloss mit den Worten:

> „Ich sagte es schon – mit Lippenbekenntnissen ist es in dieser Stunde nicht getan. Ich werde deshalb als der Oberbürgermeister, als der Sprecher dieser Stadt so bald als möglich nach Berlin fliegen und den Bürgern von Berlin die Grüße Münchens überbringen."

Das tat ich schon am folgenden Tag, also am 18. August 1961. In Berlin suchte ich zunächst Willy Brandt auf, um ihm und ganz West-Berlin die Solidarität der Münchner Bürgerschaft auszudrücken. Ich traf ihn in seiner Privatwohnung am Schlachtensee an, wo er für den nächsten Tag eine Bundestagsrede vorbereitete. Er war angespannt und von den Ereignissen bewegt, aber zugleich entschlossen und sich seiner Verantwortung als Regierender Bürgermeister, aber auch als Spitzenkandidat der deutschen Sozialdemokratie für die kommende Bundestagswahl voll bewusst. Über meinen Besuch freute er sich. Konrad Adenauer, so sagte er, habe einen solchen Besuch in Berlin bisher offenbar nicht als notwendig angesehen. Zugleich äußerte er seine Betroffenheit darüber, dass dieser ihm noch am 14. August, also nach Beginn der Absperrungsmaßnahmen, auf einer Wahlveranstaltung in Regensburg vorgeworfen habe, in Wirklichkeit heiße er doch Herbert Frahm, womit er zugleich auf seine uneheliche Geburt anspielte. Adenauer kam dann erst am 22. August nach Berlin. Inzwischen war vor ihm schon der amerikanische Vizepräsident Lyndon B. Johnson am 19. August dort gewesen.

Im Schöneberger Rathaus – damals und bis zur Wiedervereinigung Berlins im Jahre 1990 Sitz des Regierenden Bürgermeisters und des Abgeordnetenhauses – sagte man mir, es bestehe die Möglichkeit, sich mit einem Begleiter einige Stunden in Ost-Berlin aufzuhalten. Nach meiner – allerdings nicht mehr ganz sicheren – Erinnerung handelte es sich dabei um den SPD-Bundestagsabgeordneten Kurt Neubauer. Er war in der damaligen Legislaturperiode einer von zwei Bundestagsabgeordneten, die ihren offiziellen Wohnsitz noch in Ost-Berlin hatten, aber wie ihre in West-Berlin wohnenden Kolleginnen und Kollegen vom Berliner Abgeordnetenhaus gewählt waren, weil die Alliierten in Berlin die unmittelbare Volkswahl zum Bundestag nicht zuließen. In Ost-Berlin existierte infolge des Sonderstatus der Stadt auch die SPD noch als Partei. Nach dem Bau der Mauer suspendierte der Parteivorstand dann alsbald die dortige Parteiorganisation, um die Mitglieder vor Verfolgungen zu schützen.

Nach kurzer Überlegung entschloss ich mich, die mir angebotene Möglichkeit zu nutzen. Mein Begleiter und ich fuhren in den Ostsektor nach Friedrichshain. Das ging, weil die Grenzorgane der DDR Westdeutsche wie mich auch in diesen Tagen nach Ost-Berlin ein- und auch wieder ausreisen ließen und mein Begleiter offenbar auch ein westdeutsches Papier besaß oder einen Sonderstatus genoss.

In Friedrichshain trafen wir in einem Büro oder einer größeren Wohnung eine Anzahl von SPD-Mitgliedern, die einen bedrückten Eindruck machten und davon sprachen, dass sie nun endgültig eingesperrt seien und die SPD im Ostteil der Stadt sich wohl bald werde auflösen müssen. Mit einer Intervention des Westens rechneten sie offenbar nicht. Wir drückten ihnen unsere Verbundenheit aus, aber wirklich Mut machen konnten wir ihnen nicht.

Eine Zeit lang gingen wir anschließend noch in westlicher Richtung, wobei wir allerdings nicht in die Nähe der Sektorengrenze kamen und deshalb auch nichts von den Arbeiten sahen, die dort im Gange waren. Auf den Straßen herrschte eine gespannte Ruhe. Die Menschen benahmen sich unauffällig und diskutierten auch nicht miteinander, was in Anbetracht der Ereignisse eigentlich nahegelegen hätte. Wir sprachen auch unsererseits niemanden an, weil es für die Betroffenen schwer abzuschätzende Folgen hätte haben können, wenn sie dabei beobachtet worden wären, wie sie gerade in diesen Tagen auf offener Straße mit einem westdeutschen Oberbürgermeister redeten. Einige Herren begleiteten uns ohnehin schon seit geraumer Zeit mit auffälliger Unauffälligkeit.

Plötzlich traten zwei Personen, die wie Funktionäre wirkten und offenbar wussten, wer wir waren, auf uns zu und teilten uns mit, sie seien beauftragt, uns im Namen des Ost-Berliner Oberbürgermeisters Friedrich Ebert – er war ein Sohn des früheren Reichspräsidenten – zu einem Gespräch einzuladen. Er wolle uns erläutern, warum die von ihnen offiziell so genannten „Schutzmaßnahmen" notwendig seien und warum sie dem Frieden dienten. Wir zögerten einen Augenblick, lehnten dann aber die Einladung ab. Maßgebend dafür war die Befürchtung, dass die Begegnung von den von der SED kontrollierten Medien verzerrt und womöglich sogar als Unterstützung für den Mauerbau dargestellt werden würde. Unser Protest gegen den Mauerbau wäre sicher nicht gedruckt oder gesendet worden. Anschließend kehrten wir unverzüglich nach West-Berlin zurück und berichteten dort über unsere Eindrücke.

Die Empörung darüber, dass ein Regime seine Bürger einsperrte, weil es sie nur so im Lande halten konnte, und dass an der Grenze immer wieder Menschen bei Fluchtversuchen erschossen wurden, verband sich allmählich mit der Einsicht, dass die bisherige Politik der Stärke – so nannten sie ihre Befürworter – und der Konfrontation so nicht fortgeführt werden konnte und dass sie vor allem nicht geeignet war, die Mauer zu beseitigen. Diese Einsicht gab den Anstoß zu einer neuen Ostpolitik, die Willy Brandt mit Unterstützung von Egon Bahr entwickelte und im Jahr 1963 in der Evangelischen Akademie in Tutzing erstmals der Öffentlichkeit vortrug. Sie ging von der Integration der Bundesrepublik in das westliche Bündnis und den sonst gegebenen Realitäten aus und bemühte sich, die Mauer durchlässiger zu machen und einen „Wandel durch Annäherung" zu erreichen. Dass es fast drei Jahrzehnte dauern würde, bis die Mauer fiel, sah im August 1961 wohl kaum jemand voraus. Und kaum einer wagte zu hoffen, es werde ohne Gewalt und ohne Blutvergießen geschehen.

8 1. Dezember 1966 –
Kurt Georg Kiesinger und die erste
Große Koalition

Aus der Sicht von Bernhard Vogel

Am 1. Dezember 1966 wählte der Deutsche Bundestag Kurt Georg Kiesinger mit großer Mehrheit zum dritten Bundeskanzler der Bundesrepublik Deutschland. 17 Jahre nach Gründung der Bundesrepublik kam zum ersten Mal eine große Koalition zustande, übernahm die SPD zum ersten Mal Regierungsverantwortung. Der Regierungsbildung gingen keine Bundestagswahlen voraus, sondern der Zerfall der Koalition aus Union und FDP.

Ludwig Erhard war 1963, in der Mitte der vierten Legislaturperiode, gegen alle Bedenken Konrad Adenauers zum Bundeskanzler gewählt worden und bestand die Bundestagswahlen vom September 1965 mit Bravour. Sie brachten der Union einen überraschend hohen Wahlerfolg. Nur knapp verfehlte sie die absolute Mehrheit der Sitze im Bundestag. Die FDP musste schmerzliche Verluste hinnehmen und konnte sich nur knapp behaupten.

Auch mich, den völlig unbekannten, jungen Kandidaten, hatte Ludwig Erhard in seinem Wahlkampf unterstützt. Einen ganzen sonnendurchfluteten Herbsttag fuhren wir die Weinstraße entlang, von Ungstein über Bad Dürkheim und Deidesheim bis nach Meckenheim, von Rathausplatz zu Rathausplatz.

Weinprinzessinnen reichten dem Kanzler große Weinpokale, denen er kräftig zusprach. Seine kurzen Ansprachen endeten – fröhlich getönt – jedes Mal mit dem Satz: „Wenn zwei Männer sich so lange kennen, können sie füreinander zeugen!"

Noch in der Wahlnacht erreichte mich ein Telegramm des Fraktionsvorsitzenden Rainer Barzel: „Herzlichen Glückwunsch, Herr Kollege!" Am Montag folgte die Einladung zur ersten Fraktionssitzung am Donnerstag. Voller Stolz auf das errungene Direktmandat und in der Erwartung, zügig umsetzen zu können, was ich in vielen, vielen Wahlversammlungen als Programm verkündet hatte, fuhr ich nach Bonn. Rainer Barzel gab einen allgemeinen politischen Überblick, erklärte, alles Weitere hänge von den Koalitionsverhandlungen ab, für die eine Verhandlungskommission zu bilden sei, und ermahnte uns, uns möglichst jeder öffentlichen Äußerung zu enthalten. Eine Stunde später stand ich wieder auf dem Bonner Hauptbahnhof.

Schon nach drei Wochen ergriff der Bundesvorsitzende der Jungen Union, Egon Klepsch, die Initiative und lud die sehr zahlreichen neu in den Bundestag gewählten, der Jungen Union angehörenden Abgeordneten unserer Fraktion zu regelmäßigen Treffen ein, um unsere Initiativen abzustimmen, zu koordinieren und in der Fraktion zur Geltung zu bringen. Neben Egon Klepsch gehörten unter anderem Günter Rinsche, Heiner Geißler, Hansjörg Häfele, Friedrich Vogel, Manfred Wörner, Manfred Abelein, Heinrich Köppler, Carl Otto Lenz und ich dazu. Wegen unserer Zahl und in Anspielung auf eine im September 1947 von zahlreichen deutschen Literaten gegründeten Gruppe nannten wir uns selbstbewusst „Gruppe 47".

Nach wenigen Wochen kam die auch von mir gewünschte Koalition mit der FDP zustande. Am 20. Oktober konstituierte sich der neue Bundestag und wählte Ludwig Erhard zum Bundeskanzler. Im Plenarsaal wurde mir ein Platz in der letzten Reihe unter der Besuchertribüne zugewiesen.

Schon bald begann mir klar zu werden: Ludwig Erhard, der erfolgreiche Wirtschaftsminister, der Vater der Sozialen Marktwirtschaft und des „Wirtschaftswunders", hatte Schwierigkeiten, das Amt auszufüllen. Ich begann, Konrad Adenauer Recht zu geben. Er nutzte seinen Wahlsieg nicht aus, ja er verlor ihn schon in den ersten vier Wochen. Er führte nicht energisch. Er trennte sich nicht vom personellen Erbe Adenauers. Er ließ sich aufs Verhandeln ein. Zwar rang er sich, zu meiner großen Freude, zur diplomatischen Anerkennung Israels durch, aber schon sein USA-Besuch blieb ohne sichtbaren Erfolg, und es gelang ihm nicht, das gestörte Verhältnis zum französischen Präsidenten Charles de Gaulle zu bereinigen. Die Spannungen in der Koalition wuchsen, die Unruhe in der Fraktion nahm zu. Die Landtagswahlen in Nordrhein-Westfalen im Juli 1966 wurden zu einem Debakel für die CDU. Der auf Anregung Rainer Barzels in der Fraktion gefasste Beschluss „Ludwig Erhard ist und bleibt Bundeskanzler" erwies sich als leere Formel. Dramatische Fraktionssitzungen folgten. Die Auseinandersetzungen um die Nachfolge standen im Mittelpunkt: Gerhard Schröder, Eugen Gerstenmaier, Rainer Barzel oder Kurt Georg Kiesinger? Zwar sollte die Entscheidungsfreiheit der Fraktion gewahrt werden, aber auch die Mitsprache der Partei musste gesichert sein, zumal sich einige Landesverbände nachdrücklich zu Wort gemeldet hatten. Helmut Kohl, wenige Monate zuvor zum Landesvorsitzenden der CDU von Rheinland-Pfalz gewählt, nannte am 8. November im Parteivorstand erstmals die Namen. Am 10. November stimmte die Fraktion ab. Eugen Gerstenmaier hatte seine Kandidatur zurückgezogen. Vom Abgeordneten Carl Otto Lenz war zusätzlich Walter Hallstein vorgeschlagen worden. Im dritten Wahlgang erhielt Kiesinger die erforderliche Mehrheit.

Meine Zuneigung hatte zunächst Eugen Gerstenmaier gegolten, dem Mann des Widerstandes gegen Adolf Hitler, dem Mitglied des Kreisauer Kreises, der mit knapper Not dem Todesurteil durch den Volksgerichtshof unter Freisler entkommen war: ein schwieriger, sehr selbstbewusster, sehr zum Widerspruch neigender evangelischer Christ.

Jeden Abend unterrichtete ich Helmut Kohl telefonisch vom Fortgang der Beratungen. Immer mehr rückte Kurt Georg Kiesinger in den Mittelpunkt meiner Aufmerksamkeit. Die Entscheidung war praktisch gefallen, als die Landesgruppe der CSU sich für ihn aussprach.

Mir war Kurt Georg Kiesinger schon während meiner Schulzeit als glänzender Debattenredner in den großen deutschland- und außenpolitischen Redeschlachten aufgefallen. Seit dem Korea-Schock hatte er sich der Außenpolitik zugewandt und wurde zum Vorkämpfer einer gemeinsamen Außenpolitik von Regierung und Opposition. Seine außenpolitische Jungfernrede hielt er zum Petersberger Abkommen, dem ersten Schritt einer eigenständigen Außen- und Deutschlandpolitik der jungen Bundesrepublik. Ich hielt ihn für einen sachkundigen, wortmächtigen Mann. „König Silberzunge" war sein Spitzname, und Willy Brandt nennt ihn in seinen Memoiren den „europäisch engagierten Reichsschwaben".

Aus meiner Zeit als CDU-Kreisvorsitzender in Heidelberg kannte ich Kurt Georg Kiesinger als baden-württembergischen Ministerpräsidenten, omnipräsent, überzeugend argumentierend, sehr freundlich, gleichwohl auf Distanz bedacht, immer ein wenig unnahbar, jedenfalls für uns Jüngere. Er war Ministerpräsident seit 1958, Gründer der Universität Konstanz, ein Vater des „Musterländles", des nachträglich aus den drei südwestdeutschen Ländern gebildeten Südweststaates, des Landes Baden-Württemberg. Schon bei der Kabinettsbildung 1961 wurde er als Außenminister genannt und war auch 1965 wieder ins Gespräch gebracht worden.

Immer wieder ist Kurt Georg Kiesinger vorgeworfen worden, dass er, wie übrigens auch seine beiden Minister Karl Schiller und Lauritz Lauritzen von der SPD, der NSDAP angehört hatte. Er war schon vor dem Reichstagsbrand Ende Februar 1933 Mitglied geworden und hatte sich 1940 durch die Zuweisung zur „Kulturabteilung Rundfunk" des Auswärtigen Amtes, deren stellvertretender Leiter er 1943 wurde, seiner Einberufung entzogen. Kiesinger musste sich gegen heftige Angriffe zur Wehr setzen. Günter Grass sprach vom „Obernazi", meinte, es werde eine miese Ehe geschlossen, und forderte gleichzeitig Karl Schiller auf, sich zu seiner Mitgliedschaft in der SA zu bekennen. Seinen eigenen Dienst bei der Waffen-SS verschwieg er dagegen über Jahrzehnte hinweg. Zu seiner Rechtfertigung verwies Kiesinger darauf, dass er und ein Kreis von Freunden aus einer katholischen Studentenverbindung nicht untätig hätten bleiben wollen und hofften, auf die Entscheidungen Einfluss nehmen zu können. Ein fataler Irrtum! Martin Hirsch, der langjährige SPD-Bundestagsabgeordnete und spätere Richter am Bundesverfassungsgericht, schreibt in einem Beitrag zu Kiesingers 80. Geburtstag: „Vielleicht war dies der große Irrtum seines Lebens, der ihn dann während des Krieges zu seiner Tätigkeit im Auswärtigen Amt veranlasst hat. Sicher aber ist, ein Nazi war Kurt Georg Kiesinger ganz gewiss nicht."

Als ich Kurt Georg Kiesinger in der Fraktion meine Stimme gab, galt sie seiner Person, nicht dem Wunsch nach einem Koalitionswechsel. Die Mehrheit der Fraktion rechnete nach meinem Dafürhalten mit einer baldigen Erneuerung der Koalition mit der FDP. Die rechnerisch auch mögliche Koalition von SPD und FDP stand zwar auch zur Diskussion, wurde aber letztlich von den Beteiligten wohl nicht ernsthaft ins Auge gefasst.

Erst allmählich wurde mir klar, wie viel Ärger sich in meiner Partei über das Verhalten der FDP in den letzten Monaten der Regierung Erhard angesammelt hatte und wie sehr man hoffte, anstehende große Reformen in einer großen Koalition mit einer verfassungsändernden Zweidrittelmehrheit lösen zu können. Und es wurde mir klar, dass auf beiden Seiten im Stillen und unter der tatkräftigen Vermittlung von Johannes Schauff schon lange intensive Vorarbeit geleistet worden war. Herbert Wehner, der starke Mann seiner Partei, stellvertretender Parteivorsitzender und seit der Erkrankung Fritz Erlers praktisch auch Fraktionsvorsitzender, wollte die große Koalition, um seine Partei aus der Daueropposition – seit 1949 – herauszuführen und ihre Regierungsfähigkeit unter Beweis zu stellen. Auf der Unionsseite gehörten in der CDU Heinrich Krone und in der CSU Karl Theodor von und zu Guttenberg, aber auch Paul Lücke, Bruno Heck und nicht zuletzt Heinrich Lübke, der im Juli 1964 (jetzt auch mit den Stimmen der SPD) für eine zweite Amtszeit wiedergewählte Bundespräsident, zu den Befürwortern. Man war der FDP als Koalitionspartners überdrüssig und hoffte, sie durch die Wahlrechtsreform überflüssig machen zu können.

In der Fraktion waren nach beiden Seiten offene Koalitionsverhandlungen angekündigt worden. Schon bald wurde klar, wohin die Reise gehen sollte. Zügig einigten sich Union und SPD auf ein gemeinsames Regierungsprogramm und – fast noch erstaunlicher – auf eine Regierungsmannschaft: Herbert Wehner, Gustav Heinemann, Franz Josef Strauß, Karl Schiller („Plisch und Plum") an einem Tisch – wer hätte das noch Monate zuvor für möglich gehalten?

Mich begeisterte die Absicht der Koalitionspartner, das Wahlrecht zu ändern und das Mehrheitswahlrecht einzuführen. Als Schüler Dolf Sternbergers hatte ich gelernt, dass der Wahlmodus zu den entscheidenden Grundlagen der Verfassungsordnung eines Staates gehört, und Sternbergers ungeteilte Sympathie galt dem englischen Parlamentarismus, dem englischen Unterhaus als Mutter der Parlamente, galt dem Mehrheitswahlsystem. Auf seine Veranlassung hin war ich Mitglied der von Sternberger gegründeten Deutschen Wählergesellschaft geworden, die sich über viele Jahre in Veranstaltungen, Aufrufen und Publikationen für das Mehrheitswahlrecht in Deutschland engagierte und immer wieder darauf hinwies, dass mit einem anderen Wahlrecht die Weimarer Republik vor dem Scheitern bewahrt worden wäre. Dass die SPD nicht zu ihrer Koalitionszusage stand und der tapfer kämpfende Paul Lücke schließlich im März 1968 die Konsequenz zog und vom Amt des Innenministers zurücktrat, hat mich tief getroffen.

Heute, Jahrzehnte später, hat meine Begeisterung für das Mehrheitswahlrecht allerdings spürbar nachgelassen. Sicher, die englischen Unterhauswahlen führen in der Regel zu klaren Ergebnissen, ermöglichen eine stabile Regierung für eine ganze Legislaturperiode, halten radikale Gruppen von rechts und links vom Parlament fern. Aber sie führen auch zu einem Typus von Abgeordneten, der sich in hohem Maße an den lokalen Interes sen der einzelnen Wahlkreise orientiert. Ganze Landstriche werden nur durch eine Partei im Parlament vertreten. Die gesamtstaatlichen, übergreifenden Perspektiven werden vernachlässigt oder kommen zu kurz. Die europaskeptische Haltung vor allem konservativer Parlamentsmitglieder im britischen Unterhaus hat hier eine ihrer entscheidenden Ursachen. Ich glaube, dass wir mit dem deutschen Wahlsystem alles in allem gut gefahren sind – trotz aller Schwierigkeiten, die mit der Notwendigkeit von Koalitionen zusammenhängen, und trotz der Gefahr, dass man unter Umständen auch lautstarke, extreme Fraktionen im Bundestag ertragen muss. Solange in der Regel zwei Volksparteien einerseits eine starke, handlungsfähige Regierung und andererseits eine starke, handlungsfähige Opposition anführen und eine kleine Partei einer Volkspartei zur Regierungsmehrheit verhilft, solange große Koalitionen die seltene und wohlbegründete Ausnahme bilden, sichert auch unser gemischtes Wahlsystem das parlamentarische Regierungssystem.

Kurt Georg Kiesinger wurde ein erfolgreicher Bundeskanzler – vor allem weil er die Kunst, widerstreitende Interessen zusammenzuführen, meisterhaft beherrschte, weil er sich also als „wandelnder Vermittlungsausschuss", wie er sich selbst bezeichnet hat, bewährte. Seine kurze Amtszeit von kaum drei Jahren hat ihn zu Unrecht zum vergessenen Bundeskanzler werden lassen.

Den Wahlkampf von 1969 hat er in der Nachfolge Ludwig Erhards hervorragend bestanden. Mit 46,1 % der Stimmen erreichte die Union eines ihrer besten Ergebnisse und einen deutlichen Vorsprung vor der SPD. Kiesinger konnte sich als Kanzler bestätigt fühlen. Am 18. November 1969 wurde er wie selbstverständlich zum Parteivorsitzenden der CDU wiedergewählt. Er blieb es bis 1973, obwohl diesem Amt nicht seine besondere Leidenschaft galt.

Kiesinger gehörte noch bis 1980 dem Deutschen Bundestag an, aber es wurde stiller um ihn. Willy Brandt schrieb zum Ende der Großen Koalition an Kiesinger: „Was wir seit 1966 miteinander geleistet haben, es ist dem Vaterland nicht schlecht bekommen." Und in der Tat: Die Große Koalition, die Regierung Kiesinger, ist der Bundesrepublik nicht schlecht bekommen, die Große Koalition „war eine befristete, aber gelungene Bewährungsprobe für die parlamentarische Demokratie" (Rudolf Morsey). Sie hat in einer Zeit der erstarkenden außerparlamentarischen Opposition (s. Kapitel 9) bleibende Leistungen in der Innenpolitik (unter anderem Notstandsverfassung, Parteiengesetz, Finanzverfassung, Gemeinschaftsaufgaben) erbracht und in einer Periode der Entspannung einen neuen Abschnitt der deutschen Ostpolitik eingeleitet.

Noch in der Wahlnacht wurden sich Willy Brandt und Walter Scheel, wurden sich SPD und FDP einig, gemeinsam eine neue Koalition zu bilden – ein Bündnis, das sich bei der Wahl Gustav Heinemanns zum Bundespräsidenten im März 1969 mit den Stimmen von SPD und FDP bereits angekündigt hatte. Die Union hat mit der Bundestagswahl von 1969 nach 20 Jahren die Regierungsverantwortung verloren. Es sollten 13 Jahre vergehen, bis der Bundestag wieder ein Mitglied der CDU zum Bundeskanzler wählte.

* * *

Aus der Sicht von Hans-Jochen Vogel

Die Vorgänge, die zur Bildung der ersten Großen Koalition führten, und ihre Politik habe ich nur aus der Distanz, nämlich von München aus, verfolgt. Als Oberbürgermeister und als Sozialdemokrat war ich natürlich an dem, was in Bonn geschah, lebhaft interessiert. Es war ja auch für die kommunalen Aufgaben insgesamt und für die Olympischen Spiele 1972, für die die Vorarbeiten bereits im Gang waren, von besonderer Bedeutung.

Gut erinnere ich mich noch an den erstaunlich raschen Verfall der politischen Macht Ludwig Erhards nach dem Debakel, das die Union im Juli 1966 bei den Landtagswahlen in Nordrhein-Westfalen erlitt, und an die Krise, in die seine Koalitionsregierung geriet, weil man sich über den Haushaltsausgleich für das Jahr 1967 nicht einigen konnte. Dies führte Ende Oktober zum Rücktritt der FDP-Minister, den ich ohne Bedauern zur Kenntnis nahm. Die sich daran anschließenden Gespräche zwischen der Union und meiner Partei beobachtete ich mit zwiespältigen Gefühlen. Einerseits begrüßte ich, dass die SPD erstmals eine konkrete Chance hatte, auf der Bundesebene Regierungsverantwortung zu übernehmen. Andererseits konnte ich mich nicht mit dem Gedanken anfreunden, dass Franz Josef Strauß so bald nach seinem schmählichen Abgang als Verteidigungsminister infolge der Spiegel-Affäre mit unserer Zustimmung neuerlich als Finanzminister in die Bundesregierung zurückkehren sollte.

Ich trug meine Bedenken deshalb Waldemar von Knoeringen – damals bayerischer SPD-Landesvorsitzender – und Herbert Weichmann – damals mein Kollege als Erster Bürgermeister in Hamburg – vor und machte geltend, eine so rasche Rehabilitierung von Franz Josef Strauß würde unsere Glaubwürdigkeit erheblich beschädigen. Beide hatten für meine Sorge Verständnis, meinten aber, bei einer sorgfältigen Abwägung spreche doch mehr für als gegen eine solche Koalition und daher auch für die Inkaufnahme von Franz Josef Strauß. Außerdem sei es für die Union ja auch nicht einfach, Herbert Wehner als Bundesminister zu akzeptieren. Davon ließ ich mich schließlich überzeugen und verzichtete auf eine öffentliche Äußerung meiner Zweifel. Dass Herbert Wehner der eigentliche Vater der neuen Koalition war und auf deren Zustandekommen schon lange hingearbeitet hatte, weil er – zu Recht – glaubte, die SPD könne nur so ihre Regierungsfähigkeit unter Beweis stellen, ist mir erst später deutlich geworden.

Mit meinen Zweifeln stand ich übrigens nicht allein. Bei der Wahl Kurt Georg Kiesingers zum Bundeskanzler stimmten von

447 Koalitionsabgeordneten immerhin 109 gegen ihn. Diese Gegenstimmen kamen, ebenso wie die 23 Enthaltungen, fast ausschließlich aus den Reihen der SPD-Bundestagsfraktion. Dabei spielte außer dem Problem Franz Josef Strauß wohl auch Kiesingers frühere Zugehörigkeit zur NSDAP eine Rolle. Persönlich begegnet bin ich Kiesinger nicht. Ich wüsste auch nicht, dass mir eine seiner Reden im Bundestag oder einer seiner sonstigen öffentlichen Auftritte einen besonderen Eindruck gemacht hätte. Doch hat er sicherlich zu den Erfolgen der Großen Koalition nicht unbeträchtlich beigetragen oder sie als „wandelnder Vermittlungsausschuss" jedenfalls ermöglicht.

Von den Erfolgen ist mir die rasche Verabschiedung des Gesetzes zur Förderung der Stabilität und des Wachstums der Wirtschaft in Erinnerung geblieben, das bereits im Juli 1967 in Kraft trat. Es verpflichtete die Wirtschaftspolitik zur Verwirklichung des sogenannten „magischen Vierecks" Wachstum, Preisstabilität, Vollbeschäftigung und außenwirtschaftliches Gleichgewicht und war das Ergebnis einer überraschend reibungslosen und effektiven Zusammenarbeit zwischen Karl Schiller als Bundeswirtschaftsminister und Franz Josef Strauß als Bundesfinanzminister. Man nannte sie deshalb auch bald Plisch und Plum. Das Gesetz gilt auch heute noch. Auf seiner Grundlage beruhen unter anderem der Jahreswirtschaftsbericht und die jährlich fortgeschriebene mittelfristige Finanzplanung. Einzelne seiner Vorschriften sind sogar noch im Jahre 2003 geändert worden. Einen wesentlichen Faktor der Wirtschaftspolitik stellt es indes nicht mehr dar.

Für die Überwindung dessen, was man damals bereits eine „Wirtschaftskrise" nannte – es gab im Januar 1967 über 600.000 Arbeitslose und ein Defizit im Bundeshaushalt von 3,6 Milliarden DM –, war seinerzeit allein schon sein Zustandekommen wichtig. Ein Übriges bewirkte die von Karl Schiller begründete „Konzertierte Aktion", zu der sich Vertreter der Unternehmerverbände und der Gewerkschaften sowie Sachverständige regelmäßig mit Vertretern der Bundesregierung trafen, um sich über Maßnahmen und Verhaltensweisen zur Überwindung der Rezession auszutauschen und womöglich zu verständigen. Offenbar war es nicht zuletzt die psychologische Wirkung, die von beiden Maßnahmen auf die Wirtschaft ausging und die die Konjunktur belebte. Seit 1976 wurde die „Konzertierte Aktion" nicht mehr einberufen, weil die Arbeitgeber vor dem Bundesverfassungsgericht gegen das Mitbestimmungsgesetz geklagt hatten und die Gewerkschaften deshalb die weitere Teilnahme verweigerten.

Einen weiteren Erfolg habe ich besonders deshalb in Erinnerung, weil es um eine Gemeindefinanzreform ging. Franz Josef Strauß vertrat als Bundesfinanzminister zunächst ein wenig städtefreundliches Konzept. Der Deutsche Städtetag, dessen Präsidium ich damals als Vizepräsident angehörte, meldete sich daraufhin auf einer von mir vorgeschlagenen außerordentlichen Hauptversammlung nachdrücklich zu Wort und erreichte am Ende mit Unterstützung des sozialdemokratischen Finanzexperten Alex Möller eine Lösung, die für die Städte einen fühlbaren Fortschritt bedeutete: Brachte das im Mai 1969 verabschiedete Gesetz den Kommunen doch die Beteiligung an der Einkommen- und der Umsatzsteuer. Bei dieser Gelegenheit wurden übrigens auch die sogenannten Gemeinschaftsaufgaben in das Grundgesetz aufgenommen. Sie sahen für solche Aufgaben eine später kritisch beurteilte Mischfinanzierung seitens des Bundes und der Länder vor, die jüngst im Rahmen der Föderalismusreform eingeschränkt wurde.

Ein dritter Vorgang – nämlich die Notstandsgesetzgebung – stellt sich in meiner Erinnerung im Ergebnis ebenfalls als Erfolg dar. Es ging dabei um die Schaffung von Regelungen für den Fall außergewöhnlicher Naturkatastrophen und Unglücksfälle sowie für die Abwehr drohender Gefahren für den Bestand oder die freiheitliche Grundordnung des Bundes oder eines Landes. Den Erfolg sehe ich darin, dass die entsprechenden Verfassungsänderungen überhaupt zustande kamen und die noch bestehenden Eingriffsrechte der Alliierten endgültig beseitigten. Die parlamentarischen Strukturen erwiesen sich dabei als stabil genug, um auch in einer außerordentlich aufgeheizten Atmosphäre eine vernünftige Entscheidung zu treffen. Den Gegnern der Notstandsgesetze war es immerhin seit 1967 gelungen, vor allem in der jüngeren Generation einen breiten Widerstand zu mobilisieren, der sich in Massendemonstrationen und erstmals auch in Institutsbesetzungen – sogenannten Go-ins oder Sit-ins – äußerte. Ihr Hauptargument war, es drohe eine substanzielle Einschränkung der demokratischen Freiheit, ja sogar eine neue Diktatur. Diese Befürchtung war neben den Protesten gegen den Vietnamkrieg und den Springer-Konzern ein wesentliches Element für die Entstehung und das Anwachsen der Außerparlamentarischen Opposition und damit der sogenannten 68er-Bewegung.

In München diskutierte ich intensiv mit Gegnern der Notstandsverfassung, die es auch innerhalb meiner Partei und der Gewerkschaften gab. Dabei bemühte ich mich um eine sachliche Auseinandersetzung und fragte immer wieder, ob es denn besser sei, wenn im Krisenfall amerikanische, britische und französische Generale die Macht übernähmen. Übrigens endete die Debatte über dieses Thema ziemlich abrupt mit der Verabschiedung der betreffenden Bestimmungen Ende Mai 1968. Diese Vorschriften mussten bisher auch erfreulicherweise nicht ein einziges Mal angewendet werden.

Keine wesentlichen Fortschritte erzielte die Große Koalition in der Außenpolitik. Ansätze zu einer neuen Ostpolitik, die Willy Brandt als Außenminister vertrat, scheiterten an den konservativen Kräften in der Union, die an den Prinzipien aus der Zeit Konrad Adenauers festhielten. Gestritten wurde auch darüber, ob die Bundesrepublik den Vertrag über die Nichtweiterverbreitung von Kernwaffen unterzeichnen sollte. Willy Brandt forderte das nachdrücklich als ein Zeichen deutschen Friedenswillens. Franz Josef Strauß sprach dagegen von einem „Versailles mit kosmischen Ausmaßen".

Auf der Strecke blieb auch die vorgesehene Wahlrechtsreform, die den Übergang zum Mehrheitswahlrecht zum Inhalt gehabt hätte. Hier kam der Widerstand nicht nur, aber hauptsächlich von der Sozialdemokratie und verstärkte sich in dem Maße, in dem dort über eine Koalition mit der FDP nachgedacht wurde. Die Reform hätte nämlich bedeutet, dass die FDP aus dem Parlament verschwunden wäre. Ein unübersehbares Signal in Richtung dieser Koalitionsalternative bedeutete die Wahl des Sozialdemokraten Gustav Heinemann zum Bundespräsidenten, die am 5. März 1969 im dritten Wahlgang mit den Stimmen der FDP zustande kam. Allerdings hatte die Union es vorher abgelehnt, Georg Leber als gemeinsamen Kandidaten der Koalition zu nominieren.

Von heute her gesehen hat diese Große Koalition unserem Lande genutzt. Auch der Sozialdemokratie hat sie nicht geschadet. Im Gegenteil. Nach dem herben Rückschlag bei den baden-württembergischen Landtagswahlen im April 1968, bei denen sie 7,4 % verlor, konnte sie mit dem Fortschreiten der Koalition ihren Rückhalt in der Wählerschaft kontinuierlich ausbauen. Die 42,7 %, die sie bei der Bundestagswahl 1969 erzielte, stellten das unter Beweis. Auch die sozial-liberale Koalition und Willy Brandts Wahl zum ersten sozialdemokratischen Bundeskanzler der Bundesrepublik wären ohne die vorhergehende Große Koalition wohl nicht möglich gewesen. Es wäre gut, wenn sich die zweite Große Koalition gelegentlich an die Arbeitsweise und an die Leistungen, aber auch an die Fehler ihrer Vorgängerin erinnern würde. Manche Fehler müssten dann nicht ein zweites Mal begangen werden.

Eingangs habe ich daran erinnert, dass Herbert Wehner der eigentliche Vater der ersten Großen Koalition war. Deshalb ist wohl an dieser Stelle eine Würdigung dieses außergewöhnlichen Mannes am Platze. Wie wenige seiner Generation hat er die Geschichte unseres Volkes im letzten Jahrhundert durchlitten und schließlich mitgestaltet. Fast alles, was einem politisch bewussten Menschen in dieser Zeit an Herausforderungen begegnen konnte, ist ihm begegnet: Die Faszination des frühen Kommunismus, der

Kampf gegen den Nationalsozialismus vor und nach der Machtübernahme, das Moskauer Exil zur Zeit der brutalen Stalin'schen Säuberungen, der Bruch mit dem Kommunismus – er selber sprach von dem Bruch „mit dem Gott, der keiner war" –, die deutsche und europäische Katastrophe als Folge der NS-Gewaltherrschaft, der Beitritt zur deutschen Sozialdemokratie und endlich der unermüdliche Einsatz für Menschlichkeit, Gerechtigkeit und Frieden, der ihn zu einer der großen politischen Gestalten der alten Bundesrepublik werden ließ.

In jüngster Zeit sind gegen Herbert Wehner wieder Vorwürfe wegen seines Verhaltens in den Moskauer Jahren erhoben worden. Richtig ist, dass er in dieser Zeit noch ein überzeugter und linientreuer Kommunist war. Widerlegt ist aber in der anlässlich seines 100. Geburtstags erschienenen Biografie von Christoph Meyer ein weiteres Mal die Behauptung, er sei der eigentlich Verantwortliche für die damaligen Stalin'schen Säuberungsmaßnahmen gegen deutsche Kommunisten gewesen. Übrig bleibt, dass er eines von vielen Rädchen des riesigen Verfolgungsapparates des NKWD und überdies selbst vorübergehend von gefährlichen Sanktionen bedroht war. Und auch, dass er sich seines früheren Irrtums stets bewusst geblieben ist und dass sein ganzes späteres Engagement von dem Bestreben getragen war, nicht nur sein Volk – so hat er es selber häufig formuliert –, sondern auch sich selbst wieder gut zu machen.

Ich selber habe Herbert Wehner in den Jahren nach 1972, in denen ich dem Bundestag angehörte, vor allem als leidenschaftlichen Parlamentarier kennengelernt. Diese Leidenschaft beflügelte ihn und brach immer wieder aus ihm heraus. Dann konnte er scharf, sarkastisch, ja mitunter kränkend und ungerecht werden. Aber er konnte auch unerbittlich schweigen. Und er vergaß auch nicht leicht. Manche seiner ebenso berühmten wie gefürchteten Zwischenrufe und mancher Zornesausbruch, der ganz unvermittelt auch Freunde und Vertraute treffen konnte, beweist das. Seine Leidenschaft machte ihn auch zu einem Meister des Wortes. Er hat seine Sätze zusammengefügt wie die Zyklopen der Vorzeit ihre gewaltigen Mauern. Kein Satz verlor sich unfertig im Unbestimmten. Jeder kam zu seinem vorbedachten Schluss. Und auch was zunächst dunkel erschien, gab seinen Sinn dem preis, der nicht nur an der Oberfläche blieb.

Leidenschaftlich kämpfte er gerade auch für Frieden und Abrüstung. Darum bewegte ihn die deutsche Frage ohne Unterlass. Darum engagierte er sich unermüdlich in der Ost- und Deutschlandpolitik und hob warnend seine Stimme, wenn er sie in Gefahr glaubte. Es gehört zur Tragik seines Lebens, dass er, der von Anfang an unter der Teilung Deutschlands litt und der stets an der Einheit der Nation festhielt, die Volksbewegung im anderen deutschen Staat, den Fall der Mauer, das Wiedererstehen der Sozialdemokratischen Partei in seiner alten Heimat nicht mehr bewusst wahrnehmen konnte.

9   2. Juni 1967 –
Benno Ohnesorg wird erschossen –
die 68er-Bewegung

Erfahrungen eines Oberbürgermeisters

Hans-Jochen Vogel

Am 2. Juni 1967 wurde der 26 Jahre alte Student Benno Ohnesorg in der Nähe der Deutschen Oper in Berlin-Charlottenburg von einer Kugel aus der Dienstpistole des Polizeibeamten Karl-Heinz Kurras tödlich getroffen. Ohnesorg war einer von rund 800 Teilnehmern an einer Demonstration, die den Besuch des Schahs von Persien zum Anlass nahmen, die Menschenrechtsverletzungen des Teheraner Regimes anzuprangern. Der Polizeieinsatz, in dessen Verlauf Ohnesorg ums Leben kam, galt in diesem Zeitpunkt Demonstrationsteilnehmern, die sich bereits zerstreuten. Der Polizeibeamte ist einige Monate später von der Anklage der fahrlässigen Tötung freigesprochen worden.

In West-Berlin gab es von offizieller Seite weder Kritik am Vorgehen der Polizei noch einen Ausdruck des Bedauerns über den Tod des Studenten. Im Gegenteil. Selbst Heinrich Albertz, damals als Nachfolger Willy Brandts Regierender Bürgermeister in Berlin, erklärte noch in der gleichen Nacht: „Die Polizei, durch Rowdys provoziert, war gezwungen, scharf vorzugehen und von ihren Schlagstöcken Gebrauch zu machen." Auch deshalb löste dieser Vorgang zuerst in Berlin und dann an anderen Universitätsorten eine Radikalisierung und Solidarisierung beträchtlicher Teile der Studentenschaft aus, die sich jetzt im entschiedenen Gegensatz zum sogenannten Establishment sahen – ein Gegensatz, der durch die einseitige Berichterstattung und Kommentierung in Zeitungen des Springer-Verlages noch verstärkt wurde.

Zuvor hatte sich der Schah im Rahmen seines Staatsbesuchs am 31. Mai und am 1. Juni 1967 bereits in München aufgehalten. Schon bei seinem Eintreffen wurde er vor dem Hauptbahnhof von rund hundert Demonstranten – meist Persern mit Gesichtsmasken, aber auch deutschen Studenten – mit Pfiffen und Buhrufen empfangen. Diese Kundgebungen setzten sich während des ganzen Besuches fort: Als sich der Schah zur Eintragung ins Goldene Buch im Rathaus aufhielt, schrie eine größere Gruppe auf dem Marienplatz: „Vogel – Schah, ha-ha-ha." Im Sitzungssaal waren die Sprechchöre während der Reden deutlich zu hören. Mir machte es einige Mühe, mit dieser ungewohnten Situation fertig zu werden. Der Schah zeigte keine erkennbare Reaktion; er war solche Vorfälle offenbar schon gewöhnt. Am nächsten Tag kam es vor der Alten Pinakothek und vor der Oper zu kritischen Situationen. Die Demonstranten wurden aggressiver; andererseits traten „Jubelperser" auf, die den Schah hochleben ließen und sich auf die Demonstranten stürzten. Der Polizei gelang es mit erheblichem Kräfteaufwand – zeitweise waren rund 500 Beamte im Einsatz – ernstere Zwischenfälle zu verhindern.

Bemerkenswert war das neuartige Auftreten der damals noch kommunalen Polizei. Früher wäre sie gegen die Demonstranten mit dem Gummiknüppel vorgegangen, wie sie das ja während der sogenannten Schwabinger Krawalle im Juni 1962 getan hat. Bei diesen handelte es sich um eine durch eine Ruhestörung ausgelöste, fünf Tage andauernde abendliche und nächtliche Auseinandersetzung zwischen der Polizei und einem Gemenge von Neugierigen und von Demonstranten, die gegen das harte Vorgehen der Polizei protestierten. Jetzt konzentrierte sich die Polizei auf den Schutz der Gäste, vermied von sich aus die Konfrontation mit den Störern und filmte sie, statt sie an Ort und Stelle festzunehmen. Auch bemühte sie sich, zwischen dem aktiven Kern, den Mitläufern und der Masse der Neugierigen sorgfältig zu unterscheiden. Sie praktizierte die auf den Schwabinger Erfahrungen beruhende Münchner Linie, die sich deutlich von der Vorgehensweise der Berliner Polizei unterschied.

Mit dem Schah-Besuch war sozusagen das Eis gebrochen. Demonstrationen folgten jetzt dichter aufeinander. Themen waren die Notstandsgesetzgebung, der Krieg in Vietnam und die Diktaturen in Spanien und Griechenland. Im Juni 1967 wurde erstmals auch gegen den Ausbildungsnotstand an den Hochschulen demonstriert. Zu Ausschreitungen kam es dabei nicht.

Das war aber nur die Ruhe vor dem Sturm. Am 11. April 1968 wurde in Berlin Rudi Dutschke, ein bereits bundesweit bekannt gewordener Anführer der inzwischen sehr aktiv gewordenen Außerparlamentarischen Opposition (APO), bei einem Attentat schwer verletzt. Das Attentat wurde von vielen auf die Verteufelung Dutschkes und der APO durch die Springer-Presse zurückgeführt. Wenige Stunden später begannen deshalb auch in München militante Aktionen gegen die Redaktion und die Druckerei der *Bild*-Zeitung im Buchgewerbehaus an der Schellingstraße. Noch in der gleichen Nacht stürmten 150 Personen das Verlagsgebäude und verwüsteten die Redaktionsräume. Am 12. und 13. April versuchten Gruppen von je 300 bis 400 Demonstranten vergeblich, die Auslieferung der *Bild*-Zeitung zu verhindern. Am 15. April – es war der Ostermontag – folgte der alljährliche Ostermarsch. Nach seinem Abschluss strömten, von zwei Rednern aufgefordert, etwa tausend Teilnehmer in die Schelling- und Theresienstraße und versuchten wiederum, die *Bild*-Zeitung zu belagern. Diesmal kam es zu schweren Ausschreitungen. In der Nachbarschaft des Buchgewerbehauses wurden Barrikaden gebaut, die Beamten mit Steinen und Bohlen beworfen. Ich habe die Vorgänge vom Balkon eines Hauses aus beobachtet und die Polizei wegen ihrer Ruhe und Gelassenheit bewundert. Ihre Lautsprecher-Durchsagen, in denen sie bat, die Straße zu räumen und das Werfen von Steinen einzustellen, beantwortete ein Anführer der Demonstranten über ein Megafon mit der provokatorischen Aufforderung, die Polizei möge ihrerseits die

Straße räumen; ihre Anwesenheit sei ungesetzlich. Gegen 21 Uhr fuhr ein Lastwagen, von Polizeibeamten begleitet, aus dem Verlagsgebäude durch die Theresienstraße langsam stadteinwärts. Kaum hatte das Fahrzeug den Hof des Gebäudes verlassen, prasselte über die Absperrketten der Polizei hinweg ein Hagel von Steinen und anderen Gegenständen auf die Lastwagen und die begleitenden Beamten hernieder. Plötzlich fiel ein Fotoreporter, von einem Stein getroffen, blutüberströmt unter meinem Balkon auf die Straße. Am nächsten Tag erlag er seinen Verletzungen.

Noch in der Nacht rief mich Franz Josef Strauß an – es war der einzige persönliche Anruf, der mich je von ihm erreichte – und drückte mir seine Sorge über die Ereignisse, aber auch seine Befriedigung darüber aus, dass die Stadt die Auslieferung der Zeitung gewährleistet habe. Ich erwiderte, wir hätten nur unter Wahrung der Verhältnismäßigkeit das getan, was uns das Verfassungsgebot der Pressefreiheit vorschrieb.

Der Stadt hatte sich inzwischen eine starke Erregung bemächtigt. Beschuldigungen und Gegenbeschuldigungen wurden erhoben. Der Sozialistische Deutsche Studentenbund propagierte eine noch militantere Fortsetzung der Aktionen. Die Polizei untersuchte die Umgebung des Kampfschauplatzes und fand im Hof eines Anwesens an der Barer Straße einen Karton mit pyrotechnischen Gegenständen und in einer Mauernische eine Biertrage mit zwölf Molotowcocktails. An einer anderen Stelle wurden Nagelbretter und Eisenstangen sichergestellt.

In diese gespannte Atmosphäre platzte zwei Tage später die Nachricht, dass noch ein zweites Opfer an den Folgen von Verletzungen gestorben sei, die es bei den Ausschreitungen vor dem Gebäude der *Bild*-Zeitung erlitten hatte. Es war ein Student, den gegen 21 Uhr eine Holzbohle getroffen hatte. Er starb wenig später in einem Krankenhaus. Die Polizei wurde vom Krankenhaus erst nach seinem Tode verständigt.

Die Nachricht alarmierte mich. Mir stand vor Augen, welche Reaktionen das Attentat auf Dutschke ausgelöst hatte. In der konkreten Münchner Situation konnte der zweite Tote – insbesondere in Verbindung mit dem verspäteten Bekanntwerden seiner Verletzung und seines Todes – zum Funken an einem Pulverfass werden und die Aktivisten zu neuen und noch gefährlicheren Aktionen veranlassen. Ich suchte deshalb sogleich die Redaktionen der Münchner Zeitungen auf und bat sie, über das Ereignis mit größter Nüchternheit und Sorgfalt zu berichten. Das geschah auch.

Erfreulicherweise trat aber zunächst allseits eine gewisse Besinnungspause ein. Die Allgemeinen Studentenausschüsse der Universität, der Technischen Hochschule und des Oskar-von-Miller-Polytechnikums luden unter der Devise „Gibt es einen neuen Anfang?" zu einer Großkundgebung am 23. April auf dem Königsplatz ein. Auf dem durch Scheinwerfer erleuchteten Platz sprachen vor über 10.000 Menschen Vertreter der außerparlamentarischen Opposition und Politiker aller Parteien über die jüngsten Ereignisse. Die Politiker hatten keinen leichten Stand. Ich konnte mir als letzter Redner Gehör verschaffen, indem ich zunächst provozierende Fragen eines SDS-Sprechers nach Einzelheiten der Polizeieinsätze klipp und klar und ohne Konzessionen beantwortete. Dann artikulierte ich für einen neuen Anfang sechs Forderungen, nämlich:

„Keine Gewaltanwendung – weder gegen Personen noch gegen Sachen; keine doppelzüngige Schönrednerei, sondern gegenseitige Ehrlichkeit; keine Verallgemeinerungen oder Pauschalurteile; Kontrolle öffentlicher, aber auch privater Macht; evolutionäre Reformen, um die Strukturen unserer Gesellschaft mit den veränderten Realitäten wieder in Einklang zu bringen; und Einsatz der Energien, die in der Studentenbewegung zur Entladung drängen, zum Aufbau und nicht zur Zerstörung."

Es gab nur wenige Pfiffe und viel Beifall. Ich war glücklich darüber, dass wenige Tage nach den Zusammenstößen vor dem Buchgewerbehaus eine solche Veranstaltung friedlich ablief, und ging mit der Hoffnung nach Hause, der Prozess der Polarisierung und der Gewaltanwendung könne durch Diskussionen, Gespräche und Vernunft vielleicht doch noch zum Stehen gebracht werden. Bereits Anfang März 1968 hatte eine ähnliche Diskussion im Rathaus stattgefunden. Der Verband Deutscher Studentenschaften hielt damals in München seine Mitgliederversammlung. Routinemäßig lud die Stadt auf Bitten des Allgemeinen Studentenausschusses der Technischen Hochschule, der die Versammlung ausrichtete, 60 Teilnehmer zu einem Empfang im kleinen Sitzungssaal ein. Nach meiner kurzen Begrüßung verwandelte sich der Empfang rasch in ein Sit-in, weil sich die meisten Studenten auf dem Boden niederließen. Da sich die Zahl der Gäste ständig erhöhte, schlug ich vor, in den großen Sitzungssaal umzuziehen. Das geschah. Es war die ungewöhnlichste Versammlung, die ich in diesem Saal erlebt habe.

Zunächst drehte sich die Diskussion um die Polizei. Polizeipräsident Manfred Schreiber – 1946 selbst einmal AStA-Vorsitzender – vertrat seine Sache überzeugend. Ein SDS-Sprecher bescheinigte der Münchner Polizei sogar relative Liberalität.

Danach wandte sich die Debatte allgemeineren Fragen zu. Karl Dietrich Wolff, dessen Stern am APO-Himmel damals gerade aufging, hielt eine längere Rede, in der er sinngemäß ausführte, es gehe darum, die Massen gegen das herrschende System zu mobilisieren und es zu zerbrechen. Gewalt wolle man nur als Widerstand anwenden, als Gegengewalt gegen die Gewalt der Herrschenden. Auf meinen Einwurf, warum er mit seinen Freunden außerhalb des Parlaments bleibe und nicht eine eigene Partei gründe, antwortete er: „Wir werden zu gegebener Zeit eine Partei gründen oder eine bestehende Partei umfunktionieren, verlassen Sie sich darauf! Aber erst dann, wenn die Bewegung der Massen stärker ist als in der heutigen historischen Situation." Wolff beeindruckte vor allem die jüngeren Anwesenden auch durch seine Sprechweise, die später von vielen Studenten nachgeahmt wurde. Er sprach eher leise, sehr distanziert, manchmal fast gleichgültig und verhalten – und dann wieder mit schneidender Schärfe und hämmernd, jedoch auch hier, ohne die Stimme zu heben. Vielen Älteren ist bei solchen Reden die Sprechweise mehr auf die Nerven gegangen als der Inhalt. Auch ich empfand das häufig so.

Noch etwas fiel mir bei dieser Diskussion auf, nämlich der Fanatismus, die Unduldsamkeit und die absolute Humorlosigkeit der meisten Sprecher. Das galt auch für Wolff. Der Gedanke, man könne sich selber irren oder mit seinem Urteil Unrecht haben, kam ihnen überhaupt nicht. Der Fanatismus war nicht heiß und blutvoll, sondern kalt und mitunter hasserfüllt. Gelacht wurde eigentlich nur, wenn man glaubte, den Gegner „entlarvt", ihm die „Maske vom Gesicht gerissen" oder ihn sonst empfindlich getroffen zu haben, und dann eher hämisch. Weder an jenem Abend noch sonst habe ich erlebt, dass man über sich selbst gelacht oder sich auch nur einmal ironisch über die eigene Aktivität geäußert hätte. Vom Sendungsbewusstsein erfüllte Missionare pflegen das ja auch nicht zu tun.

In meinen Antworten – die Versammlung forderte, dass ich auf jeden Diskussionsbeitrag sofort erwiderte – wandte ich mich vor allem gegen jede Gewaltanwendung. „Hier ist der Punkt, wo wir uns trennen müssen. In dem Moment, in dem Sie der physischen Gewalt und dem individuellen oder dem Massenterror das Wort reden, ist keine Verständigung mehr möglich", sagte ich. Die Mängel und Fehler unserer Gesellschaftsordnung beschönigte ich keineswegs. Aber ich verteidigte die Entwicklungs- und Reformfähigkeit unseres Systems und forderte die Studenten auf, von den vielen Mitwirkungsangeboten der Demokratie Gebrauch zu machen.

Längere Zeit wurde über den Vietnamkrieg und den israelisch-arabischen Sechstagekrieg geredet. Ich gab zu, dass der Vietnamkrieg eine schlimme Sache sei; zugleich warf ich dem Sozialistischen Deutschen Studentenbund jedoch vor, dass er seinerzeit zu den Drohungen Nassers gegen Israel geschwiegen und sogar für Nasser Partei ergriffen habe. Mir wurde entgegengehalten, Israel sei eine imperialistische Macht, der Krieg der Araber ein Befreiungskrieg; man müsse das parteilich sehen.

Der Abend endete gegen Mitternacht unentschieden. Wolff äußerte, es sei ein Toleranzspektrum aufgetreten, das er und seine Freunde begrüßen müssten. Folgenlose Diskussionen seien jedoch für die Studenten uninteressant. Die anwesenden Stadträte und ich waren über die Kluft, die uns von diesen Exponenten des politisch aktiven Teils der jungen Studentengeneration trennte, erschrocken und bestürzt. Wir erkannten auch, dass wir auf die Auseinandersetzung, die da auf uns zukam, schlecht vorbereitet waren. Dennoch hielten wir schon die Tatsache, dass eine solche Diskussion möglich war, für etwas Positives.

Leider ging die Besinnungsphase rasch wieder zu Ende. In Bonn begannen Mitte Mai 1968 die letzten Beratungen über die Notstandsgesetze und mit ihnen in der ganzen Bundesrepublik die Notstandsdemonstrationen. Diese erreichten in München am 29. und 30. Mai ihren Höhepunkt. Gruppen von 1000 bis 2000 Demonstranten zogen zunächst noch planmäßig, später planlos durch die Stadt, versuchten das Kultusministerium und den Bayerischen Rundfunk zu stürmen, verlangten ultimativ die Einräumung eigener Sendezeiten, blockierten durch Niedersetzen auf der Fahrbahn für eine halbe Stunde den Verkehr am Stachus und drangen zweimal in die Gleisanlagen des Hauptbahnhofs ein, wo sie für kürzere Zeit den Zugverkehr zum Stillstand brachten. Eine kleinere Gruppe schickte sich sogar an, ein Stellwerk zu blockieren. Ab 31. Mai – der Bundestag hatte die Notstandsgesetze am Tag zuvor verabschiedet – begann der Druck der Demonstranten nachzulassen. Anfang Juni trat wieder Ruhe ein.

Die Notstandsdemonstrationen waren auch in München der Gipfelpunkt der APO-Aktivität. Ob das Ganze bereits vorrevolutionäre Züge trug, wird heute noch unterschiedlich gesehen. Man darf aber nicht vergessen, dass zur gleichen Zeit in Frankreich bürgerkriegsähnliche Zustände herrschten und das Regime Präsident de Gaulles knapp vor dem Sturz stand. Bezeichnenderweise gab es auch in München Sprechchöre wie „Macht aus München ein Paris!" und „Widerstand – Bürgerkrieg!"

Dass die Aktionen letzten Endes erfolglos blieben, lag einmal an der Haltung der Arbeitnehmerschaft. Sie zeigte der außerparlamentarischen Opposition fast überall die kalte Schulter. Versuche, die Arbeiter für einen Streik zu gewinnen, blieben schon im Ansatz stecken. Ebenso bedeutsam war das Verhalten der Polizei, die zwar die bedrohten Objekte wirksam schützte, im Übrigen aber jede Konfrontation vermied und sich nicht provozieren ließ. Die meisten Aktionen liefen dadurch mehr oder weniger ins Leere. Der Stadtrat und ich haben diese Linie der Polizei gutgeheißen und verteidigt. Bei den meisten größeren Einsätzen waren mein Stellvertreter und ich persönlich zugegen, um etwaige Kritik der in Mitleidenschaft gezogenen Institutionen an Ort und Stelle aufzufangen und den Polizeibeamten zu zeigen, dass wir bereit waren, sie gegen ungerechtfertigte Angriffe zu verteidigen.

Nach der Notstandszeit wurden Demonstrationen in München zur alltäglichen Erscheinung. 1969 waren es insgesamt 59, 1970 und 1971 jeweils 53. Die meisten, vor allem jene, die sich mit Bildungsfragen beschäftigten, verliefen jetzt friedlich. Die Polizei hatte inzwischen die notwendige Routine und Sicherheit erworben; sie „unterwanderte" die Demonstrationen mit eigens dafür ausgebildeten Beamten und wandelte das Wort Maos von den Guerillas ab, die in den Volksmassen schwimmen müssen wie die Fische im Wasser, indem sie sich selbst unter die Demonstranten mischten. Manchmal entstand dadurch der Eindruck, die Polizei führe selbst Demonstrationen an und lenke sie. Das Bild eines Polizeioberinspektors, der Demonstranten untergehakt hatte, um sie auf diese unkonventionelle Art zum Weitergehen zu veranlassen, ging durch die Zeitungen der ganzen Bundesrepublik. Eine Zeit lang schien München auf diesem Gebiet den „Stein der Weisen" gefunden zu haben. Sogar Fritz Teufel, der in anderen Städten noch immer für einen Krawall mittleren Kalibers gut war, brachte in München nichts mehr auf die Beine. Die Polizei ignorierte ihn einfach.

Die antiautoritären Kräfte verloren zwar allmählich an Einfluss; der Sozialistische Deutsche Studentenbund spaltete sich und löste sich im März 1970 auch in München auf. Dafür übernahmen aber straffer organisierte Gruppen mit strengerer Disziplin die Führung, teils in Anlehnung an die DKP, teils mit maoistischer oder anarcho-syndikalistischer Orientierung. Ihre Aktionen waren überlegter und besser geplant und deshalb gefährlicher. Sie fanden mitunter auch in demokratischen Organisationen Unterstützung, in denen ehemalige APO-Anhänger Einfluss gewonnen hatten. Mehrere Demonstrationen im Jahre 1970 verliefen daraufhin wieder gewalttätig, so beispielsweise eine Protestveranstaltung gegen den Einmarsch der Vereinigten Staaten in Kambodscha.

Ich breche hier ab. Die Aktivitäten der RAF, die auch zu jener Zeit begannen, werde ich an anderer Stelle behandeln. Sie können auch nicht mit dem Engagement der 68er-Bewegung gleichgesetzt werden, deren Münchner Erscheinungsform ich hier deshalb konkreter beschrieben habe, weil sie sich – von Berlin einmal abgesehen – nicht substanziell von denen in anderen Universitätsstädten unterschied.

Was ist von dieser sogenannten 68er-Bewegung (die ja schon vorher in Erscheinung getreten war, in diesem Jahr aber ihren Höhepunkt erreichte) geblieben? Das kann ich hier nur sehr summarisch beantworten. Meines Erachtens hat sie trotz aller Bedenken gegen die Art und Weise mancher Aktionen einiges bewegt und auf ihre Art dazu beigetragen, den Reformstau, den es Mitte der 60er Jahre gab, aufzulösen. Sie hat auch – obwohl dies in München nicht im Vordergrund ihrer Aktivitäten stand – Anstöße dazu gegeben, dass sich unser Land stärker mit den Verbrechen und den Ursachen des NS-Gewaltregimes auseinanderzusetzen begann. Und auch die Umweltthemen rückten zu jener Zeit auf der politischen Tagesordnung weiter nach oben. Die Grünen verdanken dem Impulse für ihre Entstehung. Unser Gemeinwesen hat also das damalige Aufbegehren nicht einfach unterdrückt, sondern manches für die Entwicklung hilfreiche Element aufgenommen. Dass der damals proklamierte „Marsch durch die Institutionen" in nicht wenigen Fällen die Marschierer noch stärker verändert hat als die Institutionen, ist allerdings auch wahr.

* * *

Erfahrungen eines Kultusministers

Bernhard Vogel

Als ich vierzehn Tage vor dem Tod Benno Ohnesorgs im Mai 1967 – für mich völlig überraschend – zum Kultusminister von Rheinland-Pfalz berufen wurde, gab es viel zu tun. Eine durchgreifende Reform des rheinland-pfälzischen Schulsystems stand an. Der zaghaft eingeleitete Abschied von der Konfessionsschule musste zu Ende gebracht werden. Mit Zustimmung aller Fraktionen wurde die Landesverfassung geändert. Die christliche Simultanschule wurde zur Regelschule. Auch für die Lehrerausbildung wurde die konfessionelle Bindung aufgegeben, und sie wurde in Pädagogischen Hochschulen neu geordnet. Beides gelang erfreulicherweise, ohne dass das Verhältnis von Staat und Kirche Schaden nahm. Schon 1968 folgten die Gesetze für eine völlig neue Schulorganisation, die im Wesentlichen bis heute Bestand hat. Die alte Volksschule wurde aufgelöst. Auf die vierjährige Grundschule für alle baut ein gegliedertes Schulsystem auf: Hauptschule, Realschule, Gymnasium. Die Sonderschule wurde zu einem eigenen Schultyp.

Neben der Schule nahm mich die Hochschulpolitik vom ersten Tag an voll in Anspruch. Vier Wochen nach meinem Amtsantritt war ich vom RCDS der Universität Mainz eingeladen worden. Ein brodelndes Audimax erwartete mich. Heiner Geißler, der ebenfalls neu berufene Sozialminister, hatte mich freundlicherweise begleitet und saß in der ersten Reihe. Gleich zu Beginn der Veranstaltung wurde mir ein Pantoffel an den Kopf geworfen, den ich auffing und zurückschleuderte. Das verschaffte mir Respekt und wenigstens für kurze Zeit eine gewisse Aufmerksamkeit. Unzählige stürmische Versammlungen an nahezu allen deutschen Universitäten, meist auf Einladung des RCDS, folgten. Ich nahm sie, wenn irgend möglich, alle an. Ich wollte den revolutionären Kadern nicht das Feld überlassen, und ich wollte wenigstens den Versuch machen, mit den Studenten ins Gespräch zu kommen. Ich gewöhnte mich daran, nahezu allabendlich mit Eiern und Tomaten beworfen zu werden, und akzeptierte schließlich auch, häufig, etwa an der Freien Universität Berlin, nur unter Polizeischutz zu Wort zu kommen. Entscheidend war es, zu erreichen, dass die Neugierde, zu hören, was ich zu sagen hatte, über den Lärm der Störer obsiegte. In der Regel ist mir das unter großer Kraftanstrengung und mittels eines Megafons, einer sogenannten Flüstertüte, auch gelungen. Nur in meiner Geburtsstadt Göttingen musste ich fluchtartig den Hörsaal räumen, weil gewalttätige Studenten mich unmittelbar bedrohten. Mein eigenes Seminar in Heidelberg habe ich nach meiner Berufung zum Kultusminister noch störungsfrei abgehalten. Aber bald brach auch an dieser Universität der Sturm los.

Im Frühjahr 1966 hatte Karl Jaspers sein Buch *Wohin treibt die Bundesrepublik?* veröffentlicht. Er nahm die Bundestagsdebatte von 1965 zur Verjährung von Nazi-Verbrechen zum Anlass, den geistigen und politischen Zustand der Bundesrepublik kritisch zu durchleuchten. Ein Frontalangriff gegen die bestehenden Verhältnisse! Die Bundesrepublik sei als eine „lebendige und wahrhafte Demokratie" gescheitert und sei auf dem Weg ins Verderben. Über kurz oder lang drohe der autoritäre Staat, dann die Diktatur. Sein Ziel: „eine grundsätzlich andere Innen- und Außenpolitik". Jaspers wurde durch sein Buch zum Vorreiter einer Totalkritik an den bestehenden Verhältnissen. Schuld an diesem

Befund trage zunächst die regierende Mehrheit, vor allem die CDU/CSU, die keinerlei wirksame Idee mehr entfalte. Der SPD erging es allerdings auch nicht viel besser: Sie könne „die Volksseele" nicht mehr begreifen. Sie sei farblos geworden und besitze keine Alternative. Er vermisse den Aufschrei der Entsetzten. Nur das Grundgesetz bleibe noch der „einzige feste, unantastbare Halt".

In einer Besprechung seines Buches habe ich im gleichen Jahr 1966 Jaspers heftig widersprochen und ausgeführt, dass er auf dem falschen Weg sei, dass seine Darlegungen absurd seien, dass er meist noch verborgenen antiparlamentarischen Ressentiments den Boden bereite, habe ihm aber doch auch dafür gedankt, dass es ihm gelungen sei, die Gemüter zu erregen und eine breite Diskussion auszulösen.

Und die Gemüter erregten sich – mehr als uns lieb sein konnte! An den Universitäten herrschten zum Teil chaotische Zustände. Offene Rechtsbrüche waren an der Tagesordnung. Go-ins, Teach-ins, Sit-ins störten jeden geregelten Vorlesungsbetrieb. Viele Professoren wussten nicht mehr ein noch aus. Manche verhielten sich höchst ungeschickt, manche stellten sich dem Kampf, manche resignierten. Andere versuchten, ihren Lehr- und Forschungsauftrag zu retten, und wichen auf „ruhige" Universitäten aus. Ernst Fraenkel, einer der Väter der Politischen Wissenschaft nach dem Krieg in Deutschland, ein deutscher Jude, der zunächst nur widerstrebend nach Deutschland zurückgekehrt war, wandte sich, nachdem seine Vorlesungen monatelang gestört worden waren, resigniert ab. In Heidelberg nahm sich ein Professor das Leben, auf einen anderen wurde ein Säureanschlag verübt. Nervenzusammenbrüche waren an der Tagesordnung. Hochschulen wie die Verwaltungshochschule in Speyer oder die katholisch-theologische Fakultät in Regensburg profitierten davon, dass Rufe, die an Professoren aus Berlin, Marburg oder Tübingen ergingen, dankbar angenommen wurden. Hans Maier gründete zusammen mit Kollegen aus dem Umfeld der Union, aber auch mit Sozialdemokraten wie Richard Löwenthal, Hermann Lübbe, Hermann Schmitt-Vockenhausen zur Verteidigung der bedrohten Lehr- und Forschungsfreiheit den „Bund Freiheit der Wissenschaft", um – wie sie von sich sagten – „der Zerstörung der deutschen Universität durch politische Extremisten zu begegnen und sich für sachgerechte Reformen einzusetzen".

Schon mit der Bildung der ersten Großen Koalition (s. Kapitel 8) unter Kurt Georg Kiesinger und dann erst recht mit der Wahl Willy Brandts zum Kanzler einer sozial-liberalen Koalition zeichnete sich ein bedeutender Einschnitt, ein Umbruch in der deutschen Nachkriegsgeschichte ab. Die Ära Adenauer, die beiden ersten Jahrzehnte des Neubeginns und des Aufbaus waren zu Ende. Eine Außerparlamentarische Opposition, die APO, begann sich zu organisieren. Der Sozialistische Deutsche Studentenbund hatte bereits die Wende der SPD zum Godesberger Programm (1959) bekämpft. Wolfgang Abendroth, der als Speerspitze neomarxistischen Denkens galt, war aus der SPD ausgeschlossen worden. Die SPD trennte sich vom SDS und es entstand, von der SPD gefördert, der Sozialdemokratische Hochschulbund.

Von Amerika ausgehend formierte sich weltweit eine studentische Protestbewegung gegen den Vietnamkrieg, von Berkeley über Paris bis Berlin. Die antiautoritäre Auflehnung gegen die Lebensformen der älteren Generation, die Kritik am Establishment, an der nationalsozialistischen Vergangenheit der Eltern wuchs, die Wahlerfolge der rechtsradikalen NPD bei fünf Landtagswahlen 1967/68, die 1969 mit 4,3 % den Einzug in den Bundestag nur relativ knapp verfehlte, beunruhigten. Wieder einmal profitierten extreme Gruppierungen gegenseitig voneinander, die radikale Linke nutzte die Furcht vor dem Faschismus, die Rechtsradikalen profitierten von der Gewaltbereitschaft der Linken. Die zu lange vernachlässigte Hochschulreform, die Bevormundung der Universität durch allzu egozentrische Professoren kamen hinzu. Die Auseinandersetzung um die Notstandsgesetzgebung tat ein Übriges und wurde zum besonderen Reizthema. Sie sollte das Recht der drei Westalliierten nach dem Deutschlandvertrag von 1955, im Falle eines inneren oder äußeren Notstandes zum Schutz der Sicherheit ihrer Streitkräfte tätig zu werden, ablösen. Die Große Koalition hatte sich vorgenommen, dieses Problem angesichts ihrer verfassungsändernden Zweidrittelmehrheit abschließend zu lösen. Am 11. April 1968 – wenige Wochen vor der für Ende Mai geplanten Verabschiedung der Notstandsgesetze – wurde Rudi Dutschke auf dem Kurfürstendamm in Berlin lebensgefährlich verletzt und wurde damit neben Benno Ohnesorg zum Märtyrer der APO. Der Anschlag auf Dutschke löste neuerlich eine Vielzahl von Demonstrationen und gewalttätigen Ausschreitungen aus. Wochenlang wurde versucht, die Auslieferung der Zeitungen des Springer-Verlagshauses gewaltsam zu verhindern. Nach der Verabschiedung der Notstandsgesetze setzte der Niedergang der 68er-Bewegung ein. Der SDS zerfiel und löste sich im März 1970 auf. Einzelne gingen den Weg in den terroristischen Untergrund.

Keine Frage: Die deutschen Universitäten waren reformbedürftig, vieles an ihrem Zustand war kritikwürdig. Angesichts der rasch steigenden Abiturientenzahlen fehlte es an Studienplätzen. Überall wurden neue Universitäten gegründet; in Rheinland-Pfalz zum Beispiel entstand die Doppeluniversität Trier-Kaiserslautern innerhalb einer Rekordzeit von nur neun Monaten. Es fehlte an Geld, es fehlte an Planung und es fehlte an zukunftsweisenden gesetzlichen Regelungen. Am Abend stellten wir uns den protestierenden Studenten und den besorgten Professoren. Am Tag – und oft auch in der Nacht – berieten wir in einer Unzahl verschiedener Gremien, denen ich von Amts wegen oder im Auftrag der Partei anzugehören hatte und in denen mir häufig die Sprecherrolle übertragen wurde. Im Deutschen Bildungsrat, im Wissenschaftsrat, in der Bund-Länder-Kommission für Bildungsplanung, deren Vorsitz ich im Wechsel mit dem Bund von 1970 bis 1976 innehatte, und natürlich in der Kultusministerkonferenz

(KMK), deren Präsident ich 1970 war, sowie im Bundesrat. Und natürlich zu Hause im Kabinett, im kulturpolitischen Ausschuss des Landtags und im Landtag selbst. Die Ansichten und Absichten gingen von Land zu Land auseinander, auch wenn man derselben Partei angehörte. Während die einen die Konfrontation suchten, um das eigene Profil scharfkantig hervortreten zu lassen, versuchten andere – zu denen ich zählte – trotz aller Gegensätze den Brückenschlag, um die Diskussion zu Ende zu bringen, der Öffentlichkeit Handlungsfähigkeit zu beweisen und den antidemokratischen Kräften gemeinsam die Stirn zu bieten.

Koordination war dringend geboten. Sie wurde, was die Union betraf, vornehmlich im kulturpolitischen Ausschuss der Bundespartei geleistet, dem ich seit 1969 bis zu meiner Wahl zum Ministerpräsidenten 1976 vorstand und der sich in Bonn, aber auch häufig zu Klausurtagungen im pfälzischen Deidesheim traf und in dem auch die CSU-Kulturpolitiker mitarbeiteten. Die Union stellte zu dieser Zeit nur in fünf der elf Länder den Kultusminister. Die Kultusminister, die Prügelknaben der Nation, wie sie häufig genannt wurden, wechselten ständig. Zwei Jahre betrug in den stürmischen Zeiten der späten 60er und frühen 70er Jahre ihre „Verweildauer". Die Trias Hans Maier (Bayern), Wilhelm Hahn (Baden-Württemberg), Bernhard Vogel (Rheinland-Pfalz) bildete insofern eine Ausnahme, und wir – die „Rechten", die Bürgerlichen – rangen mit der sozialdemokratischen, linken, adeligen Troika von Friedeburg (Hessen), von Oertzen (Niedersachsen) und von Dohnanyi (Bund) um die besten Lösungen.

Drei Dinge wollten wir auf keinen Fall hinnehmen: „Gewalttätigkeit als Mittel zur Durchsetzung politischer Ziele; ideologische Einseitigkeiten und Ausschaltung von Meinungsvielfalt – und vor allem den listigen Rückgriff auf einen akademischen Ständestaat zur Abwehr rechtsstaatlicher Gesetzesgeltung in der Universität" (Hans Maier).

Die hochschulpolitische Debatte nahm an Heftigkeit zu, insbesondere nachdem die Große Koalition (s. Kapitel 8) dem

Bund eine Rahmenkompetenz für die allgemeinen Grundsätze des Hochschulwesens zugestanden hatte (Artikel 75 Abs. 1 Nr. 1a Grundgesetz a. F.). Bundeskanzler Brandt hatte auf Empfehlung von Alex Möller den parteilosen Karlsruher Professor für Boden- und Felsenmechanik, Hans Leussink, zum Minister für Bildung und Wissenschaft berufen. Er war ein seriöser, höchst angenehmer Gesprächspartner, freilich ohne jede Erfahrung in der Politik und ohne Rückhalt in den Regierungsfraktionen. Eines Morgens im März 1972 – die Bund-Länder-Kommission für Bildungsplanung rang gerade um die Verabschiedung des Bildungsgesamtplanes – überraschte uns sein Telegramm von einer Dienstreise nach Südamerika mit der Mitteilung, er wolle nicht auf seinen Posten zurückkehren. Klaus von Dohnanyi, sein Parlamentarischer Staatssekretär und mein späterer Gegenkandidat um das Amt des rheinland-pfälzischen Ministerpräsidenten, folgte ihm nach: hochgebildet, jederzeit unbegrenzt gesprächsbereit, bestimmt kein Ideologe, aber ebenfalls ohne feste Verankerung in seiner Fraktion. Auf dem Höhepunkt der Debatte um den Bildungsgesamtplan bot er mir tatsächlich an, auf die Gesamthochschule zu verzichten, wenn wir die Gesamtschule akzeptierten. Helmut Schmidt berief 1974 Helmut Rohde, den Chef der Arbeitsgemeinschaft für Arbeitnehmerfragen in der SPD, und signalisierte damit, dass künftig weniger die Hochschulpolitik als vielmehr die berufliche Bildung im Zentrum des Bundesinteresses stehen sollte. Mit Hildegard Hamm-Brücher, mit der ich schon die bildungspolitischen Waffen kreuzte, als sie noch Staatssekretärin im hessischen Kultusministerium war, als beamteter Staatssekretärin (1969–1972) und mit Peter Glotz, den ich 30 Jahre später zum Präsidenten der neu gegründeten Universität Erfurt berufen sollte, als Parlamentarischem Staatssekretär standen dem Bundesminister zwei engagierte Bildungspolitiker zur Seite.

Um das Hochschulrahmengesetz tobte ein langer, erbitterter Kampf. Der erste Regierungsentwurf wurde wegen des Endes der Legislaturperiode nicht weiterverfolgt. Erst nach der Bundestagswahl von 1972 kam es im Oktober 1973 endlich im Bundesrat zur ersten Beratung eines weiterentwickelten zweiten Entwurfes, der respektiert zu werden verdiente, der allerdings nach meiner und unserer Überzeugung in einigen wesentlichen Punkten Änderungen erfahren musste, sollte er die Zustimmung der Unionsmehrheit in dieser Kammer finden. Er sollte die durch eine Reihe von Hochschulgesetzen in sozialdemokratisch regierten Ländern – Berlin und Hessen zum Beispiel – in Gefahr geratene Rechtssicherheit für das Hochschulwesen wiederherstellen. Von einer Drittelparität für Konzil und Konvent wie im hessischen und im Berliner Universitätsgesetz war keine Rede mehr. Der Gruppe der Professoren wurde jetzt die Hälfte der Stimmen zugesprochen. Wir forderten mehr Spielraum für den Landesgesetzgeber, da dem Bund eben nur eine „Rahmenkompetenz für allgemeine Grundsätze" zugesprochen worden war, und wandten uns vor allem dagegen, dass die im Grundgesetz garantierte Freiheit von Wissenschaft und Forschung einer ziemlich nebulösen Verantwortung vor der Gesellschaft untergeordnet werden sollte. Auch sahen wir in der integrierten Gesamthochschule nur eine von drei gleichberechtigten Alternativen und nicht den bevorzugten Regelfall. Bundeshochschulkonferenz, Hochschulzugang, Regelstudienzeit, Kontrolle der Drittmittelforschung und anderes mehr waren weitere umstrittene Stichworte.

Im Dezember 1974 – 14 Monate später – beschloss der Bundestag dann das erneut veränderte Gesetz, zu dem der Bundesrat im Februar 1975 den Vermittlungsausschuss anrief. „Wir wollen ein HRG, aber wir wollen es nicht um jeden Preis", war der Grundtenor meiner Rede, mit der ich diese Anrufung begründete. Noch einmal zehn Monate später, im Dezember 1975, war es endlich so weit. Nach langen, zähen, anstrengenden und teilweise ungewöhnlich harten Verhandlungen stimmte der Bundesrat – mit Ausnahme Bayerns und Bremens – dem Ergebnis des Vermittlungsausschusses zu, wenn auch nicht ohne Vorbehalte oder gar mit Begeisterung.

Im eigenen Land tat ich mich leichter. Schon im Dezember 1970 kam es im Landtag zur Verabschiedung eines „Landesgesetzes über die wissenschaftlichen Hochschulen", des wohl schwierigsten, aber auch wichtigsten Gesetzesvorhabens dieser Legislaturperiode. Ich hatte bereits im November 1969 Thesen für die Neuordnung des Hochschulwesens vorgelegt und damit einen neuen – später oft kopierten – Weg der frühzeitigen Mitsprache und Einflussmöglichkeit gewählt. Von Anfang an habe ich neben den Professoren auch Studenten an der Vorbereitung beteiligt. Es kam mir darauf an, ein neues Verhältnis von Staat und Hochschule zu konstituieren, die Freiheit von Forschung und Lehre zu sichern und sie vor vorschnellen und unüberlegten Eingriffen des Staates zu schützen. Aber ich wollte auch die Bedrohung durch reformfeindliche Professoren, die ihre Assistenten in persönlicher Abhängigkeit hielten, Promotion und Habilitation nach Gutdünken vergaben und Studenten monatelang warten ließen, abwehren und vor allem revolutionären studentischen Minderheitsgruppen, die vor physischer Gewalt nicht zurückschreckten und die Wahrheit durch Mehrheit festlegen wollten, den Boden entziehen.

Ich wollte den Studenten ein starkes Mitspracherecht sichern, ihnen aber keine Mehrheit in den Entscheidungsgremien zugestehen. Die Drittelparität wollte ich nicht. Auch darum bin ich von vier konstitutiven Gruppen ausgegangen: den Professoren, dem Mittelbau, den Studenten und dem sonstigen an der Universität tätigen Personal. Es hat mich ermutigt, dass Wilhelm Hennis, dessen Distanz zu meiner Partei jedermann kannte, zu dem Schluss kam, dass das rheinland-pfälzische Hochschulgesetz unter allen Hochschulgesetzen das bei Weitem am besten durchdachte sei.

Heute, über 30 Jahre später, hat sich der Qualm der Schlacht weitgehend verzogen. Noch immer steht die Hochschulreform auf der Tagesordnung, werden Hochschulgesetze novelliert, noch immer fehlt es an Geld, noch immer wird mehr Aufmerksamkeit für Bildung und Wissenschaft angemahnt, aber die Art und Weise, wie diese Diskussion geführt wird, ist völlig anders geworden. Die meisten 68er sind – oft nach einem langen, gut bürgerlichen Berufsleben – pensioniert und haben ihren Frieden mit unserem Staat gemacht. Aber die 68er haben uns alle geprägt. Sie gehören mit zu unserer Biografie, gleich auf welcher Seite wir standen.

Zum ersten Mal seit 1949 waren wir gezwungen, Verfassung und Demokratie, den Rechtsstaat aktiv zu verteidigen. Wir haben damals viel gelernt. Vieles von dem, was im Rückblick als Verdienst der 68er erscheint, war in Wahrheit das Ergebnis der Kritik an ihnen. Dass Studenten sich engagierten und sich engagiert zu Wort gemeldet haben, dass sie die Erneuerung der Universitäten auf die Tagesordnung einer breiten Öffentlichkeit gesetzt haben, wird das Verdienst dieser Studentengeneration bleiben, auch wenn vieles, was radikale Minderheiten zu verantworten haben, das zeitweise verdunkelt hat. Die Bundesrepublik Deutschland geriet – anders als zum Beispiel Frankreich – nicht an den Rand einer Staatskrise. 1968 war eine Revolte, keine Revolution! Es gelang den studentischen Gruppen nicht, die Arbeiterschaft für ihre Ziele zu mobilisieren und das von ihnen angestrebte Bündnis mit der „Arbeiterklasse" zu schließen. Zwar hat auch der DGB gegen die Notstandsgesetze protestiert, aber auf anderen Kundgebungen und an anderen Orten. Zum Schulterschluss zwischen APO und DGB ist es nicht gekommen. 68 hat uns gelehrt, was auf dem Spiele stehen kann, wenn Mängel zu spät erkannt, Reformen zu spät in Angriff genommen werden. 68 hat uns – hoffentlich – für die Zukunft wachsamer gemacht.

10 21. Oktober 1969 –
Willy Brandt wird Bundeskanzler

Hans-Jochen Vogel

Der Wahlabend des 28. September 1969 ist mir noch in lebhafter Erinnerung. Zusammen mit vielen Journalisten und Politikern aus allen Parteien verfolgte ich die Meldungen über die Wahlergebnisse im Verlagsgebäude des *Münchner Merkur*, in dem man sich üblicherweise nach Schließung der Wahllokale traf. Anders als heute gab es damals noch keine Wahltagsumfragen, die sofort nach 18 Uhr das Endergebnis mit ziemlicher Genauigkeit voraussagen. Vielmehr machte man sich Notizen über die einlaufenden Einzelergebnisse und versuchte, daraus Schlüsse zu ziehen. Klarheit gab es erst gegen Mitternacht. Da stand dann fest, dass die SPD deutlich zugenommen hatte und zusammen mit der FDP im Bundestag über die absolute Mehrheit verfügen würde. Noch in der Nacht wurde auch bekannt, dass Willy Brandt eine sozialliberale Koalition herbeiführen wolle. Er habe in diesem Sinn bereits mit Walter Scheel, dem Vorsitzenden der FDP, telefoniert.

Die Freude über diese Entwicklung war unter den Sozialdemokraten und ihren Anhängern groß. Auch ich war sehr zufrieden – hatte ich mich doch im Wahlkampf stark engagiert. Außerdem war es der SPD erstmals gelungen, alle fünf Münchner Bundestagswahlkreise zu erobern.

Die Koalitionsverhandlungen verliefen sehr zügig. Schon am 21. Oktober 1969 wurde Willy Brandt zum Bundeskanzler gewählt. Das war ein tiefer Einschnitt in der Nachkriegsgeschichte der Bundesrepublik. Erstmals war ein Sozialdemokrat Bundeskanzler. Und erstmals war die Union in der Opposition – in einer Rolle, die jedenfalls der CSU und deren Vorsitzendem Franz Josef Strauß nicht auf den Leib geschrieben war.

Kurz darauf gab Willy Brandt seine Regierungserklärung ab, in der, abweichend vom Sprachgebrauch seiner Vorgänger, von zwei Staaten in Deutschland die Rede war und in der er zudem die Politik und unser Volk insgesamt aufforderte, mehr Demokratie zu wagen. Ein Appell, an den sich viele auch heute noch erinnern.

Ich war damals noch nicht in Bonn. Aber ich kannte Willy Brandt schon seit Jahren und nahm auch deshalb an den Vorgängen jener Wochen lebhaften Anteil. Zum ersten Mal begegnet bin ich ihm im Bundestagswahlkampf 1953. Da half er meinem SPD-Ortsverein in einem Münchner Vorort, mit den in einer Kaserne einquartierten etwa tausend Zonenflüchtlingen ins Gespräch zu kommen, die nach dem 17. Juni 1953 die DDR verlassen hatten. Als uns vom Parteivorstand in Bonn auf meine Bitte um Unterstützung hin ein Abgeordneter Brandt aus Berlin angekündigt wurde, waren wir zunächst unzufrieden, weil er uns ganz unbekannt war. In der Versammlung, zu der sich viele Zonenflüchtlinge eingefunden hatten, machte er jedoch seine Sache ausgezeichnet und brachte seine Zuhörer, die bis dahin sehr für Konrad Adenauer eingenommen waren, zum Nachdenken. 1959 unterstützte er als Berliner Regierender Bürgermeister meine Kandidatur für das Amt des Münchner Oberbürgermeisters nachdrücklich. Er sah sie sogar in gewissem Sinne als Test dafür an, ob sich ein Mann meines Typs und Alters in einer Volkswahl gegen einen rund 30 Jahre älteren Mitbewerber – es war damals Josef Müller, einer der Gründer und der erste Landesvorsitzende der CSU – durchsetzen könne. Für seine eigene Entscheidung, 1961 gegen Konrad Adenauer anzutreten, war mein Erfolg nicht ohne Bedeutung.

Später bewahrte er mich vor einer schlimmen Fehlentscheidung. Als ich 1972 in München in harten innerparteilichen Auseinandersetzungen unterlegen war, dachte ich ernsthaft daran, nach Ablauf meiner Amtszeit als Oberbürgermeister auch mein politisches Engagement zu beenden und in eine Anwaltskanzlei einzutreten. Brandt warnte mich, als er davon hörte, und meinte, ich würde das alsbald als Flucht aus der Verantwortung empfinden und mir ein Leben lang Vorwürfe machen. Nach einigem Zögern sah ich ein, dass er Recht hatte, und engagierte mich auf der Bundesebene.

Dort gehörte ich – von ihm zur Kandidatur aufgefordert – seit 1970 dem Parteivorstand und seit August 1972 als Nachfolger von Karl Schiller, der im Juli dieses Jahres als Bundesminister zurückgetreten war und alsbald auch die Partei verlassen hatte, dem Parteipräsidium an. Nach meiner Wahl in den Bundestag im November 1972 berief er mich als Bundesminister für Raumordnung, Bauwesen und Städtebau in sein Kabinett. In den folgenden Jahren war ich mit ihm in all meinen anschließenden Funktionen – darunter auch der des Regierenden Bürgermeisters von Berlin – in enger, fast täglicher Verbindung, schließlich von 1987 bis 1991 auch als sein Nachfolger im Parteivorsitz. Das letzte Mal habe ich ihn am 24. September 1992 besucht – das waren zwei Wochen vor seinem Tod. Da war er schon bettlägerig und litt unter quälenden Beschwerden. Als ich Abschied nahm, sah er mich noch einmal an und sagte: „Jochen, ich danke dir für vieles." Ich strich ihm leise mit der Hand über seine Stirn. Es war der Ausklang einer langen freundschaftlichen Beziehung.

Auf diesem Hintergrund traue ich mir eine Würdigung dieses Mannes zu, die eben nicht nur auf fremden Zeugnissen, sondern auf eigenem Erleben – gerade auch in kritischen Situationen – beruht. Darauf gestützt, sage ich:

Willy Brandt war eine der prägenden Gestalten der jüngeren deutschen Geschichte und in mehr als einer Hinsicht eine einmalige Erscheinung. Aus einfachen Verhältnissen stammend und in seiner Jugend weit links stehend, leistete er den Nationalsozialisten schon vor 1933 in Lübeck Widerstand und überlebte nur, weil ihm erst Norwegen und dann Schweden Asyl gewährten. Nach dem Krieg in das verwüstete Deutschland zurückgekehrt, diente er seinem Land in zahlreichen öffentlichen Funktionen.

Mehr als 23 Jahre stand er an der Spitze der deutschen Sozialdemokratie. In dieser Zeit war er von 1966 bis 1969 Bundesaußenminister und von 1969 bis 1974 Bundeskanzler. Als solcher brachte er wichtige innere Reformen auf den Weg, von denen ich nur das Städtebauförderungsgesetz und das Betriebsverfassungsgesetz nenne. Eine von mir ergriffene und von ihm unterstützte Initiative zur stärkeren Abschöpfung leistungsloser Bodenwertsteigerungen wurde allerdings schon vom Koalitionspartner abgebremst.

Seine Hauptleistung aber bestand darin, dass er die Westintegration der Bundesrepublik durch eine Ostpolitik ergänzte, die ein Vierteljahrhundert nach Kriegsende Übereinkommen mit der Sowjetunion, mit anderen osteuropäischen Ländern und mit der DDR möglich machte, die Lage in Mitteleuropa stabilisierte, die Mauer und den Eisernen Vorhang durchlässiger werden ließ, den Prozess von Helsinki in Gang setzte und, von heute her gesehen, eine nicht wegzudenkende Ursache für die deutsche Einheit und ebenso für den Fortgang der europäischen Einigung schuf. Dieses Engagement fand bereits 1971 mit der Verleihung des Friedensnobelpreises eine international sichtbare Anerkennung.

Er verwirklichte so das von ihm mit Unterstützung von Egon Bahr vor allem aufgrund seiner Berliner Erfahrungen nach dem Mauerbau entwickelte Konzept „Wandel durch Annäherung", das er der Öffentlichkeit erstmals im Juli 1963 in der Evangelischen Akademie in Tutzing präsentierte. Es beruhte auf der Einsicht, dass die Gefahr eines gewaltsamen – möglicherweise sogar atomaren – Ost-West-Konfliktes nur durch kontinuierliche Gespräche und vertragliche Abmachungen mit einem ausdrücklichen Gewaltverzicht vermindert und die Lebensverhältnisse der Menschen in der DDR nur auf diesem Wege schrittweise verbessert werden konnten. Diese Politik musste er gegen eine Opposition durchsetzen, die sich zwar bei der Abstimmung über den bahnbrechenden Moskauer Vertrag vom August 1970 weder für ein Ja noch für ein Nein entscheiden konnte und sich deshalb der Stimme enthielt – dadurch allerdings zugleich die Annahme des

Vertrages ermöglichte, weil er gescheitert wäre, wenn alle Unions-abgeordneten mit Nein gestimmt hätten –, ihn aber dennoch immer wieder der nationalen Unzuverlässigkeit und der devoten Nachgiebigkeit gegenüber der Sowjetunion zieh. Im April 1972 versuchte sie sogar, ihn deshalb durch ein konstruktives Misstrauen zu stürzen.

Willy Brandt war – wie Peter Merseburger es im Titel seiner Biografie formuliert hat – ein Visionär und zugleich ein Realist. Was ihn darüber hinaus als Person besonders auszeichnete, war sein unglaubliches Charisma, das auf einer in der Politik wahrlich nicht alltäglichen Verbindung von Machtbewusstsein, Moral, Sensibilität und Glaubwürdigkeit beruhte. Bei zwei Ereignissen entfaltete es sich in besonderer Weise.

Das eine war der Kniefall im Warschauer Ghetto am 7. Dezember 1970. Da war ich nicht zugegen. Aber die Bilder gingen an diesem Tage in Windeseile um die Welt und haben sich Millionen von Menschen in der Bundesrepublik und in vielen anderen Ländern – und eben auch mir – auf Dauer eingeprägt. Ein Mann, der selbst vom NS-Gewaltregime verfolgt und aus seiner Heimat vertrieben worden war, kniet vor einem Mahnmal, das an Verbrechen erinnert, die 27 Jahre zuvor von seinen Landsleuten begangen worden sind.

Brandt war am Tage zuvor mit einer größeren Delegation in die polnische Hauptstadt gekommen, um einen Tag später den deutsch-polnischen Vertrag zu unterzeichnen, der nach dem Moskauer Vertrag den zweiten wichtigen Schritt zur Realisierung der neuen Ostpolitik darstellte. Am gleichen Tag, an dem dies geschah, legte er vor dem Mahnmal, das an den Aufstand der Bewohner des Warschauer Ghettos gegen ihre Unterdrücker im April 1943 erinnert, einen Kranz nieder.

Wie üblich, zupfte er zunächst die schwarz-rot-goldene Schleife zurecht. Dann trat er einige Schritte zurück und fiel plötzlich auf die Knie. Nach einer halben Minute stand er mit einem Ruck wieder auf. Den Entschluss dazu hat er am Morgen ganz für sich allein gefasst. In diesem Fall habe es nicht genügt, nur den Kopf zu neigen, sagte er später. „Unter der Last der jüngsten Geschichte tat ich, was Menschen tun, wenn die Worte versagen; so gedachte ich der Millionen Ermordeter."

Das andere Ereignis habe ich selbst miterlebt. Das war Brandts Rede auf dem Wahlparteitag im Oktober 1972 und vor allem die Stelle dieser Rede, an der er sagte:

„Für John F. Kennedy und seinen Bruder Robert gab es ein Schlüsselwort, in dem sich ihre politische Leidenschaft sammelte ... Dieses Wort heißt ‚compassion'. Die Übersetzung ist nicht einfach Mitleid, sondern die richtige Übersetzung ist die Bereitschaft, mitzuleiden, die Fähigkeit, barmherzig zu sein, ein Herz für den anderen zu haben. Liebe Freunde, ich sage Ihnen und ich sage es den Bürgerinnen und Bürgern unseres Volkes, habt doch den Mut zu dieser Art Mitleid! Habt Mut zur Barmherzigkeit! Habt Mut zum Nächsten! Besinnt euch auf diese so oft verschütteten Werte! Findet zu euch selbst."

Der Eindruck gerade dieser Stelle auf die 1500 Anwesenden war so nachhaltig, dass man die berühmte Stecknadel hätte fallen hören können. Es war – nicht nur für mich – einer der Momente, in denen man geradezu körperlich spürte, warum es lohnt, für eine politische Perspektive alle Kraft einzusetzen.

Andere Fähigkeiten kamen hinzu. Etwa seine Fähigkeit zum Ausgleich, zum Dialog. Sogenannte Machtworte waren nicht seine Sache; sie waren auch im Bundeskabinett nie von ihm zu hören. Eben deshalb gelang es ihm beispielsweise, beträchtliche Teile der 68er-Bewegung in die demokratischen Strukturen zu integrieren und nicht wenige davon auch für die Mitarbeit in seiner Partei zu gewinnen. Ich gestehe, dass ich da innerparteilich lange einen härteren Standpunkt vertreten habe.

Erlebt habe ich Willy Brandt auch in Zeiten schwerer Rückschläge und Depressionen – auch in den Wochen, in denen er im Zusammenhang mit den Vorgängen um den DDR-Spion

Guillaume eine Krise besonderer Art zu bestehen hatte, die er schließlich mit seinem Rücktritt als Bundeskanzler beendete. Da erschien er mitunter entrückt und in sich selbst versunken. Manchmal übermannte ihn auch die Enttäuschung oder auch der Zorn über bestimmte Entwicklungen – etwa darüber, dass dem großen Wahlsieg vom 19. November 1972, bei dem die SPD zum ersten Mal zur stärksten Bundestagsfraktion geworden war, bis zum Ende seiner Kanzlerschaft eine Phase folgte, in der eine Art Mehltau über der politischen Landschaft zu liegen schien und in der die Koalition eher zögerlich wirkte.

In diesem Zusammenhang sind bis in die jüngste Zeit hinein immer wieder Vorwürfe gegen Herbert Wehner erhoben worden. Er habe ihn 1973 mit bestimmten Äußerungen während einer Delegationsreise nach Moskau gekränkt und 1974 sogar seinen Sturz betrieben. Letzteres ist längst widerlegt. Wenn man die auf den ersten Blick in der Tat befremdlichen Moskauer Äußerungen („Der Herr badet gern lau", „Der Regierung fehlt ein Kopf") näher prüft und sie auf ihren Kern zurückführt und der jeweiligen journalistischen Zutaten entkleidet, bleibt die unterschiedliche Persönlichkeitsstruktur der beiden und die Ungeduld Wehners bei der Umsetzung der Ostpolitik. So habe ich das übrigens seinerzeit auch in Bonn bereits gesehen. Deshalb war ich auch nicht sehr überrascht, dass Brandt nach entsprechenden Erklärungen Wehners bald zur Tagesordnung überging.

Willy Brandt blickte auch weit in die Zukunft. So schrieb er 1990 Sätze wie diese: „Die ungerechte Ordnung der weltwirtschaftlichen und internationalen Finanzbeziehungen und die hohen Aufwendungen für militärische Zwecke in vielen Teilen der Welt verhindern Entwicklungsfortschritte, durch die wenigstens die Grundversorgung gesichert werden könnte. Dieser Zustand verletzt die menschliche Würde durch tägliche Bedrohung des Lebens." Oder: „Was wir brauchen, sind eine Neuordnung der weltwirtschaftlichen Beziehungen und entsprechende internationale Institutionen, in denen die Interessen aller Beteiligten angemessen zur Geltung kommen." Und seine eigene Partei ermahnte er nicht allzu lange vor seinem Tod: „Die Sozialdemokratie muss an der Utopie einer sozialen Ordnung ohne Ausbeutung, ohne Erniedrigung, ohne Not und an der Vorstellung von einer Gesellschaft der Freien und Gleichen festhalten, in der die freie Entwicklung eines und einer jeden die Bedingung für die freie Entwicklung aller bleibt. Die sozialdemokratische Partei wäre zu wenig nütze, wenn sie die reelle Hoffnung auf eine lebenswerte Zukunft nicht hätte und nicht weitertrüge."

Es wäre gut, wenn wir uns auch künftig immer wieder an den Mann erinnerten, der im Dezember 1970 in Warschau auf die Knie fiel.

11 26. August 1972 –
Beginn der Olympischen Spiele

Hans-Jochen Vogel

Dass München in meiner Amtszeit als Oberbürgermeister einmal Olympiastadt werden könnte, habe ich bis zum 28. Oktober 1965 für ganz unmöglich gehalten. An diesem Tag erschien der Präsident des Nationalen Olympischen Komitees Willi Daume – er hatte sich ganz kurzfristig telefonisch angemeldet – in meinem Büro und fragte mich, ob sich München für die Spiele des Jahres 1972 bewerben wolle. Mir verschlug es zunächst einmal den Atem. Dann stellte ich Daume die Gegenfrage, ob er denn wisse, dass in München im Grunde keine einzige der Einrichtungen vorhanden sei, die man für die Spiele brauche. Und ob denn angesichts der ständigen Auseinandersetzungen zwischen der Bundesrepublik und der DDR in allen sportpolitischen Fragen – auf der letzten IOC-Sitzung in Madrid am 8. Oktober 1965 war gerade nach erbitterten Diskussionen die Ablösung der gesamtdeutschen Olympiamannschaft durch zwei getrennte Mannschaften beschlossen worden – auch nur die geringste Aussicht bestehe, die Spiele in die Bundesrepublik und dazu noch in die ehemalige „Hauptstadt der Bewegung" zu bekommen.

Daume zeigte sich in beiden Richtungen optimistisch. Die Bundesrepublik habe im IOC viele Freunde, die eben jetzt – nach der Madrider Entscheidung gegen die Bundesrepublik – etwas für sie tun wollten. Es läge auch sonst noch keine ernsthafte Bewerbung vor. Und der Bau neuer Anlagen sei dem IOC und den Fachverbänden ohnehin lieber als die Verwendung alter Einrichtungen.

Nach einer Stunde hatte mich Willi Daume halbwegs davon überzeugt, dass München jedenfalls eine Außenseiterchance besaß. Ich bat um einige Tage Bedenkzeit. Gleichzeitig vereinbarten wir strengstes Stillschweigen gegenüber der Öffentlichkeit. Als Daume mein Zimmer verließ, ging ich eine halbe Stunde lang vor meinem Schreibtisch auf und ab. Hundert Gedanken schossen mir durch den Kopf. Die Schwierigkeiten erschienen fast unüberwindlich. Würden die Osteuropäer München akzeptieren? Würde in München die Hymne der DDR gespielt und ihre Flagge gezeigt werden können? Immerhin war es ja damals noch die offizielle Politik der Bundesrepublik, die DDR nicht als Staat anzuerkennen. Würde es wirklich gelingen, die ersten Strecken der U-Bahn und die S-Bahn statt in zwölf in sieben Jahren fertigzustellen? Und wer sollte die Vielzahl von Olympiabauten finanzieren? Andererseits wurde mir rasch klar: Die Stadt konnte eigentlich nur gewinnen. Denn mithilfe der Spiele würde München bis 1972 eine Vielzahl notwendiger Einrichtungen erhalten, die es sonst erst viel später oder überhaupt nicht und jedenfalls nicht mit einer über das Übliche weit hinausgehenden finanziellen Unterstützung des Bundes und des Landes erlangt hätte. Auch böte sich hier für die Bundesrepublik und den Freistaat Bayern eine einmalige Gelegenheit, sich der Welt als demokratisch, freiheitlich, friedliebend und weltoffen darzustellen – ganz im Gegensatz zu den vom NS-Regime in seinem Sinn geprägten Verhältnissen, unter denen die Spiele zuletzt 1936 in Berlin stattgefunden hatten. Daher entschloss ich mich, den Versuch zu unternehmen.

Bis zum Termin für die Abgabe der Bewerbung – das war der 30. Dezember 1965 – standen von da an noch ganze 63 Tage zur Verfügung. Zu allererst reiste ich nach Berlin und bat Willy Brandt um eine Äußerung zu einer etwaigen Münchner Bewerbung. Die Stellungnahme Berlins war wegen der innerdeutschen Situation von erheblicher Bedeutung. Gegen den Widerspruch des Berliner Senats wäre die Bewerbung Münchens mit Sicherheit nicht zustande gekommen. Außerdem wurden in der Öffentlichkeit Pläne diskutiert, wonach sich Ost- und West-Berlin gemeinsam um die Spiele bemühen sollten. Willy Brandt hielt diese Pläne für irreal und versprach mir, dass Berlin die Münchner Bewerbung öffentlich begrüßen und befürworten werde. Für die innerdeutsche Entwicklung erschienen ihm die Spiele eher als nützlich und einer Normalisierung förderlich. Die Frage der DDR-Hymne und der DDR-Flagge werde vielleicht bis 1972 gar keine Frage mehr sein, meinte er. Und er hat Recht behalten.

Dann ging es um verbindliche Zusagen von Bund und Land und um deren finanzielle Beteiligung. In Bayern unterrichtete ich als ersten den damaligen Ministerpräsidenten Alfons Goppel. Er war sogleich von der Sache angetan und sicherte volle Unterstützung zu. Wesentlich schwieriger war die Situation in Bonn. Die Regierung Erhard hatte zwar soeben die Bundestagswahlen gewonnen, befand sich aber bereits in erheblichen finanziellen Schwierigkeiten. Auch Zugeständnisse an die DDR, die schon im Stadium der Bewerbung unumgänglich waren, passten nicht in ihr Konzept. Bis zur entscheidenden Besprechung beim Bundeskanzler war alles offen.

Diese fand am 29. November 1965 am frühen Nachmittag im Kanzlerbungalow statt. Außer Ludwig Erhard, dem Chef des Bundeskanzleramtes Ludger Westrick und Bundesinnenminister Paul Lücke nahmen unter anderem Alfons Goppel, Willi Daume und ich teil. Gemeinsam mit Daume entwickelte ich die Gründe, die für eine Bewerbung sprachen. Als vorläufige, unverbindliche Kostenschätzung wurde dabei ein Betrag von rund 550 Millionen DM genannt. Goppel unterstützte unsere Darlegungen und erklärte, der Freistaat Bayern werde ein Drittel der Kosten übernehmen. Westrick widersprach lebhaft, bezweifelte die Kostenschätzungen und erinnerte den Bundeskanzler daran, dass er in einer Stunde im Bundestag eine schwere Auseinandersetzung über die Reduzierung von Leistungen zu bestehen habe, die vor den Wahlen versprochen worden seien. Auch die Hymnen- und Flaggenfrage nahm einen breiten Raum ein. Ludwig Erhard schwankte zunächst. Ein erneutes Plädoyer von Daume und mir beeindruckte ihn jedoch. Als Westrick ihn daraufhin am Ärmel zupfte und durch Gesten zu verstehen gab, er möge keinerlei Zusagen machen, reagierte er unwillig und sagte sinngemäß, man könne nicht nur immer Trübsal blasen und dem Volke Unerfreuliches ankündigen. Es müsse auch einmal etwas Erfreuliches geschehen. Deshalb sei er gerade jetzt für die Spiele. Ihren Kostenanteil werde die Bundesrepublik wohl in sechs Jahren aufbringen können. Damit waren die Würfel gefallen.

Am Abend des gleichen Tages wurde in einer Pressekonferenz im Münchner Rathaus die Öffentlichkeit unterrichtet. Die Überraschung war vollkommen. Erstaunlicherweise waren alle Vorgespräche und Kontakte und auch die stadtinternen Prüfungen völlig geheim geblieben – ein Vorgang, den ich weder vorher noch nachher in ähnlicher Weise erlebt habe. Das Echo auf die Pressekonferenz war unterschiedlich, im Ganzen aber positiv.

Nach entsprechenden Beschlüssen der Haushaltsausschüsse des Bundestags und des bayerischen Landtags billigten am 18. Dezember 1965 das Nationale Olympische Komitee und am 20. Dezember 1965 der Münchner Stadtrat die Bewerbung. Vorher hatte ich noch rund 50 Institutionen und Verbände um eine Stellungnahme gebeten. Mit Ausnahme der Industrie- und Handelskammer äußerten sich alle uneingeschränkt positiv. Die Kammer stimmte zwar im Ergebnis ebenfalls zu, erhob aber gewisse Bedenken wegen der möglichen Konjunkturüberhitzung in München. Man sieht, wie sehr sich die damaligen Sorgen von den heutigen unterschieden.

Waren bis zur Abgabe der Bewerbung alle Kräfte auf die interne Vorbereitung gerichtet, so stand jetzt die Bemühung um ein positives Votum des Internationalen Olympische Komitee und der Weltfachverbände des Sports im Vordergrund. Es galt, die sogenannte Präsentation vor dem Komitee in Rom vorzubereiten und bei den Mitgliedern des Komitees, aber auch bei der Sportpresse in aller Welt eine möglichst günstige Stimmung für München zu schaffen. Dabei durften wir nicht zu laut und selbstsicher auftreten, wir mussten die noch immer nachwirkende Erinnerung an die NS-Zeit und den Missbrauch der Olympischen Spiele von 1936 durch Hitler in Betracht ziehen, und schließlich mussten wir der sogleich beginnenden aggressiven Kampagne aus Ost-Berlin wirksam begegnen. Unter diesen Aspekten hielten wir unsere Werbung betont nüchtern, neigten eher zu Untertreibungen, betonten die schon damals bestehenden Kontakte zu osteuropäischen Städten wie Leningrad und Prag und vertrauten im Übrigen auf die Sympathien, die München als Stadt in aller Welt genoss.

In der zweiten Aprilhälfte 1966 ging das Rennen um die Spiele in die letzte Runde. Sie fand in Rom statt, wo das IOC am 24. April zu einer fünftägigen Sitzung zusammentrat. Mitbewerber waren die Städte Detroit, Madrid und Montreal. Münchens Chancen waren seit der Abgabe der Bewerbung gestiegen. Doch die Auguren hielten uns noch immer für Außenseiter: „Die Stadt ist schon recht", sagten sie, „aber die Politik wird den Ausschlag gegen München geben."

Jedenfalls war die Tagung des IOC eine ununterbrochene Nerven- und Geschicklichkeitsprüfung. Die Gerüchte und Informationen jagten sich; keiner wusste genau, was das IOC gerade verhandelte. So agierte die deutsche Delegation auf gut Glück und mit einer gesunden Portion Gottvertrauen. Am 22. April sprachen sich die Weltfachverbände mit knapper Mehrheit für München aus. Am 23. April wurde die Ausstellung der Bewerberstädte im Foro Italico eröffnet. Jede Stadt hatte 40 Quadratmeter zur Verfügung. Der Münchner Stand erregte Aufsehen, weil er von einem künstlichen Kastanienbaum überragt wurde und mit natürlichem Rasen ausgelegt war.

Auf dem politischen Sektor war inzwischen eine gewisse Beruhigung eingetreten. Es stellte sich heraus, dass ein Sowjetrusse gern Vizepräsident des IOC werden wollte. Zugleich bemühte sich der Präsident des Nationalen Olympischen Komitees der DDR darum, Mitglied des IOC zu werden. Bei vorsichtigen Kontakten mit Repräsentanten der Sowjetunion und der DDR – manchmal erschien dazu der Hotelaufzug als besonders geeignet – ließen wir erkennen, dass ein Votum für München die Verwirklichung dieser Absichten eher erleichtern würde.

Am 25. April mussten die Kandidaten ihre Bewerbungen vor dem IOC vertreten. Um 19.15 Uhr – die Reihenfolge richtete sich nach dem Alphabet – war München als letzte Bewerberin an der Reihe. Willi Daume und ich waren übereingekommen, uns so kurz wie möglich zu fassen. So sprach ich sechs Minuten in Englisch, Daume zweieinhalb Minuten in Französisch. Dazwischen lief ein 13-Minuten-Film, der einen starken Eindruck hinterließ. Er war in der Tat ein Meisterstück und offenbar genau auf die Mentalität des IOC zugeschnitten. Aber auch die beiden Reden wurden beifällig aufgenommen. Daume hatte sich erst in der Nacht entschlossen, ein über zwanzigminütiges Grundsatzreferat beiseitezulegen und sich auf einige Kernsätze zu beschränken. Ich selber entwickelte in meiner Rede drei Gedanken: München, so führte ich aus, wolle Olympische Spiele der kurzen Wege, im Grünen und der Einheit von Körper und Geist bieten. Außerdem sei es nicht unser Ehrgeiz, Rom oder Tokio zu übertreffen. Vielmehr wollten wir als kleinere Stadt allen Teilnehmern und Besuchern die Begegnung mit München und seinen Bürgern ermöglichen. Den politischen Reminiszenzen versuchte ich mit der Feststellung vorzubeugen, dass 1972 zwei Fünftel aller Münchnerinnen und Münchner unter 30 Jahre alt sein würden und es sich folglich um ein neues München, nicht mehr um das München von 1938 handeln werde.

Bis zur Bekanntgabe des Ergebnisses vergingen jedoch noch 24 qualvolle Stunden. Endlich, am 26. April gegen 18 Uhr, war es so weit: Die Delegationen warteten in der Vorhalle des Sitzungsraumes. Die Spekulationen überschlugen sich. München sei im dritten Wahlgang ausgeschieden, war die letzte Information, bevor die Delegationen in den Sitzungssaal gerufen wurden. Zu meinem Schrecken umarmte das kanadische IOC-Mitglied gleich am Eingang den Bürgermeister von Montreal; alle deuteten die Umarmung als Gratulation. Gleichzeitig gab mir jedoch Daume ein verabredetes Zeichen (die Faust mit dem Daumen nach oben). Ich wusste, München hat gewonnen. Sekunden später trat Präsident Brundage ans Mikrofon und verkündete: „The games are awarded to Munich." Das Abstimmungsergebnis erfuhr ich erst später. Im ersten Wahlgang waren 21 Stimmen für München, je 16 für Montreal und Madrid und 9 für Detroit abgegeben worden. Im zweiten Wahlgang erhielt München 31 Stimmen – das war eine mehr als die absolute Mehrheit –, auf Montreal und Madrid entfielen je 15 Stimmen. Ein relativ eindeutiges Resultat.

Was den Ausschlag gab, ist im Nachhinein schwer zu sagen. Vielleicht wollte die Mehrheit den Verlierern des Zweiten Weltkrieges – die Winterspiele gingen an die japanische Stadt Sapporo – eine Chance geben. Viele mögen von der vorgelegten Konzeption beeindruckt gewesen sein. Wieder andere fanden einfach die Stadt München sympathisch. Und einige mögen sogar erkannt haben, dass die Vergabe der Spiele an eine Stadt in der Bundesrepublik unter Umständen die Normalisierung der Verhältnisse in Mitteleuropa und die Entspannung fördern könnte.

In München schlugen die Wogen der Begeisterung im ersten Augenblick sehr hoch. Ich dämpfte sie schon auf dem Flugplatz bei der Rückkehr aus Rom und bat alle, mit den Füßen auf dem Boden zu bleiben und fest mitzuhelfen, damit die Erwartungen der Welt einigermaßen erfüllt werden könnten. Enttäuschungen und Fehlschläge würden sicher nicht ausbleiben.

Das, was dann bis zum Beginn der Spiele im Zusammenwirken von Stadt, Land, Bund und Nationalem Olympischen Komitee geleistet wurde, soll hier nicht im Einzelnen geschildert werden. Nur auf zwei Punkte gehe ich deshalb ein, weil sie auch heute noch von besonderem Interesse sein dürften.

Das ist einmal die Entstehung des Olympiastadions mit seinem Zeltdach. Es zählt ohne Zweifel zu den architektonischen Kunstwerken von europäischem Rang. An seiner Stelle war in der Bewerbung ein Großstadion herkömmlicher Bauart vorgesehen. Nach dem Zuschlag entschied man sich aus guten Gründen für die Durchführung eines bundesweiten Wettbewerbs, der sich auf das gesamte Olympiagelände erstreckte. Bis zum Annahmeschluss gingen insgesamt 101 Entwürfe ein, darunter auch der der Architektengruppe Behnisch. Dieser Entwurf löste in der Jury lebhafte Diskussionen aus. Schließlich stimmten von den 19 anwesenden Preisrichtern 17 dafür, den Entwurf und damit eben auch das Zeltdach mit dem ersten Preis auszuzeichnen. Es setzte sich die Ansicht durch, dass er Technik und Landschaft in einmaliger Weise verband.

Zunächst ging es um die Frage, ob das Dach überhaupt technisch zu realisieren sei. Dann kam – und das ist mein zweiter Punkt – die Kostenproblematik. Sie wurde zuerst vom Zeltdach ausgelöst. Seine Kosten waren anfänglich auf 47,7 Millionen DM veranschlagt worden und stiegen bis zur Fertigstellung auf rund 150 Millionen DM. Auch in Kenntnis dieser Tatsache würde ich heute wieder für das Dach stimmen. Denn nach meinem Dafürhalten muss eine Gesellschaft auch einmal die Kraft aufbringen, einen großen Geldbetrag für ein im engen Sinn zweckfreies Vorhaben, für ein architektonisches Kunstwerk aufzuwenden. Es muss Freiräume geben, die von den ökonomischen Prinzipien und den landläufigen Nützlichkeitserwägungen ausgenommen sind. Viele Bauten der Vergangenheit, die für uns zu unverzichtbaren Bestandteilen der menschlichen Kultur geworden sind, wären ohne solche Durchbrechungen des ökonomischen Prinzips und auch fiskalischer Gesichtspunkte nie und nimmer entstanden. Die Baugeschichte ist reich an derartigen Beispielen. Und den Vorwurf der Verschwendung hat es früher ebenso gegeben wie kleinkarierte, spießbürgerliche Kritik an großen Baumeistern.

Aber die Kosten stiegen auch sonst. Aus dem zunächst geschätzten Betrag von 520 Millionen DM wurden schließlich insgesamt 1972 Millionen DM – für heutige Verhältnisse wäre das ca. eine Milliarde Euro und damit eine eher bescheidene Summe.

Ursächlich waren insoweit ergänzende Infrastrukturmaßnahmen, zusätzliche Forderungen der Fachverbände und des IOC sowie die damals exzessive Steigerung der Baupreise – und auch die Erweiterung des kulturellen Programms. Gedeckt wurden die Mehrkosten unter anderem durch die Ausgabe von hundert Millionen eigens zu diesem Zweck geprägten silbernen 10-DM-Stücken, die in mehreren Serien mit wechselnden Aufschriften und Emblemen hergestellt wurden. Sie erbrachten einen Münzgewinn von 750 Millionen DM, der allein den Olympischen Spielen zugute kam. Auch erklärte sich der Bund mit einer Korrektur der ursprünglichen Drittelung der Kosten zwischen ihm, dem Land und der Stadt dergestalt einverstanden, dass er nunmehr die Hälfte der Kosten übernahm. Für die Stadt München blieb auf diese Weise ein Gesamtaufwand von 170 Millionen DM, der sich zudem über mehrere Jahre verteilte.

Dem standen Infrastrukturverbesserungen gegenüber, die mit dieser Summe und innerhalb von fünf Jahren niemals zu erreichen gewesen wären. Außer den Sportstätten, die auch nach den Spielen voll genutzt wurden, war das vor allem der Ausbau des Schienenschnellverkehrs und des großen Fußgängerbereichs im Herzen der Stadt, aber auch 6000 Wohnungen und drei Schulen. München hatte also seine Goldmedaille schon vor Ende der Vorbereitungszeit gewonnen.

Die Spiele begannen dann am 26. August 1972. Ich habe sie nicht mehr als Oberbürgermeister, sondern nur noch als Vizepräsident des Organisationskomitees erlebt. Sie verliefen, verglichen mit späteren Spielen, in einem überschaubaren Rahmen und ohne den dominierenden Einfluss der elektronischen Medien und sonstiger kommerzieller Erwägungen. Es waren in der Tat heitere Spiele, für die München nicht nur den Hintergrund und die Organisation bot, sondern die mit der Stadt zu einer Symbiose eigener Art verschmolzen. Es war ein beeindruckendes farbiges und mannigfaltiges Fest ohne Superlative oder auch nur einen Anflug von Gigantismus, aber voll herzlicher Lebensfreude mit guter

Kameradschaft unter den Teilnehmern. Und es war ein Fest, das Bayern und der Bundesrepublik über alle West-Ost-Spannungen hinweg gerade auch deshalb weltweit ein hohes Ansehen erwarb, weil es in wesentlichen Punkten eben ein Gegenstück zu den vom NS-Gewaltregime geprägten Spielen von 1936 darstellte.

Das alles galt jedoch nur bis zum 5. September 1972, dem Tag, an dem die palästinensische Terrororganisation „Schwarzer September" die israelische Mannschaft überfiel und sich ein dunkler Schatten des Todes auf die Spiele senkte. Ich habe diesen Tag Stunde für Stunde miterlebt und die Geschehnisse noch heute deutlich vor Augen: die Schreckensnachricht am frühen Morgen, die dramatischen Verhandlungen mit den Geiselnehmern, bei denen unter anderem Hans-Dietrich Genscher, damals Bundesinnenminister, und ich uns als Austauschgeiseln anboten, die vergeblichen Bemühungen, arabische Regierungen zu einer Einflussnahme auf die Geiselnehmer zu bewegen, den abendlichen Hubschrauberflug mit den Terroristen und ihren Geiseln nach Fürstenfeldbruck, wo die Geiseln auf dem Luftwaffenflughafen gewaltsam befreit werden sollten, die erste Meldung von dort, dass alle Geiseln gerettet seien, und schließlich die Nachricht, dass keiner von ihnen überlebt hatte. Ich war auch bei den schwierigen Erörterungen dabei, ob die Spiele abgebrochen oder fortgesetzt werden sollten. Bei ihnen gab Avery Brundage mit seinem berühmt gewordenen Satz „The games must go on!", den er mit einem Faustschlag auf den Tisch bekräftigte, den Ausschlag. Und es war richtig, nach einer vierundzwanzigstündigen Unterbrechung am Tag der Trauerfeier, bei der Gustav Heinemann eine bewegende Rede hielt, so zu verfahren. Anderenfalls wäre die Verfügungsgewalt über Beginn, Ende und Fortsetzung großer internationaler Veranstaltungen nicht nur in diesem Fall in die Hände potenzieller Terroristen übergegangen.

Noch jemand habe ich in dieser Nacht wegen seines Instinktes bewundert – und das war Willy Brandt. Er saß lange über Mitternacht hinaus in der Studiozentrale des Fernsehens am Oberwiesenfeld. Als dort die – falsche – Meldung über die Rettung der Geiseln eintraf, bedrängte ihn Karl Holzamer, der damalige Intendant des ZDF, diese freudige Botschaft den Fernsehzuschauern persönlich mitzuteilen; er habe deshalb den Sender noch nicht abschalten lassen. Willy Brandt stimmte schließlich zu, dass Conrad Ahlers als Sprecher der Bundesregierung vor die Kamera ging. Er selbst weigerte sich mit der Begründung, er wolle erst eine Bestätigung aus dem Munde des Bundesinnenministers. Als dieser sich nach geraumer Zeit aus Fürstenfeldbruck meldete, musste er das genaue Gegenteil, nämlich den Tod aller Geiseln, berichten.

Zusammen mit dem damaligen bayerischen Innenminister Bruno Merk und Manfred Schreiber, dem Präsidenten der seinerzeit noch kommunalen Münchner Polizei, hat Hans-Dietrich Genscher anschließend noch vor Tagesanbruch der internationalen Presse den Ablauf der Ereignisse geschildert und ihre Fragen beantwortet. Das geschah in einer würdigen, der Tragik des Geschehens angemessenen und auch solidarischen Weise; keiner von den dreien schob Zuständigkeitsfragen in den Vordergrund oder betonte die Verantwortung des jeweils anderen. Alle drei Männer beherrschte ersichtlich das Gefühl der Erschütterung und der Trauer darüber, dass das Leben der Geiseln nicht hatte gerettet werden können. Nach meinem Dafürhalten hatten sie allerdings auch keinen Anlass, deshalb sich selbst oder den beteiligten Beamten Vorwürfe zu machen. Die Sicherheitsvorkehrungen entsprachen ebenso wie die getroffenen Maßnahmen dem Erfahrungs- und Erkenntnisstand der damaligen Zeit. Willy Brandt hat dann am frühen Morgen mit Golda Meir, der damaligen israelischen Ministerpräsidentin, telefoniert, die in der Nacht mit der Nachricht von der Rettung zu Bett gegangen war. Es muss eines der bedrückendsten Gespräche gewesen sein, die er als Bundeskanzler geführt hat.

Ich flog am 7. September als Repräsentant des Organisationskomitees mit den Särgen der Opfer nach Tel Aviv und nahm dort auf dem Flugplatz Lod an der Trauerzeremonie teil. Sie war kurz, weil nach jüdischer Tradition die Toten – es war ein Freitag – noch vor Sonnenuntergang an ihren Heimatorten beerdigt werden mussten. Aber die Ansprache Yigal Allons, der Golda Meir vertrat, und die Totenklage des Rabbiners haften mir noch ebenso im Gedächtnis wie die fassungslose Trauer der Hinterbliebenen.

Was bleibt, ist die Erinnerung an eine große gemeinsame Anstrengung, bei der die sonst üblichen tagespolitischen Auseinandersetzungen ganz in den Hintergrund traten, an eine Anstrengung, die gelang, weil man mit Hoffnung und Zuversicht an die Arbeit ging, an Tage, in denen – um mit einem Wort Thomas Manns zu sprechen – München leuchtete und mit ihm Bayern und die Bundesrepublik. Die Erinnerung auch an hervorragende sportliche Leistungen und einen Geist des freundschaftlichen, noch nicht vom Kommerz bestimmten Wettbewerbs. Aber eben auch die Erinnerung daran, dass Menschen zur gleichen Zeit und am gleichen Ort zu Schönheit, Harmonie und Frieden, aber auch zu Brutalität, Hass und nackter Gewalt fähig sind. Mit diesem Zwiespalt leben wir auch heute noch. Es liegt an uns, ihn weltweit zu überwinden.

12 16. Mai 1974 –
Helmut Schmidt wird Bundeskanzler

Hans-Jochen Vogel

Schon im Kapitel 10 habe ich erwähnt, dass im Jahre 1973 eine Art Mehltau über der politischen Landschaft zu liegen schien. Es war zugleich eine Zeit des Missvergnügens, das sich aus verschiedenen Quellen speiste. Eine davon war ein Streik, mit dem die Fluglotsen materielle Verbesserungen und ihre Überführung aus dem Beamten- in den Angestelltenstatus durchsetzen wollten. Er führte über Wochen und Monate hin zu Beeinträchtigungen für die Fluggäste, die auf dem Vorfeld oder in einer Warteschleife mitunter stundenlang auf die Start- oder Landeerlaubnis warten mussten. Im Februar 1973 setzte die Gewerkschaft ÖTV eine Lohn- und Gehaltserhöhung von 11 % durch, obwohl die Bundesregierung zuvor eine zweistellige Steigerung für völlig unakzeptabel erklärt hatte. Im Oktober konfrontierte die erste Ölpreiskrise die Bevölkerung mit ungewohnten Einschränkungen wie Fahrverboten für Kraftfahrzeuge an vier aufeinanderfolgenden Sonntagen und drastischen Verteuerungen der Benzin- und Heizölpreise.

Außen- und deutschlandpolitische Fortschritte wie die Ratifizierung des Grundlagenvertrags mit der DDR und der Abschluss mehrerer Folgeverträge, der UNO-Beitritt beider deutscher Staaten und der Beginn der Helsinki-Konferenz sowie die relativ günstigen wirtschaftlichen Daten – die Arbeitslosigkeit lag damals bei 1,2 % – drangen demgegenüber kaum nachhaltiger ins öffentliche Bewusstsein.

An dieser Grundstimmung änderte sich in den ersten Monaten des Jahres 1974 wenig. Im Gegenteil, das Missvergnügen verstärkte sich eher noch. In diese Stimmung hinein platzte am 24.

April 1974 die Nachricht von der Verhaftung Günter Guillaumes und seiner Ehefrau. Mir war Guillaume als Referent im Bundeskanzleramt und Begleiter Willy Brandts auf dessen Wahlreisen seit Längerem bekannt. Er hatte mich in dieser Eigenschaft wiederholt ermuntert, in den Auseinandersetzungen mit den „Linken", wie er sie nannte, schärfer aufzutreten; er kenne sie aus seiner Zeit als Sekretär der Frankfurter SPD-Stadtratsfraktion. Mir fiel das auf, weil er sich dabei mehr oder weniger deutlich auf seine Nähe zu Willy Brandt berief und Willy Brandt sich so nicht zu äußern pflegte.

Guillaumes Verhaftung wegen des Verdachts der Spionage zugunsten der DDR erregte erhebliches Aufsehen und löste lebhafte Diskussionen und eine Fülle von Gerüchten aus. Davon, dass der Vorgang zum Rücktritt Willy Brandts führen könnte, war indes zunächst nicht die Rede. Spekulationen über eine solche Möglichkeit tauchten auch im engeren Kreise erst Anfang Mai 1974 im Zusammenhang mit neuen Gerüchten über angebliche die Privatsphäre Willy Brandts betreffende Aussagen eines Kriminalbeamten aus seinem Begleitkommando auf. Die Spekulationen verdichteten sich im Laufe des 6. Mai und wurden zur Gewissheit, als gegen Mitternacht der erste Sender den Rücktritt meldete.

Zu den Entwicklungen, die diesen Entschluss bewirkt haben, insbesondere zu dem Gespräch zwischen Willy Brandt, Herbert Wehner und Helmut Schmidt am 5. Mai 1974 in Münstereifel – im Anschluss daran traf Willy Brandt seine endgültige Entscheidung –, kann ich aus eigenem Wissen nichts Neues beitragen. Nach all dem, was ich später von den Beteiligten gehört habe, war es wohl so, dass Helmut Schmidt der von Willy Brandt geäußerten Rücktrittsabsicht nachdrücklich widersprochen, Herbert Wehner hingegen den Rücktritt im Hinblick auf das schon erwähnte Vernehmungsprotokoll für mehr oder weniger unvermeidlich gehalten hat – allerdings mit der Maßgabe, dass er jede Entscheidung, die Willy Brandt treffe, respektieren und nach außen vertreten werde. Es ist müßig, heute darüber zu räsonieren, ob der Rücktritt wirklich geboten war. Wahrscheinlich wäre es aber auf dem Hintergrund der allgemeinen Stimmung schon vor dem Fall Guillaume selbst über die Kräfte eines Willy Brandt gegangen, den Sturm zu bestehen, der da heraufgezogen war.

Dass Helmut Schmidt Willy Brandt nachfolgen würde, war keinen Moment zweifelhaft. Von 1966 bis 1969 hatte er sich bereits in der Zeit der ersten Großen Koalition als Stellvertreter und dann nach dessen Tod im Februar 1967 als Nachfolger Fritz Erlers im Fraktionsvorsitz hohes Ansehen erworben. Dieses Ansehen festigte er während der Kanzlerschaft Willy Brandts zunächst als Verteidigungsminister, dann in der Nachfolge des im Juli 1972 zurückgetretenen Karl Schiller als Finanz- und Wirtschaftsminister und schließlich im zweiten Kabinett Brandt als Finanzminister mit erweiterten Zuständigkeiten. Schon vorher hatte er sich während der Hamburger Flutkatastrophe des Jahres 1962 als Innensenator besonders bewährt und bundesweite Anerkennung gefunden.

Helmut Schmidt ging sogleich ans Werk und bereitete sowohl seine Regierungserklärung unter der Devise „Kontinuität und Konzentration" als auch die personelle Zusammensetzung seines Kabinetts mit großer Umsicht vor. Mich sprach er darauf an, ob ich bereit sei, ins Innen- oder Justizministerium zu wechseln. Ich bejahte das auch deshalb, weil mir ein erneuter Anlauf zu einer wirklichen Bodenrechtsreform unter seiner Kanzlerschaft angesichts seiner bisherigen Zurückhaltung gegenüber diesem Thema noch weniger aussichtsreich erschien als zuvor. Hans-Dietrich Genscher beharrte für die FDP auf dem Innenministerium und benannte dafür Werner Maihofer. Das Justizministerium, das daraufhin auf mich zukam, war für mich aber durchaus nicht zweite Wahl. Vielmehr reizten mich die rechtspolitischen Reformprojekte, die auf der Tagesordnung standen; auch bedeutete die Entscheidung für mich die Rückkehr zu meinem ursprünglichen Beruf als Jurist.

Am 16. Mai 1974 wurde Helmut Schmidt zum Bundeskanzler gewählt.

Die Kabinettssitzungen, auf die er sich sorgfältig vorbereitete, leitete er vom ersten Tag an sehr straff. Zu Fragen, die er für bedeutsam hielt, äußerte er sich ausführlich, gelegentlich sogar noch vor dem zuständigen Minister. Widerspruch akzeptierte er, wenn er knapp und präzise vorgebracht wurde. Bei Weitschweifigkeiten konnte er sehr ungemütlich werden. Außerdem war er sicherlich im Innern überzeugt, nahezu jedes Ressort mindestens so gut leiten zu können wie der jeweilige Minister. Dass er dabei hinsichtlich des Bundesjustizministeriums wohl eine Ausnahme machte, verschaffte mir einen gewissen Vorteil.

Als Bundeskanzler sind Helmut Schmidt Niederlagen, Irrtümer und Enttäuschungen nicht erspart geblieben. Eine Enttäuschung, nämlich die unzutreffende Rentenprognose im Wahljahr 1976, hat er selbst in öffentlichen Reden mehrfach als bitter und bedrückend bezeichnet. Es ging dabei um Vorausschätzungen der Rentenentwicklung, die sich nach der Wahl alsbald als zu günstig erwiesen und deshalb korrigiert werden mussten. Bitterer, als er es nach außen erkennen ließ, mögen ihn auch die Vorgänge angekommen sein, die 1982 zum Ende der sozial-liberalen Koalition geführt haben.

Von bleibender Bedeutung sind indessen die großen Leistungen, die er in der Zeit seiner Kanzlerschaft erbracht hat. Zu diesen Leistungen gehören die Überwindung der beiden Ölpreisschocks der Jahre 1973/74 und 1979/80, die bis in das Jahr 1981 hinein ohne drastischen Anstieg der Arbeitslosigkeit gelang, und die inneren Reformen, die entgegen einem weitverbreiteten Vorurteil nach 1974 nicht zum Stillstand kamen, sondern mit der Ausdehnung der Mitbestimmung, mit bahnbrechenden Gesetzen zum Schutze der Umwelt und der durchgreifenden Erneuerung wichtiger Teile unserer Rechtsordnung einen weiteren Höhepunkt erreichten. Und dazu gehören nicht minder die weitere Entwicklung und Zusammenfügung der Adenauer'schen West- und der Brandt'schen Ost- und Deutschlandpolitik, die sich unter anderem in der Schlussakte von Helsinki und dem Ingangkommen des Abrüstungsdialogs zwischen den Supermächten niederschlug. Nicht vergessen werden sollte in diesem Zusammenhang übrigens, dass die Union im Bundestag einen Beschluss herbeizuführen suchte, der Helmut Schmidt die Unterzeichnung der Schlussakte von Helsinki unmöglich gemacht hätte. Sie begründete diesen Antrag damit, dass die Schlussakte den Einfluss der Sowjetunion weiter steigern würde. Das war einer der gravierendsten politischen Irrtümer, dem ich im Laufe meiner Bonner Jahre begegnet bin. Zu Helmut Schmidts großen Leistungen gehörten weiter sein Engagement für die deutsch-französische Zusammenarbeit und den Fortgang der europäischen Einigung, dem unter anderem das Europäische Währungssystem seine Entstehung verdankt und ohne das der Euro nicht zustande gekommen wäre. Auch die Weltwirtschaftsgipfel, die seitdem regelmäßig zusammentreten, hat er maßgeblich initiiert. Auf die zentrale Rolle, die Helmut Schmidt bei der Überwindung der terroristischen Herausforderung der RAF im Herbst 1977 gespielt hat, werde ich im folgenden Kapitel gesondert eingehen.

Natürlich gab es zwischen Helmut Schmidt und seiner Partei auch Differenzen, ja Kontroversen: unter anderem über den sogenannten Doppelbeschluss, die Rolle der Kernenergie oder die Einschätzung der sozialen Bewegungen, die in den 70er und 80er Jahren an Bedeutung gewannen. Insbesondere die Meinungsverschiedenheiten über die Raketenstationierung haben dann Anfang der 80er Jahre zu Spannungen geführt, die für das Ende der Koalition und seiner Kanzlerschaft mit ursächlich waren. Ausschlaggebend für den Erfolg des konstruktiven Misstrauensvotums, mit dessen Hilfe Helmut Kohl am 1. Oktober 1982 zum Bundeskanzler gewählt wurde, war allerdings der Frontwechsel der FDP. Diese Endphase seiner Kanzlerschaft hat Helmut Schmidt meisterhaft gestaltet. Bis zuletzt behielt er das Gesetz des Handelns in seiner Hand. Mit einer großen Rede vor der Abstimmung über das Misstrauensvotum setzte er einen ebenso eindrucksvollen wie würdigen Schlusspunkt seiner Kanzlerschaft.

Helmut Schmidt hat später gelegentlich geäußert, die Dinge hätten einen anderen Verlauf genommen, wenn er darauf bestanden hätte, die Nachfolge Willy Brandts auch als Parteivorsitzender anzutreten. Das glaube ich nicht. Eher wären dann die Konflikte zu einem früheren Zeitpunkt und noch heftiger ausgebrochen. So hat der in der Gesamtpartei stärker verankerte Willy Brandt lange Zeit beruhigend gewirkt und auf diese Weise den innerparteilichen Widerspruch gedämpft.

Befähigt haben Helmut Schmidt zu seinen Leistungen seine Sachkompetenz und seine schier unbegrenzte Aufnahmefähigkeit auch für konkrete Details. Auf deren souveräner Beherrschung und den konzeptionellen Kategorien seines Denkens beruhte seine Führungskraft ganz wesentlich. Hinzu kommen sein Augenmaß und eine Selbstdisziplin, die ihn nur beim Umgang mit seiner eigenen Gesundheit gelegentlich verließ, und auch die Leidenschaftlichkeit und Hartnäckigkeit, mit der er das einmal für richtig Erkannte gegen alle Widerstände durchzusetzen suchte.

Das alles beruhte und beruht auch heute noch auf philosophisch-ethischen Grundlagen, die er sich gerade auf dem Hintergrund des Zwiespalts sorgfältig erarbeitet hat, dem er sich als Offizier der Wehrmacht zwischen Pflichterfüllung und wachsender Einsicht in das Verbrecherische der damaligen Führung ausgesetzt sah. Dabei spielten Marc Aurel, Immanuel Kant, Max Weber und Karl Popper eine Rolle, mit dem er vor allem in den 70er Jahren in einem lebhaften Gedankenaustausch stand. Entgegen seiner gelegentlichen Aussage war Helmut Schmidt deshalb auch mehr als ein erster Angestellter der Bundesrepublik. Vielmehr gab er den Menschen Orientierung und trug damit zu der für die Wohlfahrt des Gemeinwesens notwendigen ethischen Substanz bei, von der Ernst-Wolfgang Böckenförde zutreffend gesagt hat, dass sie vom Staat allein nicht geschaffen werden kann.

Schließlich verfügte er über die Macht der Rede, vor allem der parlamentarischen Rede, die ihm wie wenigen anderen zu Gebote stand. Darin zeigte er sich beispielsweise seinem Gegenspieler

Helmut Kohl regelmäßig überlegen. Dennoch habe ich ihm widersprochen, als er einmal in einer Kabinettssitzung Helmut Kohl als Zaunkönig bezeichnete, der keine Zukunft habe. Meinen Einwand, dass er damit seine eigene Leistung schmälere, weil es doch ein Leichtes hätte sein müssen, eine Wahl gegen einen Zaunkönig zu gewinnen, während er dazu 1976 alle seine Kraft habe einsetzen müssen, ließ er knurrend auf sich beruhen.

Persönlich kannte ich Helmut Schmidt seit Mitte der 60er Jahre. Bei unserer ersten Begegnung empfahl er mir, in Bayern die Erhöhung der Biersteuer durchzusetzen, als ich ihn als Oberbürgermeister um Ratschläge für die Finanzierung des Münchner U-Bahn-Baus bat. Das war aber nicht ernst gemeint. Ein gegenseitiges Vertrauensverhältnis besonderer Art entwickelte sich während der Wochen, in denen zunächst Hanns Martin Schleyer und dann die „Landshut" von Mitgliedern und Helfern der RAF entführt wurden. In den darauffolgenden Jahren hat Helmut Schmidt mich auch öffentlich wiederholt als einen seiner möglichen Nachfolger bezeichnet. Unser Verhältnis hat verschiedene Proben bestanden und verbindet uns bis heute. Jedes Jahr besuchen meine Frau und ich das Ehepaar Schmidt am Brahmsee oder in ihrer Hamburger Wohnung zu einem Treffen, bei dem wir dann viele Stunden über Vergangenes, aber auch über Probleme der Gegenwart miteinander reden. Ich zögere als Jüngerer, für unsere Beziehung das Wort Freundschaft zu verwenden. Aber Helmut Schmidt gehört für mich zu den deutschen Politikern, für die mir das Wort Staatsmann tatsächlich am Platze scheint. Und er genießt unverändert meinen Respekt und meine Bewunderung. Noch heute empfinde ich Genugtuung darüber, dass ich einige Jahre an seiner Seite arbeiten durfte und an seinen klaren und weitsichtigen Analysen und seinen pointierten Urteilen über Ereignisse und Personen noch heute teilhaben kann – auch wenn ich ihm gelegentlich widerspreche.

13 5. September 1977 –
Hanns Martin Schleyer wird entführt

Der Rechtsstaat besteht eine Bewährungsprobe

Hans-Jochen Vogel

Am 5. September 1977 – auf den Tag fünf Jahre nach dem mörderischen Anschlag auf die israelischen Olympiateilnehmer in München – entführten Mitglieder der RAF den damaligen Präsidenten der Bundesvereinigung der deutschen Arbeitgeberverbände und des Bundesverbandes der deutschen Industrie, Hanns Martin Schleyer. Zu diesem Zweck überfielen sie sein Fahrzeug, unmittelbar nachdem er seine Kölner Wohnung verlassen hatte, und ermordeten die ihn begleitenden Polizeibeamten Helmut Ulmer, Reinhold Brändle und Roland Pieler ebenso wie seinen Fahrer Heinz Marcisz. Die Nachricht von der exzessiven Gewalttat erreichte mich gegen 18 Uhr im Bundeskanzleramt während einer Besprechung bei Helmut Schmidt. Hans-Jürgen Wischnewski, der bei der Besprechung zugegen war, und ich fuhren sofort an den Tatort. Dort bot sich uns ein grauenhafter Anblick. Die Toten lagen – mit Planen zugedeckt – auf der Straße und den Bürgersteigen noch an den Stellen, an denen sie niedergestreckt worden waren. Dazwischen stand auch noch der Kinderwagen, den die Terroristen zum getarnten Transport ihrer Waffen benutzt hatten. Von Schleyer und seinen Entführern fehlte jede Spur. Ein Text, der das Bundeskriminalamt am 6. September erreichte, enthielt dann die in der Folge immer wieder wiederholte Forderung, elf namentlich genannte Häftlinge, darunter Andreas Baader, Gudrun Ensslin und Irmgard Möller, freizulassen. Auch seien die Fahndungsmaßnahmen sofort einzustellen. Anderenfalls werde Schleyer auf der Stelle erschossen. Die Aktivitäten der RAF hatten damit einen neuen Höhepunkt erreicht.

Erstmals deutlich in Erscheinung getreten war diese terroristische Vereinigung im April 1968. Damals legten Andreas Baader und Gudrun Ensslin in zwei Frankfurter Kaufhäusern Brandsätze, die nicht unerhebliche Sachschäden verursachten und auch Menschen in Gefahr brachten. Da die Hauptbeteiligten wenig später verhaftet wurden und auch in Haft blieben und zunächst keine weiteren Anschläge folgten, ließ die öffentliche Aufmerksamkeit wieder nach, und auch ich hielt nach meinem Amtsantritt als Bundesminister der Justiz im Mai 1974 die Situation nicht für besonders alarmierend. Das war ein Irrtum.

Es zeigte sich nämlich nach einer längeren Pause, dass die RAF fortbestand und zu weiteren Anschlägen entschlossen und in der Lage war. Am 10. November 1974 wurde der Präsident des Berliner Kammergerichts, Günter von Drenkmann, erschossen, als er den Tätern auf ihr Läuten hin ahnungslos die Wohnungstüre öffnete. Als Motiv, gerade ihn zu töten, reichte den Mördern die Tatsache aus, dass er der ranghöchste Richter des Landes Berlin war.

Wenige Monate später wurde wiederum von RAF-Angehörigen der Berliner CDU-Abgeordnete Peter Lorenz entführt. Er wurde nach einiger Zeit freigelassen, weil man den erpresserischen Forderungen der Geiselnehmer nachgegeben und fünf Häftlinge in den Jemen ausgeflogen hatte. Danach sind gegen sie wegen vier Morden und eines Mordversuchs, die nach ihrer Freilassung wiederum in der Bundesrepublik begangen wurden, neuerdings Haftbefehle ergangen. Sechs Wochen später besetzten RAF-Mitglieder die deutsche Botschaft in Stockholm, ermordeten den Militärattaché und einen Botschaftsrat und forderten die Freilassung von sechsundzwanzig in Haft befindlichen Terroristen. Der Überfall endete jedoch alsbald damit, dass in der Botschaft Sprengladungen detonierten und zwei Terroristen töteten.

Die Atempause, die sich daran anschloss, dauerte rund zwei

Jahre bis zum Gründonnerstag des Jahres 1977. An diesem Tage wurde Generalbundesanwalt Siegfried Buback zusammen mit seinem Fahrer Wolfgang Göbel in Karlsruhe bei der morgendlichen Fahrt in sein Büro von Angehörigen eines Kommandos „Ulrike Meinhof" von einem vorbeifahrenden Motorrad aus erschossen. Der Leiter der Fahrbereitschaft seiner Behörde, Georg Wurster, erlitt schwere Verletzungen, an denen er wenige Tage später starb. Das nächste Opfer war im Juli 1977 Jürgen Ponto, der Vorstandssprecher der Dresdner Bank. Er wurde in seiner Wohnung erschossen, als er arglos einen Blumenstrauß entgegennahm, den ihm die mit seiner Familie befreundete Susanne Albrecht reichte. Er sei, lautete die Begründung in der Mitteilung, die kurz danach bei einer Nachrichtenagentur einging, ein „Mitglied der Ausbeuterklasse". Nur einen Monat später missglückte ein sorgfältig vorbereiteter Anschlag auf das Dienstgebäude der Bundesanwaltschaft in Karlsruhe, bei dem aus einem benachbarten Gebäude mithilfe einer Art Stalinorgel mehrere Raketen automatisch abgefeuert werden sollten, lediglich deshalb, weil die Automatik versagte.

Aber das war, gemessen an dem, was am 5. September 1977 geschah, und dem, was darauf folgte, nur ein Vorspiel. Für mich gehörten die nächsten sechs Wochen jedenfalls zu den angespanntesten und verantwortungsschwersten meines ganzen Lebens. Mir und allen Beteiligten war von Anfang an klar, dass alles, was jetzt getan oder unterlassen wurde, unmittelbare Auswirkungen auf Leben oder Tod des Entführten haben konnte. Die meisten, die in den sofort gebildeten Krisengremien zusammentraten, kannten Hanns Martin Schleyer auch persönlich oder waren mit ihm – wie Helmut Kohl – sogar befreundet. Ich selbst war ihm ein- oder zweimal bei öffentlichen Veranstaltungen begegnet.

Dem sogenannten großen politischen Beratungskreis gehörten die Partei- und Fraktionsvorsitzenden, die Bundesminister des Innern, der Justiz und des Auswärtigen sowie die Ministerpräsidenten der vier Bundesländer an, in deren Haftanstalten die Häftlinge einsaßen, deren Freilassung die Terroristen verlangten, also Helmut Kohl, Willy Brandt, Franz Josef Strauß – er ließ sich zumeist durch Friedrich Zimmermann vertreten –, Hans-Dietrich Genscher, Herbert Wehner, Wolfgang Mischnick, Werner Maihofer und ich sowie die Ministerpräsidenten Filbinger, Goppel, Kühn und Klose, die allerdings in der Regel Vertreter entsandten. In der sogenannten „kleinen Lage", die oft mehrfach am Tag zusammenkam, saßen die zuständigen Bundesminister und ihre Staatssekretäre. Bei beiden Runden waren stets auch Manfred Schüler als Chef des Bundeskanzleramtes, Horst Herold als der Präsident des Bundeskriminalamts und Klaus Bölling zugegen, der als Sprecher der Bundesregierung einen ebenso wichtigen wie schwierigen Part wahrzunehmen hatte. Häufig war auch der dem ermordeten Siegfried Buback im Amte nachgefolgte Kurt Rebmann als Generalbundesanwalt anwesend. Den Vorsitz führte in allen Sitzungen beider Runden Helmut Schmidt selber. Seine ruhige Entschlossenheit, seine Fähigkeit, nach Anhörung aller Beteiligten jeweils klare Entscheidungen herbeizuführen, und sein fester Wille, den Rechtsstaat von keiner Seite antasten zu lassen, gaben den Beratungen einen beständigen und belastbaren Rahmen. Wichtig war auch der stillschweigende Konsens, dass die letzte Entscheidung und damit auch die letzte Verantwortung – jedenfalls im politischen Sinne – bei ihm lagen. Zuständigkeitsprobleme, die angesichts der Beteiligung von vier Bundesländern und mehrerer Bundesressorts immerhin denkbar gewesen wären, kamen infolgedessen nur ganz gelegentlich auf und wurden dann sehr rasch beigelegt.

Die Beteiligung der Opposition war von Beginn an unstreitig und schon deshalb richtig und notwendig, weil so deutlich wurde, dass es bei allen Meinungsverschiedenheiten im Detail in der Grundfrage, nämlich der Wahrung des Gewaltmonopols und der Schutzfähigkeit des demokratischen Rechtsstaates, keinen Dissens gab. Helmut Kohl hat daran auch nach außen keinen Zweifel gelassen und die Entscheidungen loyal mitverantwortet. Das Gleiche galt für Friedrich Zimmermann, der sich in sachkundiger Weise engagierte. Von den übrigen Politikern beteiligte sich Herbert Wehner besonders lebhaft, und zwar vor allem dann, wenn es um die Integrität des Staates und die Wahrung seines Gewaltmonopols ging.

Die Atmosphäre war stets sachlich und sehr ernst. Ich kann mich nicht erinnern, dass es auch nur einmal einen Scherz oder Gelächter gegeben hätte, wie das sonst bei Politikerrunden üblich ist. Am bedrückendsten war die Vorführung des von den Entführern angefertigten und der Krisenrunde zugespielten Videobandes, auf dem Schleyer vor dem RAF-Emblem zu sehen war und einen Text verlas, in dem er seinen Wunsch, weiterzuleben, deutlich artikulierte. Auch andere Botschaften, in denen Schleyer im Laufe seiner Gefangenschaft vorwurfsvolle Fragen an uns richtete, hinterließen noch lange tief zwiespältige Empfindungen, bei denen Gefühle des Mitleids mit dem Opfer, des Zorns auf die Entführer und der Machtlosigkeit mit der Überzeugung im Widerstreit lagen, im Interesse des Gemeinwesens nicht anders handeln zu können, als wir es taten. Anders als spätere Spekulationen mutmaßten, wurden übrigens in beiden Krisenrunden Verfassungsänderungen nicht ernsthaft erörtert. Der bei solchen Spekulationen gelegentlich erwähnte Gedanke, den Artikel 102 des Grundgesetzes durch die Einführung einer bedingten Todesstrafe zu modifizieren, die im Falle terroristischer Morde zwar zu verhängen, aber nur dann zu vollstrecken sei, wenn die Freipressung eines solchermaßen Verurteilten versucht werde, kam über eine Frage nicht hinaus. Als er mir außerhalb der Sitzungen zu Ohren kam, hatte ihn derjenige, der solches einen Augenblick erwog, schon von sich aus fallen gelassen. Er wäre – nicht nur bei mir – auch sofort auf entschiedenen Widerspruch gestoßen.

Die große Krisenrunde und das Bundeskabinett einigten sich schon sehr früh auf folgende Grundsätze:
– Es sollte alles geschehen, um Schleyers Aufenthaltsort ausfindig zu machen und ihn dann zu befreien. Dafür sollte vor allem Zeit gewonnen werden.

- Die Entführer sollten ergriffen und vor Gericht gebracht werden.
- Der Forderung der Terroristen sollte nicht entsprochen werden.
- Die Medien sollten gebeten werden, nichts zu veröffentlichen, was die Lebensgefahr für Schleyer hätte erhöhen und den Entführern die Erreichung ihrer Ziele hätte erleichtern können.

Um die Verwirklichung des vierten Punktes hat sich Klaus Bölling insgesamt erfolgreich bemüht. Erfreulicherweise gab es auch kaum Indiskretionen. Entgegen gelegentlichen kritischen Kommentaren hat es sich auch nicht um eine Manipulation oder gar um eine Zensur gehandelt. Vielmehr war es eine nachdrückliche Bitte an die Medien, in eigener Verantwortung das Rechtsgut des Lebens gegen andere Güter und Interessen abzuwägen. Damals hat die Abwägung im Allgemeinen zu dem gewünschten und wohl auch ethischen Maßstäben entsprechenden Ergebnis geführt. Ich bin nicht sicher, ob eine solche Bitte heute den gleichen Erfolg hätte.

Der dritte Grundsatz war der zentrale und auch der, der die Beteiligten ihre Verantwortung am stärksten spüren ließ. Als Justizminister vertrat ich dazu ebenso wie schon im Fall Lorenz die Auffassung, es müsse alles getan werden, um Schleyer zu finden und zu befreien. Der Forderung der Terroristen, ihre Komplizen freizulassen, dürfe aber nicht entsprochen werden. Denn diese würden – wie der Fall Lorenz zeige – nach ihrer Freilassung mit an Sicherheit grenzender Wahrscheinlichkeit neue Morde begehen. Ein Nachgeben hätte also nur den Tod anderer, namentlich jetzt noch nicht feststehender Menschen und insgesamt eine Ermutigung der Terroristen und eine Schwächung der Schutzfähigkeit des Staates zur Folge gehabt. Um einen solchen Preis – so fasste ich meine Argumentation zusammen – könne das Leben des Entführten nicht gerettet werden. Außerdem könne man im Falle der Freilassung nicht erwarten, dass Polizeibeamte künftig ihr Leben riskierten, um einen Terroristen festzunehmen, wenn sie damit rechnen müssten, dass der Festgenommene nächstens doch wieder in Freiheit komme. Helmut Schmidt, das Kabinett und die große Krisenrunde teilten diese Argumentation. Leicht fiel das keinem. Heute noch sehe ich das Videobild von Schleyer vor mir, wenn ich meine damalige Argumentation von Neuem überdenke. Und ich erinnere mich an die täglichen Telefongespräche, die ich seinerzeit im Auftrag der Krisenrunde mit dem ältesten Sohn Hanns Martin Schleyers führte. Natürlich hoffte ich mit den anderen, es werde doch gelingen, Schleyer zu finden und zu befreien. Aber die mögliche Konsequenz meiner Argumentation stand mir durchaus vor Augen. Dennoch hielt und halte ich sie für zwingend. Eine Hilfe war mir in jenen Tagen der Gedanke, dass es jenseits allen menschlichen Bemühens und aller menschlichen Fehlsamkeit eine höhere Instanz gibt, deren Ratschlüsse unserer Einsicht nur in ganz beschränktem Maß zugänglich sind. Für mich ist das der Herrgott. Und ich scheue mich nicht, das in einem solchen Zusammenhang auszusprechen. Wenn man glaubt, bei all seinem Tun und Unterlassen einen solchen archimedischen Punkt zu besitzen, muss man das nicht verschweigen.

Am wichtigsten war in der täglichen Aktivität das Bemühen um Zeitgewinn. Dem dienten Befragungen der von den Entführern benannten Häftlinge über die Länder, in die sie ausgeflogen werden wollten, und Gespräche mit diesen Ländern – es ging um Algerien, Libyen, Jemen, den Irak und um Vietnam –, ob sie zur Aufnahme bereit waren. Diese Gespräche führte Hans-Jürgen Wischnewski. Die Informationen, die er mitbrachte, gaben Anlass zu neuen Befragungen der Häftlinge. Gleichzeitig wurden über einen Anwalt in Genf, der als Mittelsperson tätig wurde, Nachrichten ausgetauscht. Unterschiedliche Einlassungen einzelner Häftlinge sollten in diesem Hin und Her neue Rückfragen nötig machen und so – für die Zwecke der Fahndung dringend erwünschte – weitere Verzögerungen bewirken. Schon früh ergab sich indes der Verdacht, dass Häftlinge in derselben, aber auch in verschiedenen Anstalten miteinander in Kontakt standen und ihre Informationen austauschten. Mehrere Bundesländer unterbrachen daraufhin unter Berufung auf den Paragrafen 34 Strafgesetzbuch jede Außenverbindung der bei ihnen einsitzenden Häftlinge, auch die mit den jeweiligen Verteidigern. Andere Bundesländer lehnten Letzteres unter Hinweis auf zwingende Bestimmungen der Strafprozessordnung ab.

Mir erschien die Unterbrechung des Kontaktes auch zu den Verteidigern unter den gegebenen Umständen unerlässlich. Ich sah jedoch im Paragrafen 34 Strafgesetzbuch keine geeignete Rechtsgrundlage für einen solchen Eingriff. Diese Bestimmung besagt, dass im Falle eines übergesetzlichen Notstandes, bei dem es um die Abwehr einer gegenwärtigen, anders nicht abwendbaren Gefahr für Leib und Leben oder andere Rechtsgüter geht, Handlungen, die zur Beseitigung dieses Notstandes begangen werden, dann nicht rechtswidrig sind, wenn das geschützte Interesse das beeinträchtigte wesentlich überwiegt. Eine generelle Ermächtigung für staatliche Eingriffe in Rechte Dritter enthält sie hingegen nicht. Deshalb schlug ich eine gesetzliche Regelung – das sogenannte Kontaktsperregesetz – vor, das von allen Fraktionen am 28. September 1977 gemeinsam im Bundestag eingebracht wurde und am 2. Oktober 1977 in Kraft trat. Das Gesetz bestimmte im Einklang mit der Rechtsweggarantie des Artikels 19 Abs. 4 Grundgesetz, dass der Bundesgerichtshof auf Beschwerde hin die Rechtmäßigkeit verhängter Kontaktsperren nachzuprüfen habe. Aufgrund dieser Bestimmung hat der Bundesgerichtshof am 13. Oktober 1968 zweiundsiebzig der von mir am 2. Oktober verfügten Kontaktsperren bestätigt. Später hat auch das Bundesverfassungsgericht die Verfassungsmäßigkeit des Gesetzes bejaht.

Die Suche nach Hanns Martin Schleyer, die wegen der Drohung der Entführer, ihn bei Bekanntwerden von Fahndungsmaßnahmen sofort umzubringen, verdeckt ins Werk gesetzt werden musste, blieb in all diesen Wochen erfolglos. Das Bundeskriminalamt und die Polizeien der Länder waren unermüdlich tätig. Schließlich vermuteten sie, dass der Entführte im Ausland gefangen gehalten werde. Aber auch dort gab es keine konkrete Spur. Stattdessen wurden wir am 13. Oktober mit einer neuen Schreckensnachricht konfrontiert, nämlich mit der Meldung, dass nahöstliche Terroristen soeben die Lufthansa-Maschine „Landshut" auf dem Flug von Mallorca nach Frankfurt mit der fünfköpfigen Besatzung und sechsundachtzig Passagieren an Bord gekapert hatten und auf dem Weg nach Rom waren. Diese Terroristen standen im Einvernehmen mit der RAF und wollten deren Forderungen weiteren Nachdruck verleihen. Deshalb forderten auch sie ultimativ die Freilassung der Häftlinge, die schon die Schleyer-Entführer freipressen wollten. Versuche, die Maschine in Rom, Larnaka oder Dubai festzuhalten, blieben vergeblich. Die Krisenrunden und das Kabinett befassten sich nunmehr auch mit dieser Entführung, die verständlicherweise – auch wegen der Ermordung des Piloten bei einer Zwischenlandung in Aden – eine noch stärkere Empörung auslöste. Die Entscheidung, den erpresserischen Forderungen nicht nachzugeben, wurde auch angesichts der neuen Situation bekräftigt.

Während der Irrflug der „Landshut" noch im Gange war, erhob der Sohn Hanns Martin Schleyers am 15. Oktober im Namen seines Vaters Verfassungsbeschwerde mit dem Antrag, das Bundesverfassungsgericht möge die Bundesregierung durch eine einstweilige Anordnung verpflichten, den Forderungen der Entführer Hanns Martin Schleyers stattzugeben und den von ihnen Benannten die Ausreise aus der Bundesrepublik zu gewähren. Das Gericht setzte daraufhin einen Termin zur mündlichen Verhandlung für den Abend des 16. Oktober an.

Die Verhandlung, die unter dem Vorsitz von Ernst Benda vor dem Ersten Senat stattfand, ist mir noch in allen Einzelheiten gegenwärtig. Sie begann gegen 21 Uhr. Die Anwälte Schleyers machten geltend, dieser – und ebenso auch die Passagiere der „Landshut" – befinde sich in höchster Lebensgefahr. Der Staat habe aufgrund des Artikels 2 Abs. 2 Grundgesetz die Pflicht, diese Lebensgefahr durch die Erfüllung der Forderungen der Entführer abzuwenden, weil ein anderes Mittel dafür nicht zur Verfügung stünde. Nachdem er dies im Falle Lorenz getan habe, sei er dazu auch unter dem Gesichtspunkt der grundrechtlich durch den Artikel 3 Abs. 1 Grundgesetz verbürgten Gleichbehandlung gehalten. Ich trug für die Bundesregierung die oben bereits geschilderte Argumentation vor und fügte hinzu, in dieser außerordentlichen Notsituation gebe es keine Entscheidung, die, an den Maßstäben des Grundgesetzes gemessen, als die allein richtige bezeichnet werden könne. Vielmehr müsse den verantwortlichen staatlichen Organen ein Beurteilungs- und Entscheidungsspielraum verbleiben.

Nach einigen Fragen zog sich der Senat kurz vor Mitternacht zur Beratung zurück. Gegen sechs Uhr morgens des folgenden Tages verkündete Präsident Benda im leeren Sitzungssaal, in dem außer dem Senat und dem Urkundsbeamten nur noch die Anwälte Schleyers und ich mit zwei Mitarbeitern zugegen waren, das Urteil, in dem der Antrag abgelehnt wurde. Das während der Nacht sorgfältig formulierte und im vollen Wortlaut schriftlich abgesetzte Urteil bejaht die Verpflichtung der staatlichen Organe zum effektiven Lebensschutz, überlässt aber diesen die Entscheidung darüber, wie sie diese Verpflichtung im konkreten Fall erfüllen. Die danach gebotenen Maßnahmen könnten weder generell im Voraus normiert noch aus einem Individualgrundrecht als Norm abgeleitet werden. Dann fährt das Urteil wörtlich fort:

„Das Grundgesetz begründet eine Schutzpflicht nicht nur gegenüber dem einzelnen, sondern auch gegenüber der Gesamtheit aller Bürger. Eine wirksame Wahrnehmung dieser Pflicht setzt voraus, daß die zuständigen staatlichen Organe in der Lage sind, auf die jeweiligen Umstände des Einzelfalls angemessen zu reagieren; schon dies schließt eine Festlegung auf ein bestimmtes Mittel aus. Darüber hinaus kann eine solche Festlegung insbesondere deshalb nicht von Verfassung wegen erfolgen, weil dann die

Reaktion des Staates für Terroristen von vornherein kalkulierbar würde. Damit würde dem Staat der effektive Schutz seiner Bürger unmöglich gemacht. Dies stünde mit der Aufgabe, die ihm durch Artikel 2 Absatz 2 Satz 1 Grundgesetz gestellt ist, in unaufhebbarem Widerspruch."

Es stellt den an diesem Verfahren Beteiligten und insbesondere dem Bundesverfassungsgericht kein schlechtes Zeugnis aus, dass auch unter den extremen Bedingungen der konkreten Situation eine ernsthafte und sorgfältige Prüfung der zu entscheidenden Frage möglich war. Dass von der Entscheidung Tod oder Leben all derer abhängen konnte, die sich zu diesem Zeitpunkt in der Gewalt von Terroristen befanden – aber eben nicht nur dieser –, war allen, die daran mitwirkten, zutiefst bewusst.

Die Entscheidung, die gewaltsame Befreiung der inzwischen in Mogadischu gelandeten Passagiere zu versuchen, traf Helmut Schmidt am 17. Oktober. Das hohe Risiko, das er damit auf sich nahm, stand ihm klar vor Augen. Wäre der Versuch blutig gescheitert, hätte er die Verantwortung für den Tod vieler Menschen zu tragen gehabt. Dass die Krisenrunde seiner Entscheidung zustimmte, hat – wie ich ihn kenne – für ihn seine höchstpersönliche Verantwortung nicht gemindert. Mein fortdauernder hoher Respekt vor Helmut Schmidt beruht gerade auf dieser Erfahrung.

Der Versuch glückte in den ersten Minuten des 18. Oktober, ohne dass eine einzige Geisel zu Schaden kam. Das ist das Verdienst der Grenzschutzbeamten der GSG 9, der Flugzeugbesatzung und nicht zuletzt von Hans-Jürgen Wischnewski, dessen eiserne Nerven und dessen Erfahrung und Geschick im Umgang mit Machthabern in fremden Ländern sich in Mogadischu einmal mehr glänzend bewährten. Durch Zufall war ich im selben Raum des Bundeskanzleramtes wie Helmut Schmidt, als Hans-Jürgen Wischnewski ihm über eine Standleitung den Erfolg der Aktion mit den Worten meldete: „The work is done." Es war das einzige Mal, dass ich in den Augen Helmut Schmidts ein paar Tränen zu erkennen glaubte.

Die große Freude über die Rettung der „Landshut"-Passagiere wurde überschattet durch die Sorge über die Auswirkungen dieses Ereignisses auf das Schicksal Hanns Martin Schleyers. Für ihn war die Gefahr durch das Scheitern der „Landshut"-Entführer, von denen drei bei der Erstürmung des Flugzeugs ums Leben gekommen waren, noch gewachsen. Über den Ort, an dem Schleyer gefangen gehalten wurde, gab es nach wie vor keine brauchbaren Hinweise. Da kam am Morgen des 18. Oktober 1977 die Nachricht, dass sich Andreas Baader, Gudrun Ensslin und Jan-Carl Raspe in der Nacht in ihren Zellen umgebracht hatten, während Irmgard Möller ihren Selbstmordversuch schwer verletzt überlebte. Mir war klar, dass dieser Vorfall zu schlimmen Verdächtigungen und Spekulationen Anlass geben würde. Deshalb bestand ich darauf, die Obduzenten auch von international anerkannten Organisationen benennen zu lassen und der Menschenrechtskommission in Straßburg, bei der eine Beschwerde Baaders anhängig war, Gelegenheit zur Beweissicherung an Ort und Stelle zu geben. Das Ergebnis, zu dem die Sachverständigen kamen, war eindeutig. Es gab keinerlei Indiz für eine Einwirkung von dritter Seite. Ein Untersuchungsausschuss des baden-württembergischen Landtags gelangte später zum gleichen Ergebnis.

Noch am 18. Oktober suchte ich auf Bitten des Bundeskanzlers die Familie Schleyer in deren Haus in Stuttgart auf. Dort tat ich mich nach dem Karlsruher Urteil und den weiteren Ereignissen am Vortag und am gleichen Tage noch schwerer als bei den vorangegangenen täglichen Telefongesprächen. Aber ich wollte mich der unmittelbaren Begegnung mit denen, die ein besonders hartes Los zu tragen hatten, nicht entziehen.

In der Nacht vom 18. auf den 19. Oktober kam dann die Nachricht, mit der von Stunde zu Stunde mehr gerechnet werden musste: Hanns Martin Schleyers Leiche war im Kofferraum eines Autos in Mülhausen im Elsass gefunden worden. Für alle, die wochenlang bemüht gewesen waren, sein Leben zu retten, ohne die

Schutzfähigkeit des Staates zu erschüttern, war das die bitterste Stunde. Ich fühlte mich als Mitverursacher seines Todes, auch wenn ich glaubte und heute noch glaube, mir keinen Schuldvorwurf machen zu müssen. Aber letzte Sicherheit vermag ich in diesem Punkt nicht zu gewinnen. Anderen an den Entscheidungen Beteiligten mag es ebenso ergehen.

Der Zwiespalt, von dem ich gerade sprach, hat seinen Niederschlag auch in dem Brief gefunden, den ich am 24. Oktober 1977 an die Familie Schleyer schrieb. Er lautete:

„Kaum ein Kondolenzbrief ist mir so schwer gefallen wie dieser. Denn bei keinem Verstorbenen musste ich mir sagen, dass ich – jedenfalls aus der Sicht der Angehörigen – daran hätte mitwirken können, ihn zu retten. Dass ich es nicht getan und mich im entscheidenden Zeitpunkt gegen die Freilassung der Gefangenen ausgesprochen habe, leugne ich nicht. Aber der Gedanke, dass ein solches Votum den sicheren Tod einer großen Anzahl jetzt namentlich noch nicht bekannter Opfer und zugleich eine schwere Erschütterung nicht der Staatsraison, sondern der Fähigkeit des Staates bedeutet hätte, die ihm anvertrauten Rechtsgüter zu schützen, hat mir als Justizminister ein solches Votum unmöglich gemacht.

Ich meine, gnädige Frau, Sie und Ihre Söhne haben Anspruch darauf, dieses Eingeständnis von mir selbst zu hören. Mit diesem Eingeständnis verbinde ich den Ausdruck der Hochachtung vor Ihrem Gemahl, der sein Eintreten für unsere Staats- und Gesellschaftsordnung mit seinem Leben besiegelt hat, und mit dem Ausdruck der Hochachtung vor seiner Familie, die um das Leben des Vaters in Würde gekämpft und gerungen hat. Wenn ich in diesem Zusammenhang Ihren Sohn Hanns-Eberhard eigens erwähne, dann deshalb, weil ich ihn in den täglichen Gesprächen dieser quälenden sechs Wochen wegen seiner Selbstbeherrschung und Klugheit ganz besonders schätzen gelernt habe.

Mögen Sie, sehr verehrte gnädige Frau, in der Gewissheit
Trost finden, dass Ihr Gemahl noch mit seinem Leiden und
Sterben den Zielen gedient hat, für die er in seinem Leben so
erfolgreich tätig war.
In Anteilnahme Ihr sehr ergebener
Hans-Jochen Vogel."

Erst Wochen später wurde bekannt, dass bei einer örtlichen Poli-
zeidienststelle schon am 7. September ein Hinweis auf eine Wohnung eingegangen war, die kurz zuvor unter verdächtigen Umständen angemietet worden war. Die Meldung der Dienststelle
über diesen Hinweis ging auf dem Dienstwege zum Teil verloren,
zum Teil wurde sie in Anbetracht der Vielzahl solcher Hinweise
nicht für relevant gehalten. Später stellte sich heraus, dass Schleyer
in der ersten Septemberhälfte in dieser Wohnung gefangen gehalten worden war. Es ist nicht gewiss, ob Schleyer lebend hätte befreit werden können, wenn diesem Hinweis nachgegangen worden wäre. Möglich erscheint es aber immerhin. Das lässt sein
Ende im Nachhinein noch tragischer erscheinen.

Insgesamt sind im Zusammenhang mit Anschlägen der RAF
mindestens 34 Menschen ermordet worden. Viele andere Straftaten kamen hinzu. Was waren die Motive der daran Beteiligten?
Nach eigenem Bekunden war es das Ziel dessen, was die RAF
den „bewaffneten Kampf" nannte, das gesellschaftliche, wirtschaftliche und politische System der Bundesrepublik, das eine
Ausbeutung und Unterdrückung der Menschen bewirke und
grundlegenden Reformen nicht zugänglich sei, zu zerstören und
damit für eine bessere Ordnung Raum zu schaffen. Zu diesem
Zweck sollte der Staat durch Gewaltakte zu Reaktionen veranlasst
werden, die die rechtsstaatlichen Prinzipien missachteten und
seine Legitimität infrage stellten. Gewiss waren die Strukturen
der Bundesrepublik in jener Zeit nicht ohne Mängel und Kritik
deshalb nicht unbegründet. Eine demokratisch-freiheitliche Gesellschaft muss überdies auch unberechtigte, ja maßlose Kritik er-

tragen können und sich mit ihr – gegebenenfalls ebenso scharf – auseinandersetzen. Aber eine Entschuldigung oder gar Rechtfertigung für Morde und andere Gewalttaten lässt sich daraus nicht herleiten – und das auch dann nicht, wenn wirklich gesellschaftliche Fehlentwicklungen im Einzelfall zu bestimmten Lebensverläufen der Täter beigetragen haben sollten. Hier wird eine absolute Grenze überschritten, die der Staat schon kraft seines Verfassungsauftrags verteidigen muss.

Dass das damals ohne Verletzung rechtsstaatlicher Prinzipien gelang, war die entscheidende Niederlage der RAF. Wesentlich war dafür das Bemühen um einen breiten Konsens und um ebenso besonnene wie entschlossene Entscheidungen. Diesen Konsens und die Zustimmung einer großen Mehrheit unseres Volkes gab es damals. Es gab aber auch Vorwürfe, die ich selbst nach Jahren nur als empörend bezeichnen kann. So wurde die Sozialdemokratie dafür verantwortlich gemacht, dass „jetzt die Saat aufgehe, die aus ihren Reihen mit Schulplänen, Rahmenrichtlinien oder Ausbildungsleitlinien gesät" worden sei. Franz Josef Strauß hat sich da hervorgetan. Auf der anderen Seite gab es gelegentlich auch ein öffentlich geäußertes Verständnis für die RAF in einem Maße, das mir schwer verständlich und mitunter bedrückend erschien: so etwa den sogenannten Mescalero-Artikel, der knapp zwei Wochen nach der Ermordung von Generalbundesanwalt Buback und seiner Begleiter in einer vom Allgemeinen Studentenausschuss der Universität Göttingen herausgegebenen Zeitschrift erschien und in dem im Zusammenhang mit diesen Morden von „klammheimlicher Freude" die Rede war.

Das ändert aber nichts daran, dass unsere Republik damals eine Bewährungsprobe bestanden hat, ohne die rechtsstaatlichen Prinzipien anzutasten.

Eine spätere Überraschung eigener Art ist in diesem Zusammenhang noch zu erwähnen. Das ist die Tatsache, dass im Zuge des deutschen Einigungsprozesses im Juni 1990 eine größere Zahl von RAF-Angehörigen, deren Verbleib bis dahin unbekannt war, in der damals noch existierenden DDR entdeckt und verhaftet werden konnte. Sie führten dort ein unauffälliges Leben. Das Ministerium für Staatssicherheit stand mit ihnen in Kontakt und war ihnen bei der Einbürgerung und der Wohnungssuche behilflich. Die freundlichere Deutung dieses Vorgangs wäre, dass die DDR-Führung diese Männer und Frauen sozusagen aus dem Verkehr ziehen und so auch an der Begehung neuer Straftaten hindern wollte. Es gibt aber auch den Verdacht, dass einige von ihnen von der DDR aus weiter an Operationen der RAF beteiligt waren. Jedenfalls erfüllt mich der Gedanke, dass ich bei meinen Begegnungen mit Erich Honecker einem Manne gegenübersaß, dem der Verbleib wegen schwerer Straftaten gesuchter Täter bekannt war, noch heute mit Unbehagen.

* * *

Ein tragischer Konflikt

Bernhard Vogel

Am 5. September 1977, einem Montag, rief mich gegen 17 Uhr Hanns Martin Schleyer in meinem Büro in der Mainzer Staatskanzlei an. Es ging ihm, dem Vorstandsmitglied von Daimler-Benz und Präsidenten der BDA und des BDI, um eine Tagung der Walter-Raymond-Stiftung, für die er mich – zu dieser Zeit Bundesratspräsident – gewinnen wollte. Er müsse sich in seiner Kölner Wohnung noch umziehen und sei am Abend in Düsseldorf verabredet. Es war, wie uns später klar wurde, sein letztes Telefongespräch.

Kurz nach 18 Uhr erschütterte uns die erste Meldung von seiner Entführung, von der Ermordung seines Fahrers und dreier seiner Begleitschutzbeamten durch ein Kommando der RAF (Rote Armee Fraktion).

An den Bonner Krisenstäben, die unverzüglich gebildet wurden, war ich nicht beteiligt. Aber ich war mit Hanns Martin Schleyer, mit seiner Frau und seiner Familie seit Jahren befreundet. Mein Platz war darum in Stuttgart.

Über sechs schreckliche Wochen des Bangens und Hoffens trafen sich die Freunde des Entführten in der Wohnung eines Stuttgarter Unternehmers, um sich gegenseitig zu informieren, um Nachrichten auszutauschen, um zu beraten, um seiner Familie Mut zu machen. An allen Wochenenden und so oft wie möglich auch während der Woche. Meistens war Frau Schleyer selbst dabei, immer ihr ältester Sohn Hanns-Eberhard Schleyer, insgesamt ein Kreis von zehn bis zwölf Freunden. Jede nur denkbare Möglichkeit, Hanns Martin Schleyers Leben zu retten, wurde erörtert, immer wieder, tagelang, nächtelang – zumal die Entführer häufig Botschaften des Entführten übermittelten, die deutlich machten, wie sehr er auf unsere Hilfe hoffte.

Die Position der Bundesregierung und aller Mitglieder der beiden Krisenstäbe, die an der Last der Entscheidung schwer getragen haben, war von Anfang an eindeutig. Der Staat durfte nicht erpressbar sein. Er durfte vor dem Terrorismus nicht kapitulieren. Die Rechtssicherheit der Bürger musste Vorrang haben. Die Entführer wollten elf verurteilte RAF-Terroristen freipressen – unter ihnen Andreas Baader, Gudrun Ensslin und Jan-Carl Raspe –, sie wollten den freiheitlichen Staat in seinen Grundfesten erschüttern.

Ich befand mich in einem unerträglichen Konflikt. Ich musste diesen Standpunkt teilen und ich wollte, dass der Freund überlebt. Ich hatte volles Verständnis für die Haltung der Familie. Dafür, dass Frau Schleyer sich mehrfach über Zeitungen an die Öffentlichkeit wandte: „Lasst meinen Mann leben! Tauscht ihn aus!" Auch dafür, dass Hanns-Eberhard Schleyer schließlich sogar das Bundesverfassungsgericht im Namen seines Vaters bemühte und eine Klage gegen die Bundesregierung und mehrere Länder einreichte, dass er auf eine Begegnung mit einem Vermittler in einem Frankfurter Hotel hoffte. Und ich ahnte zugleich, dass die Bemühungen ohne Erfolg bleiben mussten. Machtlosigkeit, Zorn und Mitleid quälten uns.

Als am 13. Oktober eine Maschine der Lufthansa, die „Landshut", mit 91 Menschen an Bord entführt wurde und einige Tage später Baader, Ensslin und Raspe sich selbst töteten, erreichte die Krise ihren Höhepunkt. Unsere letzten Hoffnungen schwanden. Natürlich freuten wir uns mit den in Mogadischu Geretteten, aber wir wussten auch, was das für Hanns Martin Schleyer bedeutete.

Am 18. Oktober 1977 wurde sein Tod zur schrecklichen Gewissheit.

Die Haltung von Frau Schleyer war in all diesen Wochen bewundernswert. Sie war es schließlich, die uns zu trösten und zu ermutigen versuchte. Das Requiem in der Stuttgarter St.-Eberhard-Kirche war eine der erschütterndsten Trauerfeiern, an denen ich teilgenommen habe. Unsere Unfähigkeit, das Leben des Freundes zu retten und der Familie zu helfen, war bedrückend, so bedrückend wie unsere Machtlosigkeit den Tätern gegenüber. Und hinzu kam unsere Sorge um die Fähigkeit des Staates, das Leben seiner Bürger zu schützen und mit dieser Herausforderung fertig zu werden.

Heute allerdings weiß ich, dass einer der dramatischsten Augenblicke der Nachkriegszeit zum Wendepunkt des Kampfes gegen die RAF geworden ist. Zu groß war das allgemeine Entsetzen über die Ermordung Schleyers und die Entführung der „Landshut". Heute weiß ich, dass es richtig war, dass unser Staat dem Terrorismus von damals entschlossen die Stirn gezeigt hat. Dass er alles tat, um Bedrohung und Gefahr abzuwenden, aber seine rechtsstaatlichen Grundsätze nicht aufgegeben hat. Er hat alles Erdenkliche getan, um Leben zu retten, aber sich nicht selbst aufgegeben. Manchmal wünschte ich mir allerdings, dass die Opfer – der Pilot der „Landshut", der Fahrer und die Personenschützer, die Namen von Siegfried Buback, von Jürgen Ponto, von Hanns

Martin Schleyer, von Alfred Herrhausen, von Gerold von Braunmühl, von Detlev Karsten Rohwedder und all den anderen Ermordeten – nicht so rasch in Vergessenheit gerieten – und dass der Geist gemeinsamer Verantwortung und respektvollen Umgangs miteinander, der in den Tagen des „deutschen Herbstes" 1977 herrschte, uns auch heute erfüllte.

Der Tod des Vaters blieb nicht ohne Folge für den weiteren Lebensweg der vier Söhne Schleyers. Hanns-Eberhard Schleyer, der durch seinen Kampf um das Leben seines Vaters im besonderen Maße durch diesen Schicksalsschlag geprägt war, zog aus den Geschehnissen die Konsequenz, gab seine Arbeit in einer hoch angesehenen Stuttgarter Anwaltskanzlei auf und engagierte sich für den Staat, der das Leben seines Vaters nicht retten konnte. Er wurde 1978 als Nachfolger von Roman Herzog Vertreter des Landes Rheinland-Pfalz in Bonn im Range eines Staatssekretärs und drei Jahre später Chef der Mainzer Staatskanzlei, die er mit mir gemeinsam am 3. Dezember 1988 verließ.

Über 10 Jahre nach Hanns Martin Schleyers Tod, am 16. Juni 1988, habe ich die erste Begnadigung eines zu lebenslanger Freiheitsstrafe verurteilten RAF-Terroristen in der Bundesrepublik ausgesprochen. Klaus Jünschke, Jahrgang 1947, gehörte zum harten Kern der RAF, zur „ersten Generation" der Terroristen. Er war in Heidelberg als Student der Psychologie immatrikuliert und schloss sich dem Sozialistischen Patientenkollektiv (SPK) an, das die Meinung vertrat, krank sei nicht der Patient, sondern die Gesellschaft. Im Dezember 1971 überfiel er zusammen mit seinen Komplizen eine Bank in Kaiserslautern. Das Schwurgericht Kaiserslautern verurteilte ihn wegen gemeinschaftlich begangenen Mordes an einem Polizeibeamten. Weil ein Gericht des Landes und nicht ein Bundesgericht die Strafe verhängt hatte, lag das Gnadenrecht nicht – wie bei den meisten inhaftierten Terroristen – beim Bundespräsidenten, sondern beim Ministerpräsidenten von Rheinland-Pfalz. Seit Gründung des Landes waren bis zum damaligen Zeitpunkt 172 lebenslängliche Freiheitsstrafen ausgesprochen worden. Meine beiden Vorgänger hatten die Gnadenpraxis sehr unterschiedlich gehandhabt. Ich selbst hatte bisher 17 Begnadigungen ausgesprochen und es mir zur Pflicht gemacht, jeden anstehenden Einzelfall selbst genau zu prüfen und mit jedem möglicherweise zur Begnadigung anstehenden Häftling selbst zu sprechen, um mir selbst ein Urteil zu bilden. Die näheren Umstände der Tat – es handelte sich ausschließlich um Mord – waren zu berücksichtigen, das Verhältnis des Täters zu seiner Tat, sein Verhalten im Strafvollzug, die von Fachleuten erstellte Sozialprognose, sein zu erwartendes Verhalten nach der Entlassung, die Aussichten für seine Wiedereingliederung in die Gesellschaft. Wie würde sich die Familie des Opfers verhalten, wie das Umfeld, aus dem der Täter stammte? Grundsätzlich muss es für jeden einen Weg zurück in die Gesellschaft, zurück in die Freiheit geben – jedenfalls dann, wenn mit an Sicherheit grenzender Wahrscheinlichkeit eine Wiederholung der Tat auszuschließen war.

Weil für mich die Terroristenprozesse keine politischen Prozesse waren, habe ich auch das Urteil im Jünschke-Prozess nicht als politisches Urteil angesehen. Folglich war ich der Meinung, im Falle Jünschkes dürfe es weder eine Vorzugsbehandlung noch eine Nachteilsbehandlung geben. Der Fall sei zu behandeln wie jeder andere auch. Ein normales Gnadenverfahren sei durchzuführen. Ich selbst habe Jünschke vor Weihnachten 1987 zusammen mit meinem Justizminister, dem FDP-Politiker Peter Caesar, in der Haftanstalt Diez aufgesucht. Er war seit rund 16 Jahren inhaftiert, er hatte sich frühzeitig in überzeugender Weise und auch öffentlich von den verbrecherischen Zielen der RAF losgesagt. Er hatte sich im Rahmen der Vollzugsmaßnahmen bewährt. Seine Kriminalitätsprognose war günstig. Er war als Freigänger an der Fachstelle für Büchereiwesen des Bistums Limburg tätig. Dennoch hatte es die Strafvollzugskammer des Landgerichts Koblenz noch Anfang August 1987 abgelehnt, die lebenslange Freiheitsstrafe zur Bewährung auszusetzen, und die Beschwerde dagegen wurde als unbegründet zurückgewiesen: Die Strafaussetzung „würde bei der Allgemeinheit auf kein Verständnis stoßen und zu einer empfindlichen Störung des allgemeinen Rechtsbewusstseins führen".

Natürlich war ich mir der politischen Bedeutung der zu treffenden Entscheidung bewusst. Die Begnadigung eines Terroristen stand an. Ich wollte ein Zeichen setzen. Ich wollte signalisieren, dass es eine Umkehr geben kann. Das Umfeld der RAF-Täter sollte erkennen, dass es sich lohnt, terroristische Aktivitäten zu beenden und zur Gewaltlosigkeit zurückzukehren. Vor allem aber wollte ich deutlich machen: Die Bundesrepublik Deutschland ist ein Rechtsstaat, kein Staat, der Rache nimmt. Ich wollte die Bereitschaft des Staates beweisen, niemanden auszugrenzen. Gnade tritt nicht an die Stelle des Rechtes. Gnade folgt dem Recht!

Wie würde die Öffentlichkeit reagieren? Wie die Angehörigen der Opfer des Terrorismus? Wie die Parteien? Wie das politische Bonn?

Am 10. Todestag von Hanns Martin Schleyer, am 18. Oktober 1987, sprach ich mit seinem ältesten Sohn, dem Chef meiner Staatskanzlei, über meine Überlegungen. Im April 1988 hat sich Hanns-Eberhard Schleyer in einer Sendung im britischen Fernsehen gemeinsam mit dem früheren Bundesinnenminister Gerhart Baum für einen Dialog zwischen der Bundesrepublik und ehemaligen Terroristen ausgesprochen und die Möglichkeit der Rückkehr „reuiger" Terroristen in Legalität und Freiheit erwogen und sich gegen jede Art von staatlicher Rache gewandt.

Ich nahm Kontakt zu Bundespräsident Richard von Weizsäcker, zu Bundeskanzler Helmut Kohl, zum Bundesinnenminister und zum Bundesjustizminister auf, und ich sprach mit den Fraktionsvorsitzenden aller im Bundestag vertretenen Parteien, für die SPD folglich auch mit meinem Bruder. Für die Grünen nahm ich Kontakt mit Antje Vollmer auf, die die Fraktionsführung mir als Gesprächspartnerin benannt hatte. Und ich sprach mit vielen anderen, deren Urteil mir wichtig war. Erstaunlicherweise hielten sich durchgängig alle an die erbetene Vertraulichkeit, und erfreulicherweise waren die Reaktionen zwar unterschiedlich, aber insgesamt ermutigend.

Die Mitteilung über meinen Gnadenerweis löste eine breite, ausführliche, im Detail heftige und auch kontroverse Diskussion aus. Insgesamt aber überwog der Respekt vor der getroffenen Entscheidung. Wie von mir erhofft, war das Tor aufgestoßen. Weitere Begnadigungen folgten.

Einige Monate später, schon nach meiner Niederlage auf dem CDU-Parteitag in Koblenz, aber noch vor meinem offiziellen Rücktritt als Ministerpräsident, sprach ich mit dem in Berlin einsitzenden Manfred Grasshoff. Er war, gemeinsam mit Jünschke, vom Landgericht Kaiserslautern zu lebenslanger Haft, darüber hinaus aber zu einer längeren Freiheitsstrafe als dieser verurteilt worden. Die beiden Fälle mussten daher getrennt behandelt werden. Auch seine Begnadigung, die zweite eines Terroristen, habe ich noch selbst veranlasst. Ein Todesschütze bei der Entführung von Hanns Martin Schleyer, Rolf-Clemens Wagner, wurde nach 24 Jahren 2003 von Johannes Rau begnadigt.

14 16. Oktober 1978 –
Ein Pole wird Papst

Aus der Sicht von Bernhard Vogel

Am 16. Oktober 1978 wird Karol Wojtyla zum Papst gewählt. Als Johannes Paul II. sollte er die Welt verändern. Sieben Päpste habe ich als Hirten im Petrusamt meiner Kirche bisher erlebt. Nur an Pius XI. (1922–1939) habe ich verständlicherweise keine persönliche Erinnerung. Dass er mit seiner Enzyklika *Quadragesimo anno* (1931) die moderne katholische Soziallehre entscheidend beeinflusst hat, dass er dazu beigetragen hat, den Skandal der Entfremdung von Kirche und Arbeiterschaft zu überwinden, ist mir während meines Studiums sehr wohl bewusst geworden. Die Enzyklika und der Kommentar von Oswald von Nell-Breuning gehören seitdem mit zu meinem sozialpolitischen Handgepäck. Auch seine Enzyklika *Mit brennender Sorge* (1937), ungewöhnlicherweise in deutscher Sprache abgefasst, die die nationalsozialistische Ideologie und die Rechtsbrüche des Regimes schonungslos anprangert, ist für mich ein weiteres bedeutendes Dokument aus seinem Pontifikat.

Pius XII. (1939–1958) steht mir in meiner Erinnerung lebendig vor Augen, seine große, schlanke, asketische, autoritätsbewusste Gestalt. Als ich 1950 zum ersten Mal mit 500 gleichaltrigen jungen Katholiken aus dem Bund Neudeutschland nach Rom reisen durfte, wurde er auf der Sedia gestatoria durch den Mittelgang von St. Peter getragen. Wir besuchten ihn auch in Castel Gandolfo und sangen zur Verwunderung vieler anderer Pilger auf seinen persönlichen Wunsch hin den deutschen Kanon „Ich armes welsches Teufli" und freuten uns, dass er sich in deutscher Sprache an uns wandte. Natürlich habe ich mich oft gefragt, ob es richtig war, dass auf seine Initiative hin noch im Juli 1933 – also nach der Ernennung Hitlers zum Reichskanzler – ein Konkordat mit dem Deutschen Reich geschlossen wurde. Hat er sich während des Zweiten Weltkrieges den Untaten des Nationalsozialismus gegenüber richtig verhalten? Ich tue mich schwer, zu einem endgültigen Urteil zu finden. Zu unvollständig sind die bisherigen Forschungsergebnisse. Die einschlägigen Archivbestände sind erst seit Kurzem zugänglich gemacht worden. Erst muss der Parteien Hass und Gunst einer leidenschaftsloseren Würdigung gewichen sein.

Mit seiner Weihnachtsansprache von 1944 hat Pius XII. schließlich das Eis innerkirchlicher Reserve gegenüber dem demokratischen Verfassungsstaat endgültig gebrochen.

Sein Nachfolger Johannes XXIII. (1958–1963) hat uns junge Katholiken begeistert. Es war zum Aufatmen. „Macht die Fenster weit auf für Christus", lasst frische Luft herein – auch in den Vatikan. Ein bäuerlich-rustikaler, kindlich-frommer, unbekümmerter (Heiliger) Vater, der, einer spontanen Eingebung folgend, ohne detaillierte Planung das Zweite Vatikanische Konzil (1962–1965) ankündigte und ihm bis zu seinem Tod als Ältester und Erster, nicht als Größter vorstand. „Johannes, nimm dich nicht so wichtig!" lautet ein Wort von ihm, an das ich in schwierigen Lebenssituationen oft gedacht habe.

Paul VI. (1963–1978) war anders: analytischer, strenger, zurückhaltender, distanzierter, skeptischer. Er war ein unermüdlicher Mahner zu Frieden und Gerechtigkeit, zu Versöhnung und Einheit, ein Anwalt der Armen. Man hat gelegentlich sagen hören, Paul VI. hätte das Konzil nicht beginnen, Johannes XXIII. hätte es nicht beenden können. Ich bin Paul VI. mehrfach begegnet, bei feierlichen Anlässen und in Privataudienzen.

Schon unter Johannes XXIII., vor allem aber mit Paul VI. begann sich die vatikanische Ost- und Deutschlandpolitik grundlegend zu ändern. Der Vatikan wollte im Interesse der Kirche und ihrer Seelsorge einen Dialog mit der kommunistischen

Welt beginnen. Man stellte sich auf einen die nächsten Jahrzehnte, vielleicht das nächste Jahrhundert überdauernden Kommunismus ein und erkannte den sich abzeichnenden, beginnenden Verfall der kommunistischen „Heilslehre" noch nicht. Die allgemeinen Entspannungsbemühungen nach der Berlin- und nach der Kuba-Krise, aber auch der Verlauf der Beratungen des Zweiten Vatikanischen Konzils führten im Vatikan zu der Bereitschaft, diplomatische Kontakte auch zu kommunistischen Regimen aufzunehmen, und zu einer intensiven pastoralen Reisediplomatie. Vor allem der entschlossene Agostino Casaroli und, nicht zu vergessen, der vorsichtig abwägende Giovanni Benelli wurden zu den eigentlichen Architekten der neuen Politik. Der Vatikan schloss ein Abkommen mit Ungarn sowie eine Vereinbarung mit Jugoslawien und begann Verhandlungen mit der Tschechoslowakei. Von polnischer Seite wurde der Wunsch nach einer Neuordnung der Diözesen zumindest im Westen Polens vorgetragen. Für das Gebiet der DDR wurde die Ernennung von päpstlichen Administratoren und die Errichtung von Administraturen – für die zu westdeutschen Diözesen gehörenden Jurisdiktionsbezirke – erwogen. Eine eigene, nationale Bischofskonferenz sollte entstehen, ja sogar die Entsendung eines Nuntius nach Ost-Berlin kam ins Gespräch. Das wollte weder die Deutsche Bischofskonferenz noch das Zentralkomitee der deutschen Katholiken hinnehmen. Es kam zu einer erbitterten öffentlichen Auseinandersetzung. Wir setzten Himmel und Erde in Bewegung, entwickelten vielfältige Aktivitäten und organisierten massiven Widerstand gegen die tatsächlichen oder auch nur für möglich gehaltenen vatikanischen Pläne, die nach unserer Überzeugung auf die Anerkennung der Spaltung Deutschlands hinausliefen. Die Bischöfe in der Bundesrepublik wiesen im Februar 1973 den Heiligen Stuhl „in aller Ehrerbietung, aber auch in allem Freimut auf seine alleinige Verantwortung hin, wenn er gegen den Willen der deutschen Bischöfe im Osten und Westen dem Regime der DDR Zugeständnisse macht, die nach ihrer Überzeugung über das hinausgehen, was pastoral für die Kirche notwendig ist". Dennoch kam es 1973 zur Ernennung von Apostolischen Administratoren in Erfurt, Magdeburg und Schwerin und 1975 zum Besuch von Erzbischof Casaroli in der DDR.

Alois Mertes, damals außenpolitischer Sprecher der Unionsfraktion, sprach von „voller Irrtumsfähigkeit" des Papstes in politischen Fragen und meinte, die deutschen Katholiken hätten nach den Erfahrungen mit zwei totalitären Herrschaftsformen auf deutschem Boden „geradezu die Pflicht, sich jeder Begünstigung totalitärer Machtausübung zu widersetzen".

Wir, das heißt das Zentralkomitee der deutschen Katholiken, dessen Präsident ich 1972 geworden war und das in diesen Jahren, zumal in der Frage der vatikanischen Ostpolitik, in großer Geschlossenheit zu handeln pflegte, waren bereit, die Neu-Zirkumskriptionen im Westen Polens zu akzeptieren, weil wir der Überzeugung waren, dass die polnische Westgrenze dauerhaft Bestand haben werde, was uns wiederum lautstarke Proteste aus der Unionsfraktion des Bundestages eintrug. Auch die Bestellung von Diözesanadministratoren waren wir als notwendig und rechtlich möglich zu akzeptieren bereit. Verträge, die Deutschland als Ganzes betrafen, waren dadurch nicht berührt. Aber wir wollten keine DDR-Bischofskonferenz, wir wollten keine diözesane Neuordnung entlang der widernatürlichsten Grenze der Welt, weil wir eine der letzten Brücken der Gemeinsamkeit in Deutschland nicht aufgeben wollten. Noch heftiger widersetzten wir uns der Entsendung eines zweiten Nuntius nach Deutschland, nach Ost-Berlin. Diese Veränderungen hätten das gültige (auch nach dem Urteil des Bundesverfassungsgerichts fortgeltende) Reichskonkordat verletzt, das zwar von der Bundesrepublik anerkannt wurde, das die DDR aber, weil sie sich nicht als Rechtsnachfolgerin des Deutschen Reiches betrachtete, ablehnte.

Die sozial-liberale Bundesregierung, mit der wir es zu dieser Zeit zu tun hatten und die bekanntlich in der Wiedervereinigungsfrage anders dachte, unterstützte uns nur sehr zögerlich. Unser Widerstand war nicht zuletzt auch darum so leidenschaftlich, weil seit den 60er Jahren heftige Vorwürfe an unsere Vorgänger gerichtet worden waren, sie hätten 1933 und in den folgenden Jahren dem totalitären System gegenüber nicht entschieden genug Widerstand geleistet. Wir wollten 20 oder 30 Jahre später nicht ähnlicher Kritik ausgesetzt sein.

Aber es kam anders. Der zweite Nuntius wurde nicht ernannt, neue Diözesen wurden nicht errichtet, eine zweite Deutsche (DDR-)Bischofskonferenz nicht geschaffen.

Nach über 25 Jahren, im März 1990, trafen sich in Augsburg die Mitglieder der Deutschen und der Berliner Bischofskonferenz erstmals wieder zu einer gemeinsamen Beratung. Während des Konzils hatte man zum letzten Mal gemeinsame Beschlüsse gefasst und gemeinsam Kardinal Döpfner zum Vorsitzenden gewählt und auch gemeinsam die Antwort an die polnischen Bischöfe unterschrieben. Die mitteldeutschen Mitglieder des Zentralkomitees der deutschen Katholiken konnten seit 1960 nicht mehr an den Beratungen teilnehmen.

Zu meiner eigenen Erinnerung gehört, dass ich 21 Jahre später – jetzt als Thüringer Ministerpräsident – den Vertrag mit dem Heiligen Stuhl über die Errichtung des Bistums Erfurt ausgehandelt und unterschrieben habe. Mit Bischof Joachim Wanke feierten wir auf den Erfurter Domstufen 1994 mit großer Zustimmung in der katholischen Öffentlichkeit die Wiedererrichtung des Bistums, das der heilige Bonifatius 742 gegründet hatte, das aber nur dreizehn Jahre Bestand hatte. Ich hatte 1994 kein schlechtes Gewissen hinsichtlich unseres Verhaltens 1973.

Nach dem Tod Pauls VI. im August 1978 wählten die Kardinäle noch einmal einen Italiener zum Papst, Johannes Paul I., der allerdings nach nur 34 Tagen verstarb.

Am 16. Oktober 1978 ging Karol Wojtyla als Papst Johannes Paul II. aus dem Konklave hervor. Eine Sensation! Ein Pole wird Papst! Ein polnischer Kardinal, der unter den Schrecken der deutschen Besatzung gelitten hat, der den Rauch über Auschwitz und Birkenau nie vergessen hat, der sich aber den Deutschen dennoch auf besondere Weise verbunden fühlte. Schon als Student hatte er begonnen, Edmund Husserl, den Lehrer von Edith Stein, und Max Scheler zu lesen. Auch die Ideen Kettelers und Kolpings waren ihm vertraut.

Wir hatten ihn im April 1973 in Krakau besucht – mein Vorgänger als Präsident des Zentralkomitees der deutschen Katholiken, Albrecht Beckel, der Generalsekretär Friedrich Kronenberg und ich. Unser Gespräch über die Zukunft des Marxismus und des Kommunismus, über die polnisch-deutschen Beziehungen, über die Absicht deutscher Katholiken, in Auschwitz eine Kirche zu bauen, über das Maximilian-Kolbe-Werk und anderes mehr war so intensiv, dass wir nicht merkten, dass die Nacht einfiel und tiefe Dunkelheit herrschte, als wir zu Ende kamen.

Bei seinen Deutschlandbesuchen in Bonn und Mainz 1980, in Speyer 1987 und in Berlin 1996 bin ich Papst Johannes Paul II. wieder begegnet. Nachdem mein Bruder ihn in Bonn verabschiedet hatte – er war damals Bundesjustizminister –, meinte er beim Aussteigen aus dem Flugzeug in Mainz: „Schon wieder Vogel!"

Wenige Wochen vor seiner Wahl zum Papst hat er an der Seite von Primas Wyszynski, der nach dem Krieg bis zu diesem Tag Polen nur für Reisen zum Vatikan verlassen hatte, die Bundesrepublik Deutschland besucht. Wir trafen uns in Köln. „Wir wollen einen neuen Blick gewinnen auf die Geschichte unserer Völker."

Der Protest der Deutschen Bischofskonferenz, insbesondere der Kardinäle Döpfner und Bengsch, und vieler Unionspolitiker, vor allem von Alois Mertes und Helmut Kohl, sowie des Zentralkomitees der deutschen Katholiken hat die Umsetzung der erwähnten vatikanischen Pläne möglicherweise verzögert. Verhindert wurden sie jedoch erst durch die Wahl Wojtylas zum Papst. Mit ihr fand die Ostpolitik Johannes' XXIII. und Pauls VI. ihr Ende. Papst Johannes Paul II. war überzeugt, dass die kommunistische Herrschaft in Mittel- und Osteuropa keine Zukunft haben werde. Bei seiner Amtseinführung 1978 sprach er die entscheidenden Worte: „Öffnet, ja reißt die Tore weit auf für Christus! Öffnet seiner rettenden Macht die Grenzen der Staaten, die wirtschaftlichen und politischen Systeme, die weiten Bereiche der Kultur, der Zivilisation und des Fortschritts. Habt keine Angst!" Sein erster Besuch in seiner Heimat im Juni 1979, die erste Reise eines Papstes in ein kommunistisches Land, hat dort ungewöhnliche Kräfte freigesetzt. Vorher, berichtet Lech Walesa, habe er mit einer Handvoll Mitarbeiter den Widerstand organisiert. Danach sei 1980/81 die Bewegung der „Solidarność" entstanden, die zuletzt 10 Millionen Polen ergriffen habe. Der Papst habe die Menschen in der kommunistischen Welt „zum Erwachen gebracht".

Papst Johannes Paul II. wurde zum „Türöffner der Freiheit" (Helmut Kohl), zum Impulsgeber der friedlichen europäischen Revolution. Im Juni 1996 durchschritt er zum Abschluss seines Besuches im wiedervereinigten Deutschland das Brandenburger Tor. „Jetzt, nachdem ich durch das Brandenburger Tor gegangen bin, ist auch für mich der Zweite Weltkrieg zu Ende."

Der schwierige Weg zur Versöhnung zwischen Deutschland und Polen hat viele Meilensteine, und er ist noch nicht an seinem Ende angekommen. Aber das Ziel kann nach meiner festen Überzeugung nicht mehr verfehlt werden. Einen frühen, ersten Schritt haben die polnischen Bischöfe 1965 während der letzten Wochen des Zweiten Vatikanischen Konzils getan. Mit ihrem Brief an die deutschen Bischöfe setzten sie eine befreiende Geste von moralischer Größe und Symbolkraft.

Auf Johannes Paul II. folgte Benedikt XVI., ein Papst aus Deutschland. Und niemand stellt die Frage: Geht das? Kann ein Deutscher Papst sein? Es ist nur gefragt worden: Setzt der neue Papst das Werk seines polnischen Vorgängers fort? Bischof Nossol von Oppeln meinte: „Das haben nicht die Kardinäle fertiggebracht. Auf diesen Witz konnte nur der Heilige Geist selber kommen." Und Wladyslaw Bartoszewski, der sich wie kein anderer um die Versöhnung unserer beiden Länder verdient gemacht hat, sagte: „Da ist ein Wunder geschehen!"

Es kann kein Zweifel bestehen, dass Papst Benedikt XVI. (gewählt 2005) auch in der Sicht auf Europa und seine politische und geistige Integration mit seinem Vorgänger übereinstimmt. Das wird schon dadurch deutlich, dass er für sich den Namen des ersten Patrons Europas, des geistigen Urhebers einer friedensstiftenden Zivilisation auf dem Kontinent wählte, aber sich auch ganz bewusst auf Benedikt XV. bezog, den Friedenspapst des Ersten Weltkrieges.

Mit der Ankündigung eines Konzils hatte Johannes XXIII. zu seiner Zeit die Türen der Kirche weit aufgestoßen. Die Erwartungen an das Konzil waren groß, und sie sollten kaum enttäuscht werden. Tatsächlich gingen von ihm wichtige Impulse aus: für die Erneuerung der Liturgie, für den ökumenischen Dialog und für ein neues Verständnis des Verhältnisses von Kirche und Welt.

In Deutschland blieb das Konzil, an dem deutsche Kardinäle und deutsche Berater entscheidend mitgewirkt haben, nicht ohne Folgen. Ohne das Zweite Vatikanische Konzil hätte es keine Synode gegeben. Die Katholikentage von Hannover (1962), von Stuttgart (1964), von Bamberg (1966) standen erkennbar im Zeichen des Konzils. Eine breite Diskussion setzte ein. Sie war von der Sorge geprägt, dass der konziliare Aufbruch zu langsam erfolgen oder gar versanden könnte, dass sich Eigeninteressen einzelner Diözesen durchsetzen könnten. Der Wunsch nach gemeinsamer, verantwortlicher Meinungsbildung war stark. In der jungen Generation bildeten sich Gruppen, die das Konzil nicht als Vertiefung ihres Weltbildes und ihres Kirchenbildes, sondern als Anlass für eine grundsätzliche Revision ihres Bildes von Kirche und Welt sahen. Die Forderung nach einer Demokratisierung der Kirche wurde zu einer Ideologie, die die „Eindeutschung" des Konzils erheblich erschwerte. Auf dem Katholikentag von Essen im September 1968 entlud sich die Spannung in einem bisher nicht gekannten Ausmaß. Für mich – man hatte mir das Amt des Katholikentagspräsidenten übertragen – wurde er zur Feuertaufe meines kirchlichen Engagements.

Wenige Wochen zuvor erscheint die Enzyklika *Humanae vitae*, in der sich der Papst erneut für die Ablehnung empfängnisverhütender Mittel entscheidet. Sie führt zu einer ungeheuren Erregung der Katholiken in Deutschland und zu einem großen Autoritätsverlust der Kirche. Die „Königsteiner Erklärung" der Deutschen Bischofskonferenz, die kurz vor dem Katholikentag vorgelegt wird, verweist auf die Gewissensentscheidung der Eheleute und dämpft so die Erregung.

Aber der Katholikentag fand in einer aufgewühlten Atmosphäre statt. Die Debatten waren lebhaft und kontrovers. Kein Katholikentag zuvor hat ein größeres Echo gefunden. „Mitten in dieser Welt" war sein Leitwort, die Pastoralkonstitution *Gaudium et spes* über die Kirche in der Welt von heute sollte im Mittelpunkt stehen.

Die Teilnehmer entwickelten den bisher so nicht gekannten Wunsch, alle Beratungen und Diskussionen mit Resolutionen und Beschlüssen abzuschließen. „An die Stelle von Meinungsbildung trat die Willensbildung" (Friedrich Kronenberg). Der Wunsch nach einem Nationalkonzil, nach einer Synode lag in der Luft. Noch während des Katholikentags besprachen wir – Kardinal Döpfner, Bischof Hengsbach, Friedrich Kronenberg und ich –, was zu tun sei. Wir wurden uns schnell einig. Wir durften das Gesetz des Handelns nicht aus der Hand geben. Wir vereinbarten ein erstes gemeinsames Gespräch von Bischofskonferenz und Zentralkomitee schon für den November. Neben Kardinal Döpfner und Bischof Hengsbach nahmen daran unter anderen Albrecht Beckel, Karl Fürst zu Löwenstein, Heinrich Köppler, Marianne Dirks, Prälat Hanssler, Pater Hirschmann, Klaus Hemmerle, Friedrich Kronenberg und ich teil. Viele weitere Beratungen folgten. Die Entscheidung wurde – für kirchliche Gremien – ungewöhnlich rasch getroffen. Schon am 24. Februar 1969 beschloss die Bischofskonferenz, eine Synode vorzubereiten, die der Verwirklichung der Beschlüsse des Zweiten Vatikanischen Konzils in Deutschland dienen sollte.

Die Gemeinsame Synode der Bistümer in der Bundesrepublik Deutschland begann im Januar 1971 und endete im November 1975. Sie tagte im Würzburger Dom, denn es sollte nicht nur diskutiert und beraten werden. Die Synode sollte auch ein geistliches Ereignis werden. Sie wurde zu einem „institutionalisierten Dialog" von Laien, Priestern, Ordensleuten und Bischöfen. Das Wagnis hat sich gelohnt: Im Ergebnis haben die 18 Synodalbeschlüsse Grundlagen für die weitere kirchliche Arbeit in Deutschland geschaffen. Auf die Voten an den Heiligen Stuhl erfolgte allerdings – von der befristeten Erlaubnis zur „Laienpredigt" abgesehen – keine positive Antwort. Die Würzburger Synode war kein Betriebsunfall, wie manche auch heute noch schreiben, sondern eine mutige, richtige und notwendige Entscheidung der deutschen Bischöfe. Keine Episode, sondern ein wichtiges Stück deutscher Kirchengeschichte mit wichtigen Weichenstellungen für die Zukunft.

Den Katholiken in der DDR blieb die Mitwirkung an der Würzburger Synode versagt. Aber die Pastoralsynode der Jurisdiktionsbezirke in der DDR (1973–1975) – das einzige katholische Ereignis dieser Art im gesamten kommunistischen Herrschaftsbereich – wurde trotz aller Bedrängnis zu einem Ort der innerkirchlichen Öffentlichkeit.

Die Mitwirkung, die Mitverantwortung der Laien in der Kirche in der heutigen Zeit war ein zentrales Thema von Konzil und Synode. Für mich war sie ein zentrales Thema meines kirchlichen Engagements seit meiner Jugend. Die Kirche ist die Kirche Jesu Christi. In Glaubensfragen liegt das letzte Wort bei den Bischöfen und dem Nachfolger Petri. Insofern ist die Kirche nicht demokratisch verfasst. Die Laien haben sich im alltäglichen Leben zu bewähren, auch sie sind Kirche. Dafür bedarf es eigenständiger Laienstrukturen, wie sie sich in Deutschland seit Kettelers Zeiten im Zentralkomitee der deutschen Katholiken und in den von ihm zu verantwortenden Katholikentagen, aber auch in den katholischen Verbänden beispielhaft und vorbildlich entwickelt haben.

In *Lumen gentium,* der dogmatischen Konstitution über die Kirche, wird das Apostolat der Laien als Teilhabe an der Heilssendung der Kirche ausdrücklich bekräftigt. „Die geweihten Hirten aber sollen die Würde und die Verantwortung der Laien in der Kirche anerkennen und fördern. Sie sollen gern deren klugen Rat benutzen, ihnen vertrauensvoll Aufgaben im Dienst der Kirche übertragen und ihnen Freiheit und Raum im Handeln lassen, ihnen auch Mut machen, aus eigener Initiative Werke in Angriff zu nehmen. Sie können mit Hilfe der Erfahrung der Laien in geistigen wie in weltlichen Dingen genauer und besser urteilen." Freiheit und Raum im Handeln braucht vor allem der seinem Glauben und seiner Kirche verpflichtete Politiker. Er muss entscheiden, er muss um Mehrheiten kämpfen, er muss Kompromisse schließen, er muss bereit sein, notfalls, um schlechtere Lösungen zu verhindern, zweitbesten Lösungen zuzustimmen, wenn perfekte Lösungen nicht durchsetzbar sind. Bei keinem Thema ist mir das so bewusst geworden wie in der Frage des Schutzes der ungeborenen Kinder. Der Deutsche Bundestag hat jahrelang darum gerungen, ob und gegebenenfalls unter welchen Bedingungen Schwangerschaftsabbrüche straffrei bleiben sollen.

Die getroffene Entscheidung befriedigt mich nicht, und sie entspricht nicht meiner Überzeugung, auch wenn sie besser ist als die Regelungen in den meisten anderen europäischen Staaten. Aber immerhin, die geschaffenen Beratungsstrukturen zeigen einen Weg auf, ungeborene Kinder zu retten. „Ungeborene Kinder kann man nicht ohne ihre Mütter schützen, schon gar nicht gegen sie" (Norbert Lammert). Als Alternative zur Beratungsregelung gäbe es nur die Fristenregelung. Dazu darf es in Deutschland nicht kommen. Dass die katholische Schwangerschaftskonfliktberatung aus dem deutschen Beratungssystem auf Weisung Roms ausscheiden musste, halte ich für einen Fehler. Das dadurch entstandene

Vakuum musste gefüllt werden. Es wurde durch die Initiative zur Gründung von Donum Vitae geschlossen. Darum habe ich mich mit vielen anderen an dieser Initiative als Gründungsmitglied beteiligt. Hier findet eine Beratung statt, der viele Tausende von Kindern ihr Leben verdanken. Donum Vitae ist ein privater Verein, der keine bischöfliche Anerkennung erwartet, aber er ist keine Vereinigung außerhalb der katholischen Kirche. Es ermutigt dabei sehr, dass Papst Benedikt XVI. in seiner ersten Enzyklika *Deus caritas est* es als „unmittelbare Aufgabe" der Laien bezeichnet, „für eine gerechte Ordnung in der Gesellschaft zu wirken".

* * *

Aus der Sicht von Hans-Jochen Vogel

Dass aus dem Konklave im Oktober 1978 erstmals nach 456 Jahren ein Nicht-Italiener und dazu noch ein Pole als Nachfolger Pauls VI. hervorging, war eine große Überraschung. Kam Karol Wojtyla doch aus dem sowjetischen Machtbereich und zudem aus dem Land, in dem sich schon damals oppositionelle Kräfte gegen das kommunistische System regten. Als Kardinal in Krakau hatte er aus seiner Sympathie für diese Kräfte kein Hehl gemacht. Gerade ihn zum Papst zu wählen, war eine überaus mutige und – wie sich zeigen sollte – auch weitblickende Entscheidung des Kardinalskollegiums.

Zum ersten Mal habe ich Johannes Paul II. anlässlich seiner Amtsübernahme am 22. Oktober 1978 in Rom gesehen. Als Bundesjustizminister vertrat ich bei dieser Gelegenheit die Bundesregierung und Bundeskanzler Helmut Schmidt, der infolge einer fiebrigen Erkältung nicht reisen konnte. Unvergessen ist mir insbesondere der Appell, den er in seiner feierlichen Ansprache anlässlich der Übernahme seines Hirtenamtes (nach der von mir benutzten Übersetzung) so formulierte: „Reißt die Tore weit auf für

Christus! Öffnet die Grenzen der Staaten, die wirtschaftlichen und politischen Systeme, die weiten Bereiche der Kultur, der Zivilisation und des Fortschritts seiner rettenden Macht! Habt keine Angst!" Dieser Appell aus seinem Munde weckte zusätzliche Hoffnungen. Denn an Grenzen im wirklichen und auch im übertragenen Sinne mangelte es damals wahrlich nicht – und in unserem eigenen Land, dem noch geteilten Deutschland, durch das der Eiserne Vorhang und in Berlin die Mauer lief, schon gar nicht.

Zu persönlichen Gesprächen, die jeweils unter vier Augen stattfanden, bin ich dem Papst in der Folgezeit dreimal begegnet: zum ersten Mal im Dezember 1982 als Kanzlerkandidat meiner Partei, ein weiteres Mal im September 1985 als Vorsitzender der SPD-Bundestagsfraktion und schließlich noch einmal im Oktober 1988, als ich Willy Brandt als SPD-Parteivorsitzender nachgefolgt war.

Das Verhältnis zwischen der katholischen Kirche und der Sozialdemokratie war bekanntlich bis in die Mitte des letzten Jahrhunderts hinein sehr distanziert, ja kontrovers. Das hat sich erst mit der Verabschiedung des Godesberger Programms im Jahre 1959 und mit den Beschlüssen des Zweiten Vatikanums grundlegend verändert. Hat doch erst das Godesberger Programm die Vorstellung eines gesellschaftlichen Endzustandes, auf den die geschichtliche Entwicklung mit zwingender Gesetzmäßigkeit hinauslaufe, in aller Form aufgegeben und erstmals den öffentlich-rechtlichen Status der Kirche und ihren besonderen Auftrag ausdrücklich anerkannt. Nur wenige Jahre später hat das Zweite Vatikanum die Entwicklung der kirchlichen Einstellung zur Demokratie zu einem positiven Abschluss gebracht und in der Konstitution *Gaudium et spes* unter anderem festgestellt, dass es in politischen Fragen unter den Gläubigen in gleicher Sache oft mehrere Meinungen über das Richtige gibt.

Vor diesem Hintergrund war allein schon das Zustandekommen der drei Privataudienzen von einiger Relevanz. Vorher war ja nur Willy Brandt einmal von Johannes XXIII. und einmal von

Paul VI. empfangen worden. Vielleicht hat für die relative Häufigkeit dieser Audienzen auch eine Rolle gespielt, dass ich – unbeschadet meines infolge meiner Wiederverheiratung eingeschränkten kirchenrechtlichen Status – der erste praktizierende Katholik an der Spitze der SPD war.

Die Begegnungen fanden jeweils in der päpstlichen Privatbibliothek statt. Der Weg führte durch lange Gänge, in denen zu beiden Seiten Angehörige der Schweizer Garde standen und ihre Lanzen präsentierten. Im Vorzimmer musste ich nur kurz warten. Dann öffnete sich die Tür zur Bibliothek, und der Papst hieß mich mit einem freundlichen Händedruck willkommen. Das Gespräch führte er in hartem, aber gut verständlichem Deutsch mit leicht gesenktem Kopf und immer wieder für längere Zeit geschlossenen Augen, wobei die Finger seiner linken Hand zugleich die Nasenwurzel umfassten. Ich saß an seinem Schreibtisch, und zwar – wohl der besseren akustischen Verständigung wegen – ihm nicht gegenüber, sondern schräg neben ihm. Die Gesprächsführung überließ er weitgehend dem Besucher, dem er aufmerksam zuhörte. Er ließ aber zu den angesprochenen Themen jeweils auch seine Meinung erkennen und reagierte bisweilen durchaus spontan. So quittierte er meine Bemerkung, Wojciech Jaruzelski, der damalige polnische Staatspräsident, mit dem ich nicht allzu lange vor meinem dritten Vatikan-Besuch zusammengetroffen war, erscheine mir bei aller Zwiespältigkeit als polnischer Patriot, mit einem Kopfnicken. Hingegen schwieg er bewusst auf meine Frage, wie Erich Honecker, den er kurz davor empfangen hatte, auf ihn gewirkt habe.

Gegenstand der Gespräche waren bei allen drei Begegnungen der Rüstungswettlauf zwischen Ost und West und die Notwendigkeit, diesen Wettlauf im Sinne einer nachhaltigen Friedenssicherung zu durchbrechen. Ebenso wurden jedes Mal Menschenrechtsfragen und die Situation der damals sogenannten Dritten Welt erörtert. Einmal spielte auch die Notwendigkeit eine Rolle, dem technischen Fortschritt aus ökologischen Gründen und auf dem Gebiet der Gentechnik auch aus der Bestimmung des Menschen heraus Grenzen zu setzen. 1988 ging es schließlich auch um den Stand der Gorbatschow'schen Reformen und die sich daraus ergebenden Perspektiven.

Meine eigenen Darlegungen stimmten in all diesen Fragen sehr weitgehend mit den mir ja bereits aus seinen Enzykliken und sonstigen Verlautbarungen bekannten Positionen des Papstes überein, auf die er bei den Unterhaltungen zurückkam. Themen, bei denen unterschiedliche Meinungen zutage getreten wären, hat der Papst nicht angesprochen. Ich sah dazu auch meinerseits keinen Anlass, weil ich dann eher persönlich als Glied der Kirche als in meiner öffentlichen Funktion hätte reden müssen. Das erschien aber schon aus zeitlichen Gründen nicht angebracht.

Wahrgenommen habe ich den Papst bei diesen Begegnungen als einen Menschen, von dem eine ganz selbstverständliche Autorität ausging, den ich aber dennoch nicht in erster Linie als Amtsperson, sondern als Mitmenschen empfand, als Mitmenschen, der sich seiner besonderen Verantwortung als Oberhaupt einer Weltkirche durchaus bewusst war, sich von dieser Verantwortung aber nicht erdrücken ließ – und dessen Spiritualität ihn nicht der Welt entrückte. Mir haben die Begegnungen, von denen ich hier berichte, nicht so sehr ein Mehr an Informationen gegenüber dem gebracht, was ohnehin bekannt war. Aber sie haben mir zu einem unmittelbaren Eindruck von einer der ganz großen Persönlichkeiten unserer Zeit verholfen, einer Persönlichkeit, die noch in ihrer Gebrechlichkeit, ja Hinfälligkeit bis zu ihrem Tode und darüber hinaus immer wieder Millionen gerade auch junger Menschen erreichte und auf Wesentliches hinwies. Deshalb habe ich die Begegnungen als eine Bereicherung empfunden, die bis heute andauert.

Wer Johannes Paul II. eine gerechte Würdigung zuteil werden lassen will, wird zwischen seiner ausgesprochen konservativen Haltung in vielen dogmatischen Fragen und seinen fortschrittlichen Stellungnahmen zu sozialen Fragen, zur Nord-Süd-Problematik und zur Erhaltung der Schöpfung unterscheiden müssen. So hat er die Auswüchse des Kapitalismus in einigen seiner Enzykliken kaum weniger scharf kritisiert als den Kommunismus. Zuletzt hat er beharrlich gemahnt, das irakische Problem friedlich und ohne präventive Gewaltanwendung zu lösen. Zudem war er durch seine zahlreichen Reisen in der Welt unmittelbarer präsent als alle seine Vorgänger.

Von substanzieller Bedeutung war sein Beitrag zur Entwicklung in Osteuropa. Ich stimme auch dem zu, was er über die tiefsten Ursachen für den Zusammenbruch des kommunistischen Systems gesagt hat. In der Enzyklika *Centesimus annus* schrieb er dazu, dass die tiefste Ursache für das Scheitern des kommunistischen Zwangssystems in der Missachtung des menschlichen Wesens und der Menschenwürde gelegen habe. Sie habe zur „Herabwürdigung des Menschen zum Molekül des gesellschaftlichen Organismus, zur Verstaatlichung der Gesellschaft selbst und schließlich zur Beutenahme des Staates durch die Partei" geführt. Diese „Entwürdigung des Menschen" habe „auch seine innovativen, gestalterischen und unternehmerischen Fähigkeiten gefesselt" und die Untauglichkeit des kommunistischen Wirtschaftssystems bewirkt. Damit ist übrigens zugleich der Kern des Konfliktes angesprochen, den die deutsche Sozialdemokratie seit der Spaltung der Arbeiterbewegung im Ersten Weltkrieg mit dem Kommunismus ausgetragen hat.

Noch eine eher anekdotische Begebenheit sollte ich in diesem Zusammenhang erwähnen. Im Juli 1984 saß ich in München – dort fand ein Katholikentag statt – bei einem Mittagessen zusammen mit Kardinal Macharski, dem Nachfolger des Papstes als Erzbischof von Krakau. Als die Tafel aufgehoben wurde, half ich ihm in den Mantel. „Wissen Sie, dass dies der Mantel von Karol Wojtyla ist?", fragte er mich dabei. „Er hat ihn mir als seinem Nachfolger überlassen." So hat mich in der Gestalt des Papstes nicht nur der sprichwörtliche Mantel der Geschichte berührt.

Ich habe zudem auch noch einen seiner wirklichen Mäntel in Händen gehalten.

Von den Vorgängern Johannes Pauls II. hatte ich mit Johannes XXIII. nur einen mittelbaren Kontakt. Bald nach Beginn meiner Amtszeit als Oberbürgermeister fand nämlich vom 31. Juli bis zum 7. August 1960 in München ein Eucharistischer Weltkongress statt, zu dem er den Kurienkardinal Testa als seinen Legaten entsandt hatte. Später erhielt ich für die Unterstützung des Kongresses, zu dem 1,5 Millionen Teilnehmer aus aller Welt nach München gekommen waren, im Auftrage des Papstes eine Ehrengabe. Bei einem städtischen Empfang, zu dem sich mehr als zweihundert Kardinäle und Bischöfe einfanden, sagte ich damals:

„Die Beachtung, die dieser Kongress schon jetzt auch außerhalb der katholischen Welt findet, zeigt, dass die Kirche am eindrucksvollsten in die Öffentlichkeit wirkt, wenn ihr Zeugnis aus dem Kernbereich ihres Glaubens kommt. Dieser Kongress ist ein Zeugnis aus der Mitte katholischen Glaubens. Und ein Zeichen für den legitimen Anspruch der Kirche, in der modernen Gesellschaft präsent zu sein. Ein Zeugnis, das vielleicht gerade deshalb so stark berührt, weil es aus dem ureigensten Auftrag der Kirche stammt."

Zu diesem Zeitpunkt waren zwar die ersten Vorbereitungen für das Zweite Vatikanische Konzil bereits im Gange. Förmlich einberufen wurde es von Johannes XXIII., der zu Beginn seiner Amtszeit – wie sich später zeigte zu Unrecht – nur als Übergangspapst angesehen wurde, erst zu Weihnachten 1961. Mit dieser Versammlung wollte er die Kirche den Denkströmungen der Gegenwart öffnen – er verwendete dafür des Öfteren den Begriff *aggiornamento* –, den Dialog mit Glaubenden und Nichtglaubenden einleiten und damit die Kirche nach innen und außen neu beleben. Auch ging es ihm darum, die Präsenz der Kirche in der Gesellschaft von heute zu verstärken. Meine seinerzeitigen Ausführungen lagen also gar nicht so weit neben der Sache. Johannes XXIII.

sprach sich auch in besonderer Weise gegen die Rassendiskriminierung aus und war der erste Papst, der einen farbigen Bischof aus Afrika zum Kardinal ernannte.

Meine Hochachtung vor Johannes XXIII. dauert bis heute an. Denn alle Fortschritte, die die Kirche während des Zweiten Vatikanischen Konzils und danach gemacht hat, sind von ihm und seiner Entscheidung ausgelöst worden, einer Entscheidung, die wahrlich Mut erforderte. Umso bemerkenswerter seine an ihn selbst gerichtete Mahnung: „Giovanni, nimm dich nicht so wichtig!" Ich habe sie immer wieder einmal zitiert – als Mahnung an meine eigene Adresse natürlich.

Seinem Nachfolger Paul VI. bin ich Ende April 1966 im Zusammenhang mit der Münchner Olympiabewerbung persönlich begegnet, allerdings nicht in einer Privataudienz, sondern bei einem größeren Empfang in einem der vatikanischen Säle. Es existiert noch eine Fotografie, die zeigt, wie er mir zum Erfolg unserer Bewerbung gratulierte. Bei dieser Gelegenheit wünschte er München Gottes Segen für die Olympischen Spiele 1972. Seine Aufgabe, das Zweite Vatikanum zu einem guten Abschluss zu bringen und mit der Umsetzung seiner Ergebnisse zu beginnen, war nicht einfach.

Auf einem eigenen Blatt steht für mich seine Enzyklika *Humanae vitae*, die jede Art der Empfängnisverhütung für sündhaft erklärte. Die Mehrheit der von ihm zu Rate gezogenen theologischen Experten war hier bekanntlich anderer Meinung. Und die deutsche Bischofskonferenz hat es immerhin in ihrer Königsteiner Erklärung vom 30. August 1968 als möglich bezeichnet, dass Katholiken eine andere Gewissensentscheidung treffen und verantworten.

An dieser Stelle sollte ich anmerken, dass mich die substanzielle Kontroverse, die in der Frage des Schwangerschaftsabbruchs seit den 70er Jahren ausgetragen wurde, in all meinen Funktionen, insbesondere aber als Bundesjustizminister, ständig beschäftigt hat. Hier standen sich die Positionen der Kirche und die einer starken politischen Strömung lange diametral gegenüber. Für mich selbst stand dabei nie die Schutzwürdigkeit auch des ungeborenen Lebens infrage. Deshalb habe ich es begrüßt, dass die Kirche unermüdlich auf diese Schutzbedürftigkeit hingewiesen hat. Und gerade auf mein Betreiben wurde 1989 in das Berliner Programm der SPD der Satz aufgenommen: „Wir wollen werdendes Leben schützen." Gestritten habe ich nie um das Ob, sondern stets um das Wie des Lebensschutzes. Da allerdings bin ich schon früh dafür eingetreten, auf Staatsanwalt und Polizei zu verzichten und stattdessen die verantwortliche Entscheidung der Schwangeren anzuerkennen und ihr dabei durch eine am Lebensschutz orientierte, aber im Ergebnis offene Beratung und durch soziale Vorkehrungen zu helfen. Am Ende liefen in diesem Streit erfreulicherweise die Fronten quer zu den Trennungslinien zwischen den Fraktionen und Parteien, und es waren in nicht geringer Zahl praktizierende Katholiken und Katholikinnen – evangelische Christen und Christinnen ohnehin –, die diesem Konzept schließlich zur Mehrheit verhalfen.

Der nächste Papst, Johannes Paul I., hatte dieses Amt nur 34 Tage inne. Bei seiner Amtseinführung im September 1978 war ich als Mitglied der Delegation der Bundesregierung zugegen und erinnere mich noch an das feine Lächeln, das während dieser Zeremonie in seinen Gesichtszügen stets präsent war.

Der fünfte Papst, von dem hier die Rede sein soll, ist der Nachfolger von Johannes Paul II., also Benedikt XVI. Ihm bin ich zunächst in den Jahren, in denen er von 1977 bis 1982 in München als Erzbischof amtierte, aber dann auch in seiner anschließenden Funktion als Präfekt der Glaubenskongregation häufig begegnet. Eingeprägt hat sich mir dabei seine hohe Intelligenz, sein umfassendes Wissen und seine meisterliche Beherrschung des schriftlichen Ausdrucks. Mitunter paarten sich diese Eigenschaften mit einer Strenge des Urteils, die nicht ohne Weiteres die Gabe des Mitgefühls und der Barmherzigkeit erkennen ließ. Ich denke dabei etwa an die von ihm vorbereitete und nachdrücklich vertretene Weisung des Papstes an die deutschen Bischöfe, sich aus der gesetzlichen Schwangerschaftskonfliktberatung zurückzuziehen. Wie mein Bruder unterstütze ich übrigens seitdem auch die Arbeit von Donum Vitae.

Aber noch vor seiner Wahl zeigten sich auch andere Perspektiven, beispielsweise bei seinem Disput mit Jürgen Habermas in der Katholischen Akademie in München im Januar 2004. Dort beendete er seinen Vortrag mit der Feststellung, dass die Religion der Vernunft bedürfe, um sich immer wieder neu zu reinigen, umgekehrt aber auch die Vernunft der Religion, um an ihre Grenzen gemahnt zu werden. Dem stimmte Jürgen Habermas zu. Und ebenso bemerkenswert erscheinen gerade mir als Sozialdemokraten zwei Sätze aus einem Vortrag, den er ebenfalls noch als Kardinal im Jahre 2004 vor dem italienischen Senat hielt. Sie lauten: „Der demokratische Sozialismus hat sich als ein heilsames Gegengewicht gegenüber den radikal-liberalen Positionen in die beiden bestehenden Modelle" – gemeint sind mit Blick auf das 19. Jahrhundert in Europa das laizistische und das staatskirchliche Modell des liberalen Protestantismus – „einzufügen vermocht, sie bereichert und korrigiert." Und weiter: „In vielem stand und steht der demokratische Sozialismus der katholischen Soziallehre nahe, jedenfalls hat er zur sozialen Bewusstseinsbildung erheblich beigetragen."

Das sind in meinen Augen günstige Vorzeichen für sein Pontifikat, Vorzeichen, die sich seitdem eher verstärkt haben. So durch seinen Besuch in seiner bayerischen Heimat im September 2006. Der da sprach, predigte und den Menschen begegnete, war nicht mehr der gestrenge, ein wenig unnahbare Chef der Glaubenskongregation, als den ich ihn in Erinnerung hatte. Das war ein Diener Gottes, der von der Kirche als einem Angebot der Freude und der Hoffnung sprach, nicht als einer Ansammlung von Zwängen und Verboten; der die Religionsfreiheit betonte und den respektvollen Umgang der Religionen miteinander anmahnte; der sich – und das war der Kern seiner leider von nicht wenigen missverstandenen und von einigen missdeuteten Regensburger Vorlesung – gegen den Missbrauch religiöser Überzeugungen zur Rechtfertigung von Gewalt wandte und der schon bei seinem Eintreffen auf dem Münchner Flughafen versprach, er wolle sich mit Herz und Verstand für den Fortgang des ökumenischen Prozesses einsetzen; der sich schließlich auch den Menschen, die seinen Weg säumten, immer wieder in ganz persönlicher Weise zuwandte. Übrigens auch mir. Sprach er mich doch nach dem Ende der Andacht auf dem Münchner Marienplatz darauf an, dass der Anstoß zum Wiederaufbau des Turmes des Alten Rathauses, das er während der Andacht stets im Blick hatte, aus meiner Amtszeit als Oberbürgermeister stamme. Da traten ganz andere Facetten der Persönlichkeit Josef Ratzingers zutage. Facetten, die hoffen lassen.

Von all dem ganz abgesehen leugne ich nicht: Es freut mich schon, dass nach Jahrhunderten wieder ein Deutscher, und zudem noch ein Bayer, Oberhaupt meiner Kirche ist.

15 1. Oktober 1982 –
Helmut Kohl wird Bundeskanzler

Bernhard Vogel

Am 1. Oktober 1982 wählt der Deutsche Bundestag Helmut Kohl zum Bundeskanzler. Zum ersten und bisher einzigen Mal hat ein konstruktives Misstrauensvotum im Bundestag Erfolg. Der Parlamentarische Rat hat es klugerweise aufgrund der Erfahrungen vieler seiner Mitglieder während der Weimarer Republik, als es immer wieder zum Sturz einer Regierung gekommen war, ohne dass eine neue Regierungsmehrheit für einen neuen Reichskanzler gesichert war, im Grundgesetz vorgesehen.

In seiner Regierungserklärung ging Helmut Kohl nicht so weit wie Willy Brandt, der nach seiner Wahl 1969 angekündigt hatte: „Wir wollen mehr Demokratie wagen!" Aber er ließ doch keinen Zweifel daran, dass er, auch als Reaktion auf die 68er-Bewegung, eine Politik der Erneuerung, einen Neuanfang, eine „geistige Wende", „eine geistig-moralische Neubesinnung" anstrebe.

Priorität hatten die Konsolidierung des Haushalts und die Senkung der Staatsverschuldung. Die Überwindung der Wirtschaftskrise, der Abbau der Arbeitslosigkeit – sie betrug damals in der alten Bundesrepublik 10,4 %, bei Beginn der Kanzlerschaft Willy Brandts lag sie bei unter einem Prozent –, die Durchsetzung des NATO-Doppelbeschlusses, die Erneuerung der Grundlagen der deutschen Außen- und Sicherheitspolitik gehörten zu den konkreten Zielen, die er der neuen Regierung setzte. Zur geistig-moralischen Wende – der Begriff stammt nicht von ihm – gehörte für ihn die Bereitschaft, sich zum Vaterland zu bekennen, die Freiheit zu verteidigen, sich nicht mit der Teilung Deutschlands abzufinden, als verlässlicher Bündnispartner eine Veränderung des Status quo in Europa herbeizuführen. Für den März

1983 versprach er Neuwahlen. Die Voraussetzungen dafür zu schaffen, sollte Bundespräsident Carstens sehr schwer fallen. Noch kein Kanzler vor ihm hat mit so unterschiedlichen, so widersprüchlichen Erwartungen sein Amt angetreten. Lobten die einen seinen Weitblick, hielten die anderen ihm entgegen, sein größtes Defizit sei sein Mangel an Perspektive, er sei kompetenzlos, ja inkompetent. Spotteten die einen über den pfälzischen Provinzpolitiker, lobten die anderen den politischen Langläufer, seinen langen Atem. Sahen die einen in ihm einen hilflosen Kandidaten, meinten die anderen, das Amt des Bundeskanzlers passe zu ihm wie ein Maßanzug, und verwiesen darauf, dass er bereits seit vielen Jahren stets unterschätzt worden sei. Herbert Wehner warnte, die SPD müsse möglicherweise 15 Jahre in die Opposition. Heute wissen wir, dass Herbert Wehner Recht behalten sollte. Helmut Kohl blieb Kanzler für 16 Jahre.

Als Helmut Kohl Kanzler wurde, kannte ich ihn seit fast 30 Jahren. Wir waren zu Freunden geworden und sind es bis heute geblieben. Das war nicht von Anfang an so. Zum in meiner Partei ohnehin seltenen „Du" ist es erst nach vielen Jahren gekommen. Und wir waren keineswegs immer einer Meinung.

Er studierte in Heidelberg Geschichte und Rechts- und Staatswissenschaften. Vor allem der Mediävist Fritz Ernst und der Neuhistoriker Walther Peter Fuchs, sein Doktorvater, bei dem er 1958 promovierte, waren seine von ihm hoch geschätzten Lehrer. Ich dagegen hatte in der Politischen Wissenschaft meinen Studienschwerpunkt gefunden und verehrte Dolf Sternberger, mit dem Helmut Kohl nie recht warm wurde. Zu unterschiedlich waren die Charaktere.

Wir trafen uns in Sternbergers Forschungsseminar, freitags von 14 bis 17 Uhr, das sich intensiv mit Wahlen, Parlamenten, Parteien und Interessenverbänden befasste. Wer sich für modern und auf der Höhe der Zeit hielt, stand links. Kaum einer der Seminarteilnehmer neigte der Union zu – und wer es tat, bekannte es in der Regel nicht offen. Helmut Kohl hatte seinen Platz dem

Professor gegenüber und breitete zu Beginn jeder Sitzung – damals noch Pfeifenraucher – ein Regiment von Pfeifen vor sich aus und ließ im Übrigen keinen Zweifel daran, dass er unter allen Teilnehmern mit Abstand die größte praktische Politikerfahrung besaß und wie kein anderer das Innenleben der Parteien kannte. Man konnte ihn mit seiner Lambretta die Hauptstraße entlangfahren sehen – oft mit einem Ägypter auf dem Rücksitz, dem er Deutschunterricht gab. „Habt ihr den Helmut Kohl gesehen? Der wird einmal Ministerpräsident von Rheinland-Pfalz!", war eine stehende Redewendung unter uns Studenten.

Weil ich mir in diesen Jahren als Referent an einem katholischen Sozialinstitut in Mannheim mein Brot verdiente und vor allem für angehende Betriebsräte Kurse zur christlichen Soziallehre abhielt, die in den Wohnorten der Teilnehmer stattfanden, kam ich regelmäßig auch in viele Städte und Gemeinden der Vorderpfalz. Als dort vor der Bundestagswahl von 1965 ein neuer, zusätzlicher Wahlkreis gebildet wurde, trugen mir einige meiner „Schüler" die Kandidatur an. „Wir müssen allerdings noch den Kohl fragen", fügten sie hinzu.

Helmut Kohl war damals bereits Bezirksvorsitzender der CDU Pfalz und Vorsitzender der CDU-Landtagsfraktion in Mainz. Sie fragten ihn, er stimmte zu und unterstützte mich tatkräftig – beispielsweise, als ich mich bei der Nominierung gegen einen Mitbewerber durchsetzen musste. Es war übrigens das erste und einzige Mal, dass man versuchte, die SPD-Mitgliedschaft meines Bruders – er war damals schon Münchener Oberbürgermeister – gegen mich auszuspielen.

Als ich in den Bundestag gewählt worden war, riet er mir, in den Ausschuss für Sozialpolitik zu gehen. Ich folgte seinem Rat. Da ich mich besonders für die Bildungspolitik interessierte, wurde ich aber auch in dem dafür zuständigen Ausschuss (stellvertretendes) Mitglied. Die Gründe für Kohls Rat erschlossen sich mir allerdings erst eineinhalb Jahre später, als er – schon im Blick auf seine eigenen Zukunftspläne – die Bildung einer neuen

Landesregierung nach den rheinland-pfälzischen Landtagswahlen vom April 1967 vorbereitete. Er rief mich in Bonn an, um mir mitzuteilen, dass sein Kandidat für das Amt des Kultusministers, der Bildungspolitiker Gerhard Schreeb, tragischerweise tödlich verunglückt sei. Ich sei aber doch Mitglied des kulturpolitischen Ausschusses? Und im Übrigen: Ob ich den JU-Vorsitzenden von Südwürttemberg-Hohenzollern, einen gewissen Heiner Geißler, kenne und was ich von ihm halte. Ich solle ihn einmal zu ihm schicken.

Wenige Wochen später wurden wir beide Minister im Kabinett von Peter Altmeier: Geißler Sozialminister, ich Kultusminister. Hans Filbinger, der Ministerpräsident von Baden-Württemberg, kommentierte den Vorgang von Stuttgart aus: „In Mainz werden jetzt Lausbuben Minister!"

Im Mai 1969 folgte Helmut Kohl Peter Altmeier nach und übernahm dessen Kabinett unverändert. Die Arbeit an seinem Kabinettstisch machte großen Spaß. Er führte mit unbestrittener Autorität, ließ den Ministern aber viel Selbständigkeit. Nur wenn es Ärger in der Öffentlichkeit gab, griff er ein und zog die Sache an sich.

Rheinland-Pfalz – von einem französischen General ins Leben gerufen, von Peter Altmeier aus früher bayerischen, hessischen, preußischen und bis 1919 oldenburgischen Teilen zusammengefügt – erlebte eine Modernisierung sondergleichen. Die Konfessionsschule wurde abgeschafft, eine umfassende Verwaltungs- und Gebietsreform griff Platz. Die ersten Sozialstationen in Deutschland entstanden, Daimler-Benz baute in Wörth in der Südpfalz eine große Lastwagenfabrik, die Universitäten in Kaiserslautern und Trier wurden gegründet.

Kohl bestand darauf, dass wir engen Kontakt zur Fraktion hielten und auf keinen Fall die Partei vernachlässigten. Von ihm habe ich es seinerzeit gelernt und es aus Überzeugung später immer so gehalten: Auch zu den Oppositionsfraktionen im Parlament darf man den Gesprächsfaden nicht abreißen lassen. Ich habe gelernt, dass man den Koalitionspartner pfleglich behandelt muss. Man darf ihm nichts Unzumutbares zumuten, er muss sich als Regierungspartner wohlfühlen, wenn die Regierung insgesamt erfolgreich sein soll.

Kohls erster Anlauf, Bundesvorsitzender zu werden, scheiterte auf dem Parteitag in Saarbrücken 1971. Richard von Weizsäcker, Hanna-Renate Laurien und ich hatten für ihn gesprochen und leckten nach dem schlechten Ergebnis gemeinsam die Wunden. 1973 – nach der Niederlage Rainer Barzels bei der Bundestagswahl von 1972 – wurde Kohl mit großer Zustimmung gewählt. Nach dem Debakel von 1972 schlug jetzt die Stunde der Jungen, der Reformer, der Unverbrauchten, derer, die mit den Diadochenkämpfen um die Nachfolge Adenauers nicht belastet waren.

Mit der Wahl Helmut Kohls zum Bundesvorsitzenden stellte sich die Nachfolgefrage für den Landesvorsitz der CDU Rheinland-Pfalz. Helmut Kohl unterstützte Heiner Geißler. Eine kurze, aber heftige Auseinandersetzung wühlte den Landesverband auf. Die Delegierten entschieden sich auf einem Parteitag in Koblenz im Juli 1974 mit großer Mehrheit für mich. Die Freundschaft zwischen Geißler und mir nahm gleichwohl keinen dauerhaften Schaden. In seinen Memoiren schreibt Helmut Kohl im Jahr 2004: Die Mehrheit der Parteitagsdelegierten „erwiesen sich damit als wesentlich klüger als ihr langjähriger Vorsitzender".

Jedermann war klar, dass damit eine Vorentscheidung für die Nachfolge des rheinland-pfälzischen Ministerpräsidenten gefallen war, sollte Helmut Kohl früher oder später nach Bonn gehen. Dennoch unterstützte Helmut Kohl, als sich die Frage dann im Herbst 1976 tatsächlich stellte, Johann Wilhelm Gaddum, den Finanzminister. Die Landtagsfraktion entschied sich für mich. Es entsprach dem kameradschaftlichen Geist, der zu dieser Zeit in der rheinland-pfälzischen CDU und insbesondere in der Landtagsfraktion herrschte, dass ich auch nicht im Traum daran dachte, Geißler und Gaddum nicht in mein erstes Kabinett zu berufen.

Ein Jahr später wollte Helmut Kohl Heiner Geißler allerdings in der Nachfolge von Kurt Biedenkopf als Generalsekretär der Partei nach Bonn holen. In langen Gesprächen gelang es uns beiden, den widerstrebenden Geißler zu überzeugen. Als Richard von Weizsäcker im Mai 1981 Regierender Bürgermeister von Berlin wurde, musste Rheinland-Pfalz neben ihm Norbert Blüm, Elmar Pieroth – alle drei waren Bundestagsabgeordnete unseres Landes – und die von mir besonders geschätzte Kultusministerin Hanna-Renate Laurien ziehen lassen. Ebenso warb uns Kohl, als Walter Wallmann, der Bundesumweltminister, nach dem Wahlsieg der hessischen CDU 1987 Ministerpräsident in Wiesbaden wurde, den jungen Umweltminister Klaus Töpfer ab.

1976 entschloss sich Helmut Kohl nach der für ihn und die Union überaus erfolgreichen Bundestagswahl – die Union erreichte 48,6 %, eines ihrer besten Ergebnisse –, als Oppositionsführer nach Bonn zu gehen. Franz Josef Strauß probte in Wildbad Kreuth den Aufstand und kündigte am 19. November 1976 die seit 1949 bestehende Fraktionsgemeinschaft. Ich bot Helmut Kohl noch am selben Tag an, in Mainz zu bleiben. Er aber war entschlossen, Franz Josef Strauß die Stirn zu bieten und nach Bonn zu gehen. Er wollte unter allen Umständen vermeiden, dass es zu einer feindlichen Trennung der Schwesterparteien und zur Gründung der CDU in Bayern käme. Die Erfahrung mit zwei christlichen Parteien in der Pfalz zur Weimarer Zeit, mit der Bayerischen Volkspartei und dem Zentrum, stand ihm vor Augen. Sie hatten sich heftig bekämpft, was in letzter Konsequenz unter anderem auch dazu führte, dass 1925 Paul von Hindenburg und nicht der Zentrumspolitiker Wilhelm Marx, der auch von der SPD unterstützt wurde, zum Reichspräsidenten gewählt wurde. Auch die Erfahrungen mit CVP und CDU im Saarland waren gleichermaßen abschreckend.

Für Helmut Kohl – am 1. Dezember wurde er zum Vorsitzenden der CDU-Fraktion gewählt – begannen die Jahre als Oppositionsführer in Bonn, die Zeit der Konfrontation mit Willy Brandt und Helmut Schmidt, die Zeit dauernder, oft zermürbender Auseinandersetzungen mit dem bayerischen Ministerpräsidenten. Sie erreichten einen Höhepunkt, als im Vorfeld der Bundestagswahlen von 1980 über den gemeinsamen Kanzlerkandidaten entschieden werden musste. Wochenlang verbrachten wir Tage und Nächte in einer eigens von beiden Parteien gebildeten Strategiekommission. Helmut Kohl focht für Ernst Albrecht, die CSU für Franz Josef Strauß. Schließlich zerschlug die Bundestagsfraktion in einer dramatischen Nachtsitzung den gordischen Knoten und votierte mit deutlicher Mehrheit für den Bayern. Ich war mir sicher, Helmut Kohl würde nach der Niederlage die Konsequenzen ziehen und als Fraktionsvorsitzender zurücktreten. Aber nein, er blieb! Er unterstützte mit ganzer Kraft und mit aller Loyalität den gemeinsamen Kandidaten.

Das Ergebnis von Strauß blieb deutlich hinter dem Helmut Kohls zurück. Nicht Franz Josef Strauß, sondern Helmut Kohl, dem 1976 nur 300.000 Stimmen zur absoluten Mehrheit gefehlt hatten, wurde auf der Basis des Ergebnisses von 1980 zwei Jahre später Bundeskanzler. Es war ihm gelungen, den weitsichtigen Hans-Dietrich Genscher für einen Koalitionswechsel und für ein langfristiges Bündnis von Union und FDP zu gewinnen.

Sein Entschluss, 1980 nicht selbst als Kanzlerkandidat anzutreten und Strauß den Vortritt zu lassen, war vielleicht die größte strategische Meisterleistung Kohls als Parteivorsitzender. Viele seiner Weggefährten haben sie nur mühsam mitvollzogen.

Helmut Kohl war ein Parteivorsitzender ohne Beispiel. Er führte die Partei wie eine große, weitverzweigte Familie. Er kannte sie wie kein Zweiter, führte und trieb an, bestimmte ihr programmatisches Profil, lobte und strafte, war überall präsent, feierte und trauerte mit, telefonierte – wann immer er es für notwendig hielt – mit jedem Kreisvorsitzenden, half in der Not, ließ es deutlich spüren, wenn er jemanden nicht leiden konnte. Die Partei war seine Heimat. Mitunter – so erschien es manchmal – war ihm sein Parteiamt noch wichtiger als sein Regierungsamt.

Er führte die Union zu größten Erfolgen, durchstand aber auch bittere politische und persönliche Niederlagen. Ging es der Partei schlecht, wurde die Forderung nach einer Trennung der Ämter des Parteivorsitzenden und des Fraktionsvorsitzenden bzw. später des Parteivorsitzenden und des Bundeskanzlers laut. So zu Weihnachten 1978: Kurt Biedenkopf, damals Stellvertreter Helmut Kohls im Parteivorsitz und Landesvorsitzender der CDU Westfalen-Lippe, forderte – unterstützt von Heinrich Köppler, Landesvorsitzender der CDU im Rheinland – in einem ausführlichen Memorandum Helmut Kohl zum Verzicht auf das Amt des Oppositionsführers im Bundestag auf. Nur so könne die Union ihr augenblickliches Stimmungstief überwinden und mit Aussicht auf Erfolg die bevorstehende Bundestagswahl vorbereiten. Das Papier war Helmut Kohl am Tag vor Heiligabend an seine Ludwigshafener Heimatadresse geschickt worden und erreichte auch die meisten anderen Adressaten erst im neuen Jahr. Nach einem Besuch Biedenkopfs in meinem Urlaubsort im Ötztal zum Jahreswechsel rief ich den völlig überraschten Helmut Kohl im Allgäu an und besprach mit ihm die Situation. Wir waren uns einig, dass der Verzicht auf eines seiner beiden Ämter unweigerlich den Verlust auch des anderen Amtes nach sich ziehen und eine künftige Kanzlerkandidatur ausschließen würde.

Später, beim Bremer Parteitag vom September 1989, scheiterten Heiner Geißler, Lothar Späth, Rita Süssmuth und andere mit dem Versuch, Helmut Kohl als Parteivorsitzenden zu stürzen. Das Zerwürfnis zwischen Kohl und Geißler erreichte damit seinen dramatischen Höhepunkt. Zuvor hatte Kohl, nachdem Geißler den Wiedereintritt ins Kabinett als Innenminister abgelehnt hatte, ihn auf dem Parteitag nicht mehr zur Wiederwahl als Generalsekretär vorgeschlagen. Späth hatte die Übernahme des Kanzleramtes nicht mehr ausgeschlossen, sollte dies im Interesse der Partei liegen und ein entsprechender Wunsch der Führungsgremien an ihn herangetragen werden. Die Kandidatur Späths zum stellvertretenden Parteivorsitzenden blieb erfolglos, der Parteitag wurde zum Triumph für Helmut Kohl. Allerdings galt die Aufmerksamkeit des Parteitags schon nicht mehr ungeteilt dem innerparteilichen Machtkampf, sondern richtete sich von Stunde zu Stunde mehr auf die sich dramatisch zuspitzende Krise der DDR.

In seiner Zeit als Bundeskanzler verdichtete sich unsere Zusammenarbeit weiter. Im Bundesvorstand, im Präsidium, in Bundestag und Bundesrat, bei vielen offiziellen und noch mehr inoffiziellen Gelegenheiten, dienstlich und privat hatten wir ständig miteinander zu tun. Rheinland-Pfalz und ich selbst – als Ministerpräsident und Parteivorsitzender – erfuhren viel Hilfe und Unterstützung, aber ich habe auch erfahren: Freunde müssen oft weniger angenehme Aufgaben übernehmen, als man sie Kritikern und Opponenten zumutet. Mal musste die rheinland-pfälzische CDU einen Kandidaten eines anderen Landesverbandes für das Europaparlament absichern, mal klagte die rheinland-pfälzische Landesregierung an Stelle der Bundesregierung vor dem Bundesverfassungsgericht in Karlsruhe.

Mit Entschiedenheit focht er zu Beginn seiner Kanzlerschaft für die Durchsetzung des NATO-Doppelbeschlusses. Die Nachrüstungsdebatte wurde, nachdem die doppelte Null-Lösung nicht erreichbar war, zum Testfall für die Verlässlichkeit der Bundesrepublik im westlichen Bündnis. Vor allem die Stationierung amerikanischer Mittelstreckenraketen erregte die Gemüter. Bereits zu der Zeit, als Helmut Schmidt noch Bundeskanzler war, wurde ich von ihm unterrichtet, dass das auch die Lagerung von Atomsprengköpfen in Wüschheim im Hunsrück bedeute. Es kam zur größten außerparlamentarischen Massenbewegung, die die Bundesrepublik je erlebt hatte. Im Oktober 1981 versammelten sich über 300.000 Menschen im Bonner Hofgarten.

Starke Kräfte innerhalb der SPD hatten sich zur Regierungszeit von Helmut Schmidt von ihrem Kanzler abgewandt. Politiker wie Oskar Lafontaine forderten den Austritt aus der NATO und einen politischen Generalstreik. Erst nachdem der Bundestag am

22. November 1983 für die Stationierung der Pershing-II-Raketen votiert hatte, flaute die Erregung langsam ab.

Kohls außenpolitisches Handeln war konsequent, auf dem schmalen Grad zwischen Abwehr der sowjetischen Bedrohung und Entspannungspolitik.

1984 konnte ich in Verdun dabei sein, als François Mitterrand und Helmut Kohl sich zum Zeichen der Versöhnung zwischen Frankreich und Deutschland über den Gräbern die Hände reichten – begleitet vom greisen Ernst Jünger. Wie viel Leid haben drei Kriege in 70 Jahren über unsere beiden Völker gebracht? Viele junge Franzosen und junge Deutsche aus fast jeder – auch aus unserer eigenen – Familie fanden mit 20, 23, 25 Jahren auf den Schlachtfeldern und in den Schützengräben einen frühen Tod.

Ein Jahr später hielt uns anlässlich des Besuchs des amerikanischen Präsidenten Ronald Reagan der Wunsch Helmut Kohls wochenlang in Atem, neben dem KZ Bergen-Belsen auch den deutschen Soldatenfriedhof in Bitburg zu besuchen, um auch dort – 40 Jahre nach dem Ende des Zweiten Weltkrieges – über den Gräbern ein Zeichen der Versöhnung zu setzen. Ich war ganz auf der Seite Helmut Kohls, diesen Besuch nicht abzusagen, als bekannt wurde, dass dort auch einige Soldaten der Waffen-SS beerdigt waren, und die Proteste in Deutschland, vor allem aber in Amerika immer lauter wurden. Als ich erfuhr, dass der amtierende Landrat mit 17 Jahren zur SS verpflichtet worden war, traute ich mich kaum, Helmut Kohl darüber zu informieren. Was hätte Günter Grass, der gegen den Besuch des Friedhofs protestierte, bewirken können, hätte er sein spätes Bekenntnis damals offenbart! Er hätte durch ein klärendes Wort sein Verhalten und das seiner gleichaltrigen Kameraden in den letzten Monaten des Krieges erläutern können.

Aber Reagan, dessen Standfestigkeit ich bewundert habe, kam – am gleichen Tag – auch zu uns auf das Hambacher Schloss und begeisterte 10.000 jugendliche deutsche Besucher. In seinen Memoiren schreibt er: „We will never forget this thrill we felt when 10.000 young people suddenly began singing ‚The star-spangled banner' in perfect English."

1987 kam es zum immer wieder aufgeschobenen Besuch Erich Honeckers in der Bundesrepublik. Der mühsam empfangene Gast besuchte, wie bei solchen offiziellen Visiten üblich, auch mehrere Länder, darunter Rheinland-Pfalz. Mir fiel die Aufgabe zu, ihn in Trier zu empfangen, um mit ihm das Geburtshaus von Karl Marx zu besuchen. In der engen Straße stand auch Wolfgang Leonhard. Honecker würdigte ihn keines Blickes, sondern ließ sich von Holger Börner, der die Eigentümerin der Gedenkstätte – die Friedrich-Ebert-Stiftung – vertrat, durch das Haus führen, das ihn offenbar nicht sonderlich beeindruckte. Er kannte sich im Lande aus, weil er in der Weimarer Zeit kommunistischer Parteisekretär in Pirmasens und später in Idar-Oberstein, das damals noch Oberstein-Idar hieß, gewesen war, und er sprach mir gegenüber bei jeder unserer Begegnungen ausführlich darüber.

Die Rede, die Helmut Kohl beim abendlichen Empfang in der Bad Godesberger Redoute hielt und die in den Fernsehprogrammen beider deutscher Staaten übertragen wurde, fand größte öffentliche Aufmerksamkeit. Sie hat mich tief beeindruckt. Sie allein war es wert, zu ertragen, dass wir den Gast aus Ost-Berlin mit militärischem Zeremoniell, mit Fahnen und Hymnen empfangen mussten: „Das Bewusstsein für die Einheit der Nation ist wach wie eh und je, und ungebrochen ist der Wille, sie zu bewahren … Die Präambel unseres Grundgesetzes steht nicht zur Disposition, weil sie unserer Überzeugung entspricht, sie will das vereinte Europa und sie fordert das gesamte deutsche Volk auf, in freier Selbstbestimmung die Einheit und Freiheit Deutschlands zu vollenden."

Anfang November 1988 hatte Helmut Kohl besonders schwierige Tage zu bestehen. Ein USA-Besuch stand unmittelbar bevor. Am 9. November hielt Bundestagspräsident Philipp Jenninger eine Rede, bei der für die Zuhörer nicht erkennbar war, wann er zitierte und wann er seine eigene Meinung sagte. Ein Sturm der Entrüstung brach los und veranlasste Jenninger, am 11. November zurückzutreten. Am gleichen Tag begann in Koblenz der Parteitag der rheinland-pfälzischen CDU. Eine innerparteiliche Revolte gegen den Landesvorsitzenden und Ministerpräsidenten hatte sich in den Wochen zuvor angebahnt. Helmut Kohl kam nicht nach Koblenz, konnte nicht nach Koblenz kommen. Er dürfte gewusst haben, wie das Ergebnis aussehen würde. Für mich bestand kein Zweifel, dass ich, wenn der Coup meiner Abwahl gelingen sollte, auch als Ministerpräsident zurückzutreten hatte. Mit abgeschlagenen Armen kann man nicht kämpfen! Mir war allerdings auch klar, dass die rheinland-pfälzische Union sich selbst damit für lange Zeit aus der Regierungsverantwortung für dieses Land verabschieden würde. Beide Volksparteien haben über Jahrzehnte immer wieder erfahren müssen: Man kann nicht nur von Kontrahenten in Wahlen besiegt werden, man kann auch selbst die Ursache für die Niederlage sein! So erging es zum Beispiel der CDU in Nordrhein-Westfalen 1966 oder der SPD 1981 in Berlin – und in jüngster Zeit in Schleswig-Holstein nach der Landtagswahl 2005.

Am 9. November 1989 reiste Helmut Kohl zum Staatsbesuch nach Polen. Er lud mich ein, ihn zu begleiten. Ich – inzwischen Vorsitzender der Konrad-Adenauer-Stiftung – wollte die Gelegenheit nutzen, am nächsten Tag die erste Außenstelle der Stiftung in einem Land des Warschauer Paktes zu eröffnen. Am Abend waren wir Gäste des polnischen Ministerpräsidenten Tadeusz Mazowiecki. Während des Abendessens traf die Nachricht ein: Das Brandenburger Tor sei offen, die Menschen strömten zu Tausenden über die Grenze! In Bonn hätten sich die Abgeordneten des Bundestages erhoben und die Nationalhymne gesungen. Wir konnten nicht fassen, was in Deutschland geschah.

Am nächsten Morgen flog Helmut Kohl nach Deutschland zurück – über Hamburg, weil westdeutsche Flugzeuge den Luftraum über der DDR nicht nutzen durften, und von dort weiter mit einer amerikanischen Militärmaschine nach Berlin. Er sprach auf zwei Kundgebungen – vor dem Schöneberger Rathaus von einem wütenden Mob fast am Reden gehindert, vor der Gedächtniskirche stürmisch gefeiert. Was keiner von uns in Warschau Zurückgebliebenen erwartet hatte: Helmut Kohl kehrte tatsächlich nach Polen zurück, um den Staatsbesuch fortzusetzen. Morgens um vier Uhr brachen wir mit Bussen – wegen des Novembernebels waren Hubschrauberflüge unmöglich – nach Auschwitz auf und tags darauf nach Kreisau. Bischof Nossol zelebrierte die Messe, und es kam nach dem Friedensgruß zur symbolträchtigen Umarmung von Kohl und Mazowiecki. Eine neue Ära in den deutsch-polnischen Beziehungen begann.

Nach dem 9. November 1989 überstürzten sich die Ereignisse: Ende November trug Kohl im Bundestag sein 10-Punkte-Programm zur Überwindung der Teilung Deutschlands und Europas vor. Am 19. Dezember traf er sich in Dresden mit Hans Modrow, dem letzten Ministerpräsidenten der kommunistischen DDR, und hielt vor der Ruine der Frauenkirche eine der brisantesten und bewegendsten Reden seines politischen Lebens: „Mein Ziel bleibt … die Einheit der Nation." Bei seinem Besuch in Moskau und in Gorbatschows kaukasischer Heimat erreichte er die außenpolitische Absicherung der deutschen Einigung und den Abzug der russischen Truppen aus Deutschland.

Aus den ersten freien Wahlen für die Volkskammer ging gegen alle Wahlprognosen die Allianz für Deutschland, in der sich CDU, DSU (Deutsche Soziale Union) und DA (Demokratischer Aufbruch) zusammengeschlossen hatten, als Siegerin hervor. Lothar de Maizière, der neue Vorsitzende der Ost-CDU, wurde Ministerpräsident. Die ostdeutsche Bevölkerung dankte es der Union, dass sie als einzige Partei über Jahrzehnte hinweg ohne Wenn und Aber an der Wiedervereinigung Deutschlands festgehalten hatte, dass sie in den Jahrzehnten der Teilung keinen Kontakt zu einer der ostdeutschen Blockparteien gesucht hatte, dass sie die Geraer Forderungen Erich Honeckers (Anerkennung der DDR-Staatsbürgerschaft, Umwandlung der Ständigen Vertretungen in Botschaften, Auflösung der Erfassungsstelle für Gewaltverbrechen an der innerdeutschen Grenze in Salzgitter, Festlegung der Elbgrenze in der Strommitte) abgelehnt hatte, und sie dankte Helmut Kohl. Am 3. Oktober 1990 traten die wiedererstandenen Länder Mecklenburg-Vorpommern, Brandenburg, Sachsen-Anhalt, Sachsen und Thüringen über den „Königsweg" des Artikels 23 Grundgesetz der Bundesrepublik Deutschland bei. Und in Berlin schlossen sich die östlichen und westlichen Bezirke der Stadt zusammen. Der Tag wurde zum Nationalfeiertag.

Die ersten gesamtdeutschen Wahlen am 2. Dezember 1990 wurden von der Union und von Helmut Kohl deutlich gewonnen. 1994 dagegen errang die Koalition aus Union und FDP nur noch eine knappe Mehrheit. 1998 kündigte sich schon im Wahlkampf das bevorstehende Ende der Kanzlerschaft Kohls an. Noch immer strömten die Menschen in großer Zahl auf den Plätzen zusammen, wenn er zu einer Wahlkundgebung angesagt war. Aber man hatte das Gefühl, dass sie eher zum Abschiednehmen kamen und weniger, um ihn noch einmal mit der Fortführung seines Amtes zu beauftragen.

Als ich – inzwischen seit sechs Jahren Thüringer Ministerpräsident (s. Kapitel 22) – am Wahltag auf dem Weg von Erfurt nach Bonn gegen 17 Uhr bei Juliane Weber, der treuen Begleiterin Helmut Kohls seit Mainzer Tagen, im Kanzleramt anrief, war klar: Wir, die Union, Helmut Kohl hatten eine schwere Niederlage erlitten. Gerhard Schröder, sein fünfter Herausforderer, hatte gesiegt. Seine Partei stellte die stärkste Fraktion im neuen Bundestag.

In einem Sitzungszimmer des Konrad-Adenauer-Hauses traf ich eine überschaubare Zahl von Freunden um Helmut Kohl versammelt. Als er gegen 19 Uhr vor die Presse trat, gab es auf dem Podium auch kaum Gedränge. Wenn ich mich recht erinnere, standen Erwin Teufel, Norbert Blüm und ich neben Helmut Kohl und seiner Frau. Eine bittere Stunde für Helmut Kohl, für uns alle!

Die Partei hat Helmut Kohl knapp zwei Monate später mit großem Lob verabschiedet und ihn zum Ehrenvorsitzenden gewählt. Wolfgang Schäuble wurde sein Nachfolger als Parteivorsitzender. Niemand konnte ahnen, dass Helmut Kohl eine schwere, vielleicht die schwerste Zeit seines Lebens noch bevorstand: die Spendenaffäre!

Kohl selbst hat eingeräumt, in den Jahren 1993–1995 Spenden für seine Partei angenommen zu haben, ohne sie im Rechenschaftsbericht der CDU auszuweisen. Er bedauerte sein Fehlverhalten und übernahm die politische Verantwortung. Ein Sturm brach los. Seine Gegner und Feinde jubelten, seine Kontrahenten meldeten sich lautstark zu Wort und, für Kohl am schmerzlichsten, viele führende CDU-Politiker gingen auf Distanz. Fast alle forderten ihn auf, die unbekannten Geldgeber zu nennen, was er unter Berufung auf sein Ehrenwort ablehnte. Nur der Vorwurf, er habe sich selbst bereichert, wurde von niemandem erhoben.

Als die CDU-Spitzengremien ihn im Januar 2000 aufforderten, den Ehrenvorsitz ruhen zu lassen, legte er ihn sofort nieder. Später sammelte er 6,3 Millionen Euro Spenden, um der Partei mögliche Bußgelder wegen der von ihm nicht deklarierten Spenden auszugleichen.

Besonders hart traf Helmut Kohl ein familiärer Schicksalsschlag: der Tod seiner Frau Hannelore. Seit der Tanzstundenzeit, 50 Jahre hindurch, hatte sie ihn auf allen Stationen seines Lebens begleitet und vor allem in der Zeit seiner Kanzlerschaft großen Anteil an seinen innen- und außenpolitischen Erfolgen. Ein gemeinsamer Abend mit beiden in Deidesheim – sie war von ihrer schweren Krankheit gezeichnet, aber nichts störte trotzdem die fast heitere Harmonie – drei Tage vor ihrem Tod wird mir unvergesslich bleiben.

Helmut Kohl hat nicht resigniert, er hat weiter gekämpft. Er kämpft weiter, um sein Ansehen, für seine Partei, für die beiden zentralen Ziele seiner Politik: die Wiedervereinigung Deutschlands und die Einheit Europas – zwei Seiten der gleichen Medaille, wie er immer wieder betont.

Kein anderer deutscher Politiker hat die Entwicklung der Christlich Demokratischen Union stärker beeinflusst, hat länger als Bundeskanzler regiert, hat die Entwicklung Deutschlands und Europas nach Adenauer nachhaltiger geprägt als Helmut Kohl. Wegen Konrad Adenauer bin ich in jungen Jahren in die CDU eingetreten. An der Seite von Helmut Kohl habe ich in meiner Partei und mit meiner Partei mein ganzes berufliches Leben hindurch der Idee der Union zu dienen versucht. Ich bin Helmut Kohl für seine lebenslange Freundschaft dankbar.

16 28. August 1988 und 26. April 2002 – Schicksalhafte Katastrophen in Ramstein und in Erfurt

Bernhard Vogel

Zwei Mal in den 33 Jahren meiner Amtszeit als Minister und Ministerpräsident sind Ereignisse über mich hereingebrochen, die die Grenzen des Vorstellbaren überschritten, die mich zu überfordern drohten.

Am 28. August 1988 stießen bei einer Flugschau auf dem amerikanischen Luftwaffenstützpunkt Ramstein bei Kaiserslautern drei Flugzeuge der italienischen Flugstaffel *Frecce Tricolori* zusammen. Eines von ihnen stürzte in die Zuschauermenge. 70 Menschen kamen ums Leben, viele Hunderte wurden verletzt: das größte Unglück, das dem Land Rheinland-Pfalz seit dem Explosionsunglück in der BASF von 1948 widerfahren ist.

Am 26. April 2002 erschoss ein 19-jähriger ehemaliger Schüler im Gutenberg-Gymnasium in Erfurt in wenigen Minuten 16 Menschen und richtete sich selbst: das schwerste Verbrechen dieser Art in der deutschen Nachkriegsgeschichte.

Der 28. August 1988 war ein strahlender Sommersonntag. 350.000 Menschen waren zur Flugschau gekommen. Spannung lag über der Veranstaltung. Seit Wochen hatte es heftigen Streit um diesen Tag gegeben. Gegner und Befürworter hatten sich heftig befehdet. Die einen, darunter der pfälzische Kirchenpräsident, riefen zum Boykott auf. Die anderen forderten Solidarität mit den Amerikanern und wollten durch möglichst zahlreiche Teilnahme ihre Sympathie zeigen.

Seit über 30 Jahren fanden solche Flugtage statt. Sie erfreuten sich zunächst allgemeiner Beliebtheit, wurden aber seit Anfang der 80er Jahre von vielen als Belastung empfunden. Die Landesregierung hatte sich konsequent bemüht, die Zahl der Flugtage in Rheinland-Pfalz zu verringern. 1984 wurde erreicht, dass die Zahl der Flugtage von sechs auf zwei und dann auf einen Flugtag im Jahr, in Ramstein, beschränkt wurde. Einer zu viel!

Ich selbst hatte für diesen Sonntag eine Einladung zum Bad Emser Blumenkorso angenommen. Stundenlang zogen prächtig geschmückte Blumenwagen an den Zuschauern vorbei. Meine Gedanken waren in Ramstein. Immer wieder ließ ich nachfragen. Alles verlaufe ruhig und ohne Störung. Die große Menschenmenge sei von den fliegerischen Leistungen begeistert. Die Veranstaltung gehe zu Ende. Dann der Anruf des Mainzer Lagezentrums, ein erster Bericht über ein unvorstellbares Unglück. Ich eilte so schnell wie möglich zunächst mit dem Auto, dann ab Mainz mit dem Hubschrauber an den Unglücksort. Ein Bild des Grauens. Hunderte von Verletzten, die meisten mit Brandwunden, wurden in amerikanische Militärlazarette und deutsche Krankenhäuser gebracht. Ein erstes Gespräch mit dem amerikanischen Kommandeur und dem Oberkommandierenden der Luftstreitkräfte in Europa.

Als ich den Flugplatz in der Abenddämmerung verließ, kam ich an den weiten Wiesen vorbei, auf denen tagsüber Tausende von Pkws geparkt hatten. Jetzt waren sie leer; nur vereinzelt stand da und dort noch ein Auto, das niemand mehr abgeholt hatte. Ein zutiefst verstörender Anblick. Die Autos der Toten und Verletzten.

Ich fuhr nach Mainz in die Staatskanzlei. Ohne Aufforderung waren die engsten Mitarbeiter zur Stelle. Was war zu tun? Die Hinterbliebenen benachrichtigen, Kranke besuchen, Hilfe organisieren, die Fragen der Journalisten beantworten, Interviews geben. Ich musste handeln, obwohl mich das Unglück tief getroffen hatte und ich am liebsten stumm geblieben wäre. In einem solchen Augenblick versagt alle sonst gewohnte Routine. Nur die Pflicht, der Verantwortung gerecht zu werden, lässt einen handeln.

Die nächsten Tage mussten bestanden werden. Die ganze Welt nahm Anteil. Aber sie beobachtete auch, was wir taten und sagten. Mit dem Oppositionsführer im Landtag, Rudolf Scharping, war ich mir einig, die unvermeidliche politische Auseinandersetzung dürfe es erst nach der Beisetzung der Toten geben. Erst eine Woche später befasste sich der Landtag einen ganzen Tag lang mit dem Unglück.

Wir kamen überein, in der Nähe der Unglücksstelle, aber nicht auf dem Gelände des Flughafens, sondern in der katholischen Pfarrkirche von Ramstein zusammen mit den Amerikanern und den Italienern eine ökumenische Trauerfeier anzusetzen. Der Speyrer Bischof, der Kirchenpräsident, die Botschafter der Vereinigten Staaten und Italiens ergriffen nach mir das Wort. Viele Angehörige, Bundespräsident Richard von Weizsäcker, der italienische Senatspräsident Giovanni Spadolini, die Ministerpräsidenten von Hessen, Nordrhein-Westfalen und dem Saarland, Walter Wallmann, Johannes Rau und Oskar Lafontaine, die Verteidigungsminister Italiens und Deutschlands und der SPD-Vorsitzende, Hans-Jochen Vogel, waren gekommen.

Keine Rede bis zu diesem Tag war mir schwerer gefallen: „Sollten wir nicht besser schweigen, nach all dem Leid, das so viele Menschen in diesen Tagen getroffen hat?"

Den Opfern wurde Hilfe versprochen, unbürokratische Hilfe, wie in besonderen Notsituationen gerne gesagt wird. Und es wurde auch vielfach geholfen – was allerdings nicht verhindert hat, dass es gleichwohl auch zu Prozessen kam, die sich viele Jahre hinzogen.

Den Helfern, den ungezählten Menschen, die an ihrem Platz ihr Bestes taten, sollte gedankt werden.

Ramstein durfte nicht zum Synonym einer Katastrophe werden, sondern musste Symbol der Freundschaft und der guten Nachbarschaft bleiben. Ich fuhr im Oktober zum amerikanischen Verteidigungsminister Frank Carlucci nach Washington. Das Verhältnis zu unseren amerikanischen Freunden wurde durch die Katastrophe von Ramstein nicht dauerhaft belastet. Zwar fanden viele Jahre lang keine Flugschauen mehr statt. Aber die vielfältigen freundschaftlichen Kontakte blieben bestehen, ja vertieften sich noch.

Und diejenigen, die lange Zeit den Abzug der amerikanischen Truppen oder zumindest ihre wesentliche Reduzierung gefordert hatten – „Ami go home" stand viele Jahre in Kreideschrift auf Brücken über die Autobahn von Ludwigshafen nach Kaiserslautern –, waren in Regierungsverantwortung, als die Amerikaner über ein Jahrzehnt später nach dem Zusammenbruch des Kommunismus dann wirklich große Truppenkontingente aus Rheinland-Pfalz, dem „größten Flugzeugträger der NATO", abzogen. Sie mussten mit den schwerwiegenden Folgen fertig werden und umfangreiche Konversionsprogramme entwickeln, um den Verlust an Arbeitsplätzen und Kaufkraft auszugleichen.

Fast 14 Jahre später wurde Erfurt, wurde Thüringen von einem furchtbaren Schicksalsschlag getroffen, der die Menschen aufwühlte und sie in Bestürzung und tiefe Trauer versetzte.

Der 26. April 2002 war ein Freitag, der Bundesrat tagte und ich war in Berlin. Mein Pressesprecher informierte mich, an einer Erfurter Schule seien Schüsse gefallen. Erst etwas später unterrichtete man mich: Es habe eine Schießerei gegeben, ein Polizist sei tot, die Zahl der Toten aber möglicherweise höher. Viele Schülerinnen und Schüler würden in der Schule als Geiseln festgehalten. Ich stürzte zu meinem Auto und eilte in höchster Geschwindigkeit zurück nach Erfurt. Jetzt überstürzten sich die Informationen. Sie klangen unglaublich. Die Zahl der Toten wurde mit über zehn angegeben. Lehrerinnen und Lehrer, eine Schulsekretärin, auch Schüler seien darunter. Es gebe Verletzte. Hunderte von Schülern seien noch in der Schule, im Gutenberg-Gymnasium, eingeschlossen. Die Polizei arbeite sich von Raum zu Raum durch. Ein Täter sei tot gefunden worden; nach weiteren Mittätern werde gefahndet. Ein Terroranschlag sei nicht auszuschließen. Auf der Höhe von Magdeburg riefen Bundespräsident und Bundeskanzler an und boten Hilfe und Unterstützung an.

Obwohl mein Fahrer sein Bestes tat, die Minuten im Auto wurden zur Qual. Zum ersten und wohl einzigen Mal fuhr ich ab der Landesgrenze mit Blaulicht. Als ich gegen 17 Uhr in Erfurt eintraf, bot sich ein Bild, das erahnen ließ, welche fürchterliche Katastrophe sich ereignet hatte: Hunderte von Menschen waren vor der Schule versammelt, Krankenwagen, Rotes Kreuz, Notärzte, Polizei, Fernsehteams, Minister, Abgeordnete, Bürgermeister. Man hatte im nahe gelegenen Bundesarbeitsgericht eine Pressekonferenz angesetzt und erwartete von mir Auskunft und Klärung. Ich fühlte eine schreckliche Belastung auf mich zukommen. Ich zwang mich zur Ruhe. Einer musste versuchen, den Überblick zu bewahren. Die Presse war enttäuscht, weil ich nur das wenige mitteilen konnte, was ich selbst wusste.

Am Abend stand die Zahl der Toten fest: zwölf Lehrerinnen und Lehrer, zwei Schüler, die Schulsekretärin, ein Polizist, der Täter. Der Tathergang blieb zunächst unklar. Wer waren die Täter? Zahlreiche Zeugen sprachen von einem weiteren Täter. War es ein Attentat mit terroristischem Hintergrund? Der Terrorakt von New York und Washington lag erst sieben Monate zurück und Spuren führten auch nach Deutschland. Dass ein einziger Mensch in wenigen Minuten 16 Menschen getötet haben sollte, schien kaum vorstellbar – es wurde dennoch schließlich zur Gewissheit: Der Täter war ein von der Schule verwiesener 19-Jähriger, also Volljähriger, der mit seinen Eltern und Großeltern in der Nähe der Schule wohnte, einem Schützenverein angehörte und die Tatwaffe legal erworben hatte.

Zunächst war an die Angehörigen der Toten zu denken. Ich veranlasste noch in der Nacht, dass am nächsten Tag jede Opferfamilie besucht wurde, dass ihnen erste Unterstützung angeboten wurde.

Natürlich war der ganze Tathergang zu rekonstruieren und der Einsatz der Polizei zu überprüfen. Hatte sie richtig gehandelt, aus Sorge um die Sicherheit zahlreicher Schüler, die sich noch in der Schule befanden, äußerst umsichtig und behutsam vorzugehen und auch wegen der Fahndung nach Mittätern die Schwerverletzten zunächst unversorgt zu lassen und Ärzten den Zugang zur Schule zu verweigern? Natürlich waren Folgerungen zu ziehen. Aber so wichtig dies auch war und so heftig die Diskussion darüber auch geführt wurde, eines war jetzt wichtiger: die Sorge um die Hinterbliebenen, die Sorge um die Schüler, die Abiturienten zumal, die während der Tat an ihren Abiturarbeiten schrieben und in wenigen Tagen ihr Abitur machen sollten.

Was in Erfurt und in Thüringen in den Stunden und Tagen nach der Tat geschah, war ohne Beispiel. Eine ganze Stadt, ein ganzes Land trauerte. Eine große Stille senkte sich über die Stadt. Ein Journalist sagte: „Ich habe in dieser Stadt noch nie so viele Menschen auf den Straßen gesehen, aber ich habe diese Stadt auch noch nie so still erlebt." Alle Kirchen waren voller Menschen, der Platz vor der Schule, die Domstufen, der Platz vor dem Rathaus verwandelten sich in ein Blumenmeer, Kerzen brannten in der ganzen Stadt. Hilferufe, Grüße, Worte der Anteilnahme und Gebete waren überall zu lesen. Das Leben ging weiter, aber alles war anders als gewohnt. Die Kondolenzbücher füllten sich. Tausende von Beileidsbekundungen gingen ein. Bald trauerte ganz Deutschland mit uns, die Welt war erschüttert. Es ging um das Leid einer deutschen Stadt. Niemand sprach von Ostdeutschland. Eine Botschaft ging von Erfurt aus: Mitmenschlichkeit ist in Deutschland keine verloren gegangene Tugend.

Eine Woche nach der Tat fand auf dem Domplatz, einem der größten Plätze in Deutschland, vor den Stufen zum gotischen Dom und zur Severi-Kirche das Gedenken statt. Die ganze Bundesrepublik nahm an unserer Trauer teil. Nahezu alle Repräsentanten des staatlichen Lebens waren gekommen. Über 100.000 Menschen strömten zusammen. Die Familie des Täters hatten wir nicht eingeladen. Wir wollten sie schützen und die Gefühle der Opferfamilien schonen. Ein aufmerksamer Bürger hatte sie in ein Privathaus am Domplatz gebeten. Alle, die auf dem Domplatz sprachen, hatten Mühe, ihrer inneren Bewegung Herr zu werden. Vor allem Johannes Rau – er hatte mir auf der Fahrt vom Flugplatz zum Domplatz gesagt, keine Rede während seiner Amtszeit als Bundespräsident sei ihm so schwer gefallen – fand die richtigen Worte: „Wir sind ratlos … Wir sollten uns eingestehen: wir verstehen diese Tat nicht … Wie kann ein Mensch so etwas tun? … Was immer ein Mensch getan hat: er bleibt ein Mensch." Und dann der entscheidende Satz: „Wir müssen einander achten und wir müssen aufeinander achten." Um niemanden zu nahe zu treten, wurde der ökumenische Gottesdienst nicht in die staatliche Feier integriert. Er fand in der Verantwortung der beiden christlichen Kirchen nach dem Trauerakt statt. Aber der Platz blieb so dicht gefüllt wie vorher.

Was sollte aus der Schule werden? Auf den Freitag der Tat folgte der Montag, der nächste Schultag. Ein Drittel des Lehrerkollegiums war tot. Hunderte von Kindern hatten stundenlang in Lebensgefahr geschwebt. Einige von ihnen waren Zeugen der Ermordung ihrer Lehrerin oder ihres Lehrers geworden. Die überlebenden Lehrerinnen und Lehrer hatten sich – im Bemühen, Schüler zu retten, Schüler zu schützen – hervorragend bewährt. Bessere Vorbilder kann ich mir nicht vorstellen! Die Abiturienten bangten um ihr Abitur. Der Oberbürgermeister hatte eine ungewöhnliche Idee: Er lud alle Schüler des Gutenberg-Gymnasiums ins Rathaus ein. So waren alle zusammen, auch wenn es keine Klassenräume gab und natürlich an Unterricht nicht zu denken war. Später fand sich ein wenn auch unzureichendes Ausweichquartier. Die Bundesrepublik übernahm die Kosten für die ohnehin anstehende Sanierung des alten Schulgebäudes. Erst zwei Jahre später kehrten Lehrerkollegium und Schüler wieder in die stark veränderte und von Grund auf sanierte Schule zurück.

Die Schulleiterin, eine ungewöhnlich tapfere und entschlossene Frau, hat ihr Ziel erreicht: Die Schule hat überlebt! Kaum ein Schüler war abgemeldet worden, die Anmeldungen zur 5. Klasse gingen nicht zurück.

Natürlich entbrannte bald eine heftige Diskussion um die Konsequenzen, die insbesondere der Staat zu ziehen hatte. Es kam zu Gesetzesinitiativen bei Bund und Land, Gesetze – etwa das Schulgesetz und das Erwachsenenschulgesetz – wurden abgeändert. Der Bundestag debattierte auf meine Bitte hin die Hintergründe des Geschehens. Der Bundeskanzler lud zu einem Runden Tisch. Die Landesregierung legte am 24. Juni 2002 einen vorläufigen und am 19. April 2004 einen endgültigen Abschlussbericht vor. Immer wieder wurde die Schuldfrage gestellt: Was hat die Gesellschaft, was hat der Staat versäumt? Zumal zu den Jahrestagen belebte sich die Diskussion. Hilfreiche, aber auch beschämend unkundige Bücher wurden publiziert.

Mich hat mancher Diskussionsbeitrag geschmerzt. Für mich lässt sich die Tat letztlich nicht erklären. Der Mensch, von Gott geschaffen, ist frei. Aber er braucht den Mitmenschen, um ein erfülltes Leben führen zu können. Er ist fähig, Gutes zu tun und Gutes zu bewirken. Aber der Mensch ist auch fähig, Böses zu tun. Schon Kain hat seinen Bruder Abel ermordet. „Wir müssen einander achten und wir müssen aufeinander achten."

Mit Dankbarkeit hat mich erfüllt, wie viel Hilfsbereitschaft sich überall zeigte, wie mitgefühlt, mitgedacht und mitgeholfen wurde. Jeder hat versucht, auf seinem Platz sein Bestes zu geben und das Seinige zu tun, um die Katastrophe zu überwinden.

Beide Katastrophen wurden für mich zur härtesten Prüfung meines politischen Lebens. Sie haben mir gezeigt: Politik heißt kämpfen, heißt entscheiden, heißt Position beziehen, Wahlkämpfe führen, Regierungen bilden, mit der eigenen Partei und mit der eigenen Fraktion, wenn nötig mit dem Koalitionspartner zurechtkommen, Gesetze konzipieren und um Mehrheiten streiten. Politik ist in der Tat, wie Max Weber gültig formuliert hat, „ein starkes, langsames Bohren von harten Brettern mit Leidenschaft und Augenmaß zugleich".

Aber Politik heißt in Extremsituationen mehr: Politische Verantwortung verlangt auch, mit den Menschen trauern zu können, ihnen in anscheinend ausweglosen Situationen einen Weg zu zeigen, wie das Leben weitergeht – auch wenn es nur unvollkommen gelingt. Das ist eine ungeheuer schwierige, aber eine menschlich erfüllende Aufgabe.

Die Opfer beider Katastrophen sind bis heute nicht vergessen. Die Anteilnahme und das Interesse am Schicksal der Hinterbliebenen wirkt fort – in Ramstein und in Erfurt.

17 9. November 1989 –
Die Mauer fällt

Aus der Sicht von Hans-Jochen Vogel

Am 9. November 1989 fiel die Mauer in Berlin. Auf einer Pressekonferenz in Ost-Berlin gab das Politbüromitglied Schabowski kurz vor 19 Uhr eher beiläufig bekannt, dass nach einem Beschluss des Ministerrats Privatreisen künftig ohne Vorliegen von Voraussetzungen beantragt werden könnten und kurzfristig genehmigt würden. Auf Nachfrage erklärte er, die neue Regelung trete sofort in Kraft. Diese Äußerung löste eine Kettenreaktion aus, die noch in der Nacht zur Öffnung der Schlagbäume und dazu führte, dass eine große Zahl Ost-Berliner nach West-Berlin strömte.

Mich erreichte die erste Nachricht über das Geschehen im Bonner Bundeskanzleramt. Dort war auf mein Drängen hin endlich eine Besprechung über den Stand und die weiteren Perspektiven der Entwicklung in der DDR zustande gekommen, an der in Abwesenheit von Helmut Kohl – er war am Nachmittag nach Warschau geflogen – unter anderem Alfred Dregger und Wolfgang Mischnick als Vorsitzende der Koalitionsfraktionen und Rudolf Seiters als Chef des Bundeskanzleramtes teilnahmen. Während die Besprechung noch im Gange war, wurde eine entsprechende Agenturmeldung hereingereicht. Wir warteten noch eine telefonische Bestätigung aus Berlin ab und erfuhren, dass die ersten Ost-Berliner inzwischen durch die Mauer nach West-Berlin gelangt seien.

Dann eilten wir in den Bundestag, der seine Sitzung vorübergehend unterbrochen und dessen sich eine tiefe Erregung bemächtigt hatte. Jeder von uns gab eine kurze Erklärung ab. Ich drückte in der meinen unter anderem die Hoffnung aus, dass nunmehr auch die anderen Forderungen der Bürgerbewegung und insbesondere die nach freien Wahlen bald erfüllt würden. Dann wandte ich mich mit einem persönlichen Wort an Willy Brandt und erinnerte daran, dass er an dem Tage, an dem dieses inhumane Bauwerk entstand, Regierender Bürgermeister von Berlin war und seitdem in all seinen Funktionen beharrlich für seine Überwindung gekämpft hatte. Da er im Wasserwerk nur vier Meter vom Rednerpult entfernt in der ersten Reihe saß, sah ich, wie ihm in diesem Moment Tränen in die Augen stiegen.

Weiter appellierte ich an alle Fraktionen, die Auseinandersetzungen, die sonst geführt werden müssen, zurückzustellen und gemeinsam große Anstrengungen zu unternehmen, damit die Menschen, die in der DDR zu Hause sind, dort zu Hause bleiben können und sich für die Veränderung ihrer Situation einsetzen und engagieren. Wir respektieren auch – so schloss ich – die Entscheidung derer, die zu uns kommen. Sie machen von einem verbrieften Grundrecht Gebrauch. Aber wir bitten sie zu überlegen, ob jetzt nicht die Hoffnung für die Zukunft in der DDR stärker geworden ist.

Nach den Erklärungen stimmten einige Abgeordnete die dritte Strophe des Deutschlandliedes an. Fast alle erhoben sich. Die meisten – bei den Sozialdemokraten vor allem die Älteren, darunter Willy Brandt und ich – sangen mit. Es war ein bewegender und – hier ist das Wort wirklich am Platze – ein historischer Augenblick. Mir erschien auch die Art und Weise, in der der Bundestag auf den Fall der Mauer reagierte, eindrucksvoll: Tief bewegt, aber ohne nationalistischen Überschwang und ohne Verleugnung der Divergenzen, die es in der Frage der richtigen spontanen Reaktion auf das geschichtliche Ereignis der Maueröffnung gab.

Am nächsten Tag nahm ich an einer Sondersitzung des Berliner Abgeordnetenhauses und an der anschließenden Kundgebung vor dem Schöneberger Rathaus teil. Es war die Kundgebung, auf der Willy Brandt den denkwürdigen Satz sprach: „Jetzt wächst zusammen, was zusammengehört." Die fünfunddreißig- bis vierzigtausend Menschen, die sich dort eingefunden hatten, bejubelten Brandt enthusiastisch. Die Rede Helmut Kohls, der seine Polenreise wegen des Falls der Mauer unterbrochen hatte, wurde hingegen von Pfiffen und Sprechchören begleitet. Gelegentlich hatte er Mühe, sich verständlich zu machen. Da seine Ausführungen dazu eigentlich keinen Anlass gaben, bezogen sich die Missfallenskundgebungen wohl eher auf seine Person als solche. Walter Momper als Redner wurde wiederum freundlich aufgenommen. Wir Deutschen seien – so rief er unter stürmischem Beifall aus – jetzt das glücklichste Volk der Welt. Das wurde besonders lebhaft beklatscht. Sinngemäß sagte er allerdings auch, es gehe jetzt nicht um eine Wiedervereinigung, sondern um ein Wiedersehen. Auch Hans-Dietrich Genscher, der als weiterer Redner sprach, hatte keinen Anlass, sich über das Publikum zu beklagen.

Kurz vor der Kundgebung informierte mich Willy Brandt, dass ihm soeben ein Schreiben Gorbatschows übergeben worden sei, in dem dieser sich über die Lage in Berlin besorgt zeigte und die Befürchtung äußerte, es könne in Ost-Berlin zu unkontrollierten Aktionen und Entwicklungen kommen. Ob die sowjetische Führung für diesen Fall ein Eingreifen ihrer Streitkräfte erwog, ging aus dem Brief nicht hervor. Auf die Verantwortung der Sowjetunion für die Sicherheit in Ost-Berlin wurde aber hingewiesen. Wie ich später erfuhr, hatte Kohl zur gleichen Zeit einen entsprechenden Brief erhalten. Brandt ließ Gorbatschow eine beruhigende Antwort zukommen und Kohl tat offenbar das Gleiche. Damit war der Vorgang für den Augenblick erledigt. Eine nachdrückliche Erinnerung daran, dass die Sowjetunion in Ost-Berlin und der DDR noch immer das letzte Wort hatte, blieb er allemal – und sollte er wohl auch sein. Jeder wusste ja, dass damals in der DDR an die 350.000 sowjetische Soldaten standen und was es bedeuten würde, wenn diese den Befehl bekämen, ähnlich zu intervenieren wie am 17. Juni 1953, wie 1956 in Ungarn oder wie 1968 in der Tschechoslowakei. Die Politik, die Michail Gorbatschow bis dahin betrieben hatte, ließ das zwar eher unwahrscheinlich erscheinen, völlig ausgeschlossen war es aber nicht. Inzwischen weiß man, dass Einheiten der DDR-Grenztruppen am Abend des 9. November zwar in widersprüchlicher Weise alarmiert worden sind, dass jedoch dank der besonnenen Haltung eines Generals der Grenztruppen jeder Einsatz gegen die Menschen unterblieb, die sich in wachsender Zahl an den Berliner Grenzübergängen einfanden und sie auch bereits überquerten. Das Kollegium des Verteidigungsministeriums, das ab 21 Uhr unter Vorsitz des Ministers Keßler in Straußberg tagte, ging nach einiger Zeit ohne Entscheidung auseinander. Ein militärisches Vorgehen gegen die Menschen wurde auch von dort aus nicht befohlen.

Nach der Kundgebung fuhren Willy Brandt, Dietrich Stobbe und ich zum Grenzübergang Invalidenstraße, um von da in das Evangelische Hospiz im Ostteil der Stadt zu gelangen. Dort waren wir mit Repräsentanten der neu gegründeten Sozialdemokratischen Partei der DDR verabredet. Schon auf dem Weg zum Übergang kamen uns zu Tausenden die Menschen aus dem Osten entgegen, die von der noch nicht 24 Stunden alten Freiheit Gebrauch machten, die Grenze so zu passieren, als ob es sie schon nicht mehr gäbe. Am Übergang mussten wir einige Zeit warten, weil Willy Brandt keinen Personalausweis dabeihatte. Das brachte den Grenzoffizier, dessen Vorstellungswelt angesichts der Menschenströme, die den Übergang in beiden Richtungen querten, wohl ohnehin schon zusammengebrochen war, in zusätzliche Verlegenheit. Nach einigen Minuten, während deren er anscheinend mit seinen Vorgesetzten telefonierte und zwischendurch immer wieder salutierend an unserem Wagen erschien, ließ er uns fahren. Er sprach noch von „Einreisen". Natürlich hatte er Willy Brandt und mich erkannt. Und meine Bemerkung, wir wollten als Präsident und Vizepräsident der Sozialistischen Internationale zu einer Zusammenkunft mit Ost-Berliner Sozialdemokraten, tat ein Übriges. Wer wie ich den Übergang unter Beachtung der üblichen Prozeduren – eine bevorzugte Behandlung habe ich stets abgelehnt – viele Male benutzt hatte, musste sich in die Nase kneifen, um sich selber zu vergewissern, dass er nicht träumte. Erkannt hatten Willy Brandt auch die Menschen, die an uns vorüberzogen, während wir am Übergang warteten. Sie riefen und winkten uns zu und waren von einer unbeschreiblichen Freude erfüllt. Ich habe selten in meinem Leben so frohe Gesichter gesehen wie an diesem Abend. Was wir dann im Evangelischen Hospiz im Einzelnen besprochen haben, weiß ich nicht mehr genau. Wichtiger waren das Ereignis als solches und die Tatsache, dass es in Ost-Berlin und darüber hinaus in der DDR wieder Sozialdemokraten und Sozialdemokratinnen gab, mit denen wir uns ungehindert treffen konnten. Helmut Kohl war über die Ablehnung, die ihm vor dem Schöneberger Rathaus entgegengeschlagen war, außerordentlich verbittert. Das ließ er insbesondere Walter Momper, aber auch die SPD insgesamt spüren. Zu einem neuerlichen Kontakt zwischen ihm und mir kam es – trotz meiner auch jetzt noch öffentlich wiederholten Bereitschaft zur Zusammenarbeit – wohl auch deshalb nicht. Stattdessen wurde mir aus den Reihen der Union und auch vom Kanzler selbst entgegengehalten, Runde Tische brauche man nur, wenn es darum gehe, eine Diktatur zu überwinden, nicht aber in einer Demokratie.

Im Kontext der deutschen Geschichte bedeutete die Öffnung der Mauer, von heute her betrachtet, den entscheidenden Schritt zur Einheit. Zugleich lieferte dieser Tag den sichtbaren Beweis dafür, dass ein autoritäres System dem Freiheitsverlangen der Menschen selbst mit Mauer und Stacheldraht nicht auf Dauer standhalten kann. In diesem Sinn hat sich die Demokratie als ansteckend erwiesen und nicht umgekehrt – wie manche Besorgte lange glaubten – die freiheitsfeindliche Ideologie des Kommunismus. Auf dieser Annahme beruhte die von Willy Brandt eingeleitete und von Helmut Schmidt, aber auch unter Helmut Kohl fortgesetzte Ost- und Deutschlandpolitik des Gewaltverzichts, der Normalisierung und der Verbreiterung der Kontakte mit der Sowjetunion, mit den übrigen osteuropäischen Staaten und insbesondere mit der DDR.

Was aber ging dem 9. November 1989 voraus und was folgte ihm, bis die deutsche Einheit am 3. Oktober 1990 endgültig zustande kam? Es würde den hier gegebenen Rahmen sprengen, wenn ich die Entwicklung, die von der Teilung Deutschlands in den Nachkriegsjahren bis zum Fall der Mauer führte, im Einzelnen darstellen wollte. Aber der 9. November ist ja nicht vom Himmel gefallen. Deshalb sind doch einige Bemerkungen zunächst über die weit zurückreichende Vorgeschichte dieses Ereignisses am Platze.

Substanzielle Voraussetzungen für das, was dann schließlich geschah, waren jedenfalls die West-Integration der Bundesrepublik während der Kanzlerschaft Konrad Adenauers und die Ost- und Deutschlandpolitik Willy Brandts. Letztere ist insbesondere von Hans-Dietrich Genscher als Außenminister auch nach dem Ende der sozial-liberalen Koalition konsequent fortgeführt worden. Dafür, dass auch Helmut Kohl an dieser Linie festhielt, waren zwei Ereignisse besonders augenfällig.

Einmal die von Franz Josef Strauß mit Billigung Helmut Kohls eingefädelten Milliardenkredite deutscher Banken an die DDR, für die die Bundesrepublik die Bürgschaft übernahm. Sie kamen im Sommer 1983 zustande und verhalfen der DDR zur Stabilisierung ihrer ökonomischen Situation ebenso wie zur Festigung ihres internationalen Ansehens. Der Vorgang hatte übrigens einen schweren Konflikt innerhalb der CSU zur Folge.

Zum anderen der Staatsbesuch Erich Honeckers in der Bundesrepublik im September 1987. Ihm lag eine schon von Helmut Schmidt als Bundeskanzler ausgesprochene und von Helmut Kohl mehrfach erneuerte Einladung zugrunde. Das eigentlich Spektakuläre daran war, dass er stattfand. Die deutsche Zweistaatlichkeit schien mit dem Hissen der DDR-Fahne und der Intonation der DDR-Hymne vor dem Bundeskanzleramt endgültig und in aller Form anerkannt. Honecker wirkte wie einer, der nach langen Jahren sein wichtigstes Ziel erreicht hat, und machte deshalb sogar einen in Grenzen entspannten Eindruck. Helmut Kohl absolvierte seinen gewiss nicht einfachen Part respektabel und behandelte seinen Gast, ebenso wie der Bundespräsident, korrekt und aufmerksam. Dass Honecker knapp zwei Jahre später nicht mehr im Amt sein würde, hat damals niemand vorausgesehen.

Der Prozess, der schließlich zur Implosion des sowjetischen Systems und zum Ende der DDR führte, war aber schon im Gange. Gorbatschow hatte ihn nach seiner Wahl zum Generalsekretär im März 1985 mit seinem Reformprogramm der wirtschaftlichen und sozialen Umgestaltung – Perestroika – und der Abkehr von der bis dahin geübten reglementierten Informationspolitik – Glasnost – eingeleitet und bereits ein ganzes Stück vorangetrieben. Offenbar glaubte er dennoch, die führende Rolle der Kommunisten behaupten zu können. Sie war allerdings zuvor in Polen von der Gewerkschaft Solidarność, die kontinuierlich an Gewicht gewann, durch Streiks und Demonstrationen schon seit Ende der 70er Jahre immer wieder infrage gestellt worden.

Erich Honecker litt in dieser Zeit unter einem zunehmenden Realitätsverlust. Bei unserer letzten Begegnung Ende Mai 1989 sprach ich ihn – wie auch schon vorher – auf diese Entwicklungen und insbesondere auf das Verbot der sowjetischen Zeitschrift *Sputnik* in der DDR an. Mir erscheine es zweifelhaft, dass sich die DDR auf längere Sicht von den Veränderungen ausschließen könne, die in der Sowjetunion, in Polen, aber auch bereits in Ungarn für jedermann sichtbar vor sich gingen. Er erwiderte, die Sowjetunion und die DDR seien nicht ohne Weiteres zu vergleichen. Außerdem solle ich mich darauf verlassen: Bei aller Kritik, die es unter den Älteren gebe – die SED habe die Jugend in ihrem Geiste erzogen und habe sie deshalb für sich.

In einem Gespräch mit Walter Momper – damals Regierender

Bürgermeister in Berlin – im Juni 1989 äußerte er sich noch realitätsferner. Ihm war zu Ohren gekommen, dass ich wenige Tage zuvor bei einer Begegnung mit Gorbatschow in Bonn bemerkt hatte, die reformorientierten Kräfte würden sich in der DDR ebenso durchsetzen wie in Moskau. Das veranlasste ihn, Momper gegenüber wörtlich zu erklären: „In der DDR bestimmen wir und sonst niemand. Herr Vogel hat sich an die falsche Adresse gewandt. In der DDR entscheidet die Volkskammer." Und weiter: „Herr Vogel wird sehen, dass das Bündnis zwischen der DDR und der Sowjetunion unerschütterlich ist. Sie können keinen Keil zwischen uns treiben."

Realitätsnäher war da Erhard Eppler. Er sprach am 17. Juni 1989 auf der alljährlichen Veranstaltung des Bundestages zum Gedenken an den Arbeiteraufstand des Jahres 1953. In einer eindrucksvollen Rede, die auch heute noch die Lektüre lohnt, sagte er, die SED bewege sich auf tauendem Eis, auf dem schmelzenden Eis des Kalten Krieges. Wer sich da nicht bewege aus Furcht, er könne einbrechen, werde dem kalten Wasser wohl nicht entkommen.

Nun beschleunigten sich die Ereignisse. Der Strom von Flüchtlingen aus der DDR schwoll an. Am 11. September öffnete Ungarn seine Grenze für DDR-Bürger, die in den Westen wollten. Anfang Oktober durften Tausende, die in die Prager Botschaft geflohen waren, über Dresden in die Bundesrepublik ausreisen. Am 7. Oktober wird in Schwante die Sozialdemokratische Partei der DDR gegründet. Am gleichen Tage kommt es am Rande der Feiern zum vierzigsten Jahrestag der DDR-Gründung in Berlin zu spontanen Protesten und wenig später in Leipzig und anderen Städten zu Massendemonstrationen. Am 16. Oktober trat Egon Krenz an die Stelle von Erich Honecker. Und am 4. November schließlich versammeln sich über siebenhunderttausend Menschen in Berlin auf dem Alexanderplatz und fordern unter anderem mit Transparenten „Wir sind das Volk" sofortige politische Reformen. Fünf Tage später fällt die Mauer.

Ein Ereignis aus jener Zeit haftet mir noch besonders im Gedächtnis. Unter den vielen Briefen, die ich anlässlich meines Ausscheidens aus dem Fraktionsvorsitz erhielt, stammte einer von einem Leipziger Bürger. Er gehörte als Kultursekretär der SED-Bezirksleitung zusammen mit dem Dirigenten Kurt Masur zu den Leipziger Sechs, die am 9. Oktober 1989 mit ihrem Aufruf zur Gewaltlosigkeit Mut bewiesen und dazu beigetragen hatten, dass die Großdemonstration an diesem Tage ungehindert stattfinden konnte. Ich hatte ihn und Kurt Masur am Tage darauf angerufen und ihnen meine Hochachtung ausgedrückt. Jetzt schrieb er mir, er habe meinen Weg in den zurückliegenden Jahren als ehemaliger DDR-Bürger verfolgt und wolle mir dafür gerade auch als eine sogenannte „Altlast" danken. Auch wenn er selbst glaube, keine Schuld auf sich geladen zu haben, trage er doch schwer daran, dass er sich habe missbrauchen lassen. Das erscheint mir noch heute als ein sehr authentischer deutsch-deutscher Zuruf.

Es ist gut, sich diese mit zunehmender Geschwindigkeit aufeinander folgenden Geschehnisse immer wieder einmal vor Augen zu führen – schon um zu erkennen, wieviel Grund wir haben, dem Schicksal – ich sage dem Herrgott – dafür dankbar zu sein, dass dies alles ohne einen Tropfen Blutvergießen zustande kam.

Nach dem 9. November verlief die Entwicklung nicht weniger stürmisch. Ein wichtiger Schritt war dabei bereits die Bundestagsdebatte vom 28. November 1989, in der sich Helmut Kohl in einer Zehn-Punkte-Erklärung für die Schaffung konföderativer Strukturen zwischen der Bundesrepublik und der DDR mit dem Ziel einer Föderation aussprach. Dass ich zuvor in einem Fünf-Punkte-Programm im Ergebnis für meine Fraktion bereits dasselbe gefordert hatte, ist bis heute weithin unbekannt geblieben. Dann folgte die bedeutsame Rede Helmut Kohls vom 19. Dezember 1989 vor der Ruine der Dresdner Frauenkirche. Sie war in einer überaus schwierigen Situation wegen ihrer Sensibilität und ihrer Besonnenheit ein wichtiger Beitrag zum friedlichen Ablauf des damaligen Geschehens. Auch stand dort wohl erstmals auf den

Transparenten „Wir sind ein Volk". Ein weiterer Schritt war die DDR-Volkskammerwahl vom 18. März 1990, bei der die Union ungeachtet oder vielleicht sogar infolge der weitgehenden Übernahme der Strukturen der Blockpartei gleichen Namens beträchtlich besser und die neu gegründete Sozialdemokratie in der DDR beträchtlich schlechter abschnitt als erwartet. Am 1. Juli trat die Währungsunion gegen den Willen des damaligen sozialdemokratischen Kanzlerkandidaten Lafontaine, aber mit Zustimmung einer von Willy Brandt und mir unterstützten Fünf-Sechstel-Mehrheit der SPD-Bundestagsfraktion in Kraft. Am 12. September wurde der Zwei-plus-Vier-Vertrag, um den sich Hans-Dietrich Genscher als Außenminister beträchtliche Verdienste erworben hat, unterzeichnet und damit auch die polnische Westgrenze endgültig völkerrechtlich festgelegt. Am 20. September billigten Bundestag und Volkskammer den Vertrag über die Herstellung der Einheit Deutschlands und am 27. September vereinigten sich die sozialdemokratischen Parteien in der Bundesrepublik und in der DDR. Am 3. Oktober wurde die Einheit Wirklichkeit.

Über manche Elemente ihrer Deutschlandpolitik haben die Parteien lebhaft und mitunter bitter gestritten. Wechselseitige Vorwürfe sind auch heute noch zu hören. Gegen meine Partei lauten sie im Wesentlichen:

– Sie habe sich vor 1989 bereits endgültig in der Zweistaatlichkeit eingerichtet und auch während des Einigungsprozesses noch gezögert, die Herstellung der Einheit als ihr Ziel zu proklamieren.

– Sie habe einen zu nahen Umgang mit der SED und ihren Repräsentanten gepflogen und sich zu wenig um Kontakte mit den oppositionellen Kräften bemüht. In diesem Zusammenhang wird insbesondere auf das von der Grundwertekommission der SPD und der Akademie für Gesellschaftswissenschaften beim Zentralkomitee der SED Mitte der 80er Jahre erarbeitete Papier „Der Streit der Ideologien und die gemeinsame Sicherheit" verwiesen.

– Sie habe sich der Raketenstationierung aufgrund des sogenannten Doppelbeschlusses und damit der Maßnahme widersetzt, die die Sowjetunion letzten Endes zu der entscheidenden Kursänderung genötigt habe. Und

– sie habe die Finanzierung der zentralen Erfassungsstelle der Justizverwaltungen der Länder in Salzgitter im Jahre 1988 aufgekündigt.

Die Kritik an der zuletzt genannten Entscheidung muss ich aus heutiger Sicht akzeptieren. Zwar erschien es als in hohem Maße widersprüchlich, Erich Honecker als Staatsgast zu empfangen und gleichzeitig eine Sondereinrichtung beizubehalten, die es vorher nur in Gestalt der zentralen Erfassungsstelle für NS-Verbrechen in Ludwigsburg gegeben hat. Auch wäre die Pflicht der Staatsanwaltschaften, Straftaten zu verfolgen, durch die Schließung der zentralen Erfassungsstelle nicht berührt worden. Dennoch wäre die Aufkündigung besser unterblieben, weil die zentrale Erfassungsstelle eine ständige Mahnung gegenüber den unerträglichen Zuständen an der innerdeutschen Grenze darstellte.

Die übrigen Vorwürfe halten indes einer objektiven Prüfung nicht stand.

Es ist richtig, dass die Mehrheit der SPD seinerzeit die Raketenstationierung abgelehnt hat. Dass durch diese Stationierung die Implosion des sowjetischen Systems verursacht worden sei, bewegt sich indes im Bereich der Spekulation. Ursächlich für diese Implosion war vielmehr ein ganzes Bündel von längerfristigen politischen Entwicklungen, auf die ich in anderen Kapiteln bereits eingegangen bin, und von einzelnen konkreten Geschehnissen. Von diesen erwähne ich nur als Beispiel noch einmal die Wahl des Polen Johannes Paul II. zum Papst und das dadurch wesentlich mitbewirkte Erstarken der Solidarność. Oder auch den wachsenden Überdruss der Menschen in anderen Staaten des sogenannten Warschauer Paktes und auch in der Sowjetunion selbst an den Beschränkungen, die ihnen das kommunistische System in vielen Hinsichten auferlegte.

Was das Papier „Der Streit der Ideologien und die gemeinsame Sicherheit" angeht, genügt im Grunde schon der Hinweis, dass die SED darin folgende Sätze akzeptierte:

„Die offene Diskussion über den Wettbewerb der Systeme, ihre Erfolge und Misserfolge, Vorzüge und Nachteile, muss innerhalb jedes Systems möglich sein. Möglicher Wettbewerb setzt sogar voraus, dass diese Diskussion gefördert wird und praktische Ergebnisse hat. Nur so ist es möglich, dass öffentlich eine vergleichende Bilanz von Praxis und Erfahrung beider Systeme gezogen wird, so dass Misslungenes verworfen, Gelungenes festgehalten und gegebenenfalls übernommen und weiterentwickelt werden kann.

Kritik auch in scharfer Form darf nicht als eine ‚Einmischung in die inneren Angelegenheiten' der anderen Seite zurückgewiesen werden. Jedenfalls gilt auch hier das Prinzip der souveränen Gleichheit, dass keine Seite praktisch in Anspruch nehmen darf, was sie der anderen nicht zubilligt."

Diese Sätze wurden ebenso wie das ganze Papier im Sommer 1987 im *Neuen Deutschland*, dem Zentralorgan der SED, publiziert. Mit diesen Sätzen hatte die SED in aller Öffentlichkeit den Wettbewerb der Systeme anerkannt und zugleich ihr Wahrheitsmonopol und damit ein zentrales Element der kommunistischen Ideologie infrage gestellt. Nicht umsonst haben Bürgerrechtler vor und nach 1989 berichtet, dass gerade die in Rede stehenden Sätze für sie eine wichtige Hilfe bedeutet hätten. So schrieb beispielsweise Rainer Eppelmann – Minister im letzten DDR-Kabinett Lothar de Maizière und dann lange CDU-Bundestagsabgeordneter – in seinem Buch *Fremd im eigenen Haus*: „Das Papier nutzte der SED letztlich nicht viel. Uns brachte es aber taktische Vorteile im Umgang mit unserer Staatsführung."

Unser Umgang mit den Spitzen der DDR unterschied sich nicht wesentlich von dem, den andere Parteien pflegten. Gewiss gab es da auch Äußerungen und Verhaltensweisen, die besser unterblieben wären. Aber niemand aus unserer Führungsebene erreichte jemals den Grad an Vertrautheit, ja Intimität, wie sie Franz Josef Strauß im Umgang mit Alexander Schalck-Golodkowski praktizierte, mit dem er sich mehr als zwanzigmal traf, darunter des Öfteren auch in seiner Privatwohnung. Aber auch an anderen Beispielen ist da kein Mangel.

Mit den oppositionellen Kräften in der DDR hatten wir durchaus Kontakt. So bin ich selbst in den 80er Jahren bei meinen privaten Reisen in die DDR mit zahlreichen Persönlichkeiten des kirchlichen Lebens zusammengetroffen – darunter mit solchen, die wie Friedrich Schorlemmer in Wittenberg oder Propst Heino Falcke in Erfurt in klarer, auch öffentlich bekannter Opposition zur SED standen. Andere Sozialdemokraten haben damals vielfältige Verbindungen zu dem gleichen Personenkreis, zu Angehörigen der Friedensbewegung und zu Bürgerrechtlern geknüpft.

Dass wir uns vor 1989 stärker als andere in der Zweistaatlichkeit „eingerichtet" hätten, möchte ich nachdrücklich bestreiten. Immerhin haben wir als Partei zu keiner Zeit die gemeinsame Staatsangehörigkeit oder die Präambel des Grundgesetzes infrage gestellt. Und wir haben die Frage der deutschen Einheit völkerrechtlich und politisch stets offen gehalten. Auch in der – irrigen – Einschätzung des Zeitpunktes, zu dem die deutsche Einigung aktuell werden könnte, gab es zwischen der Union und uns keinen Unterschied. Noch im August 1989 meinte Helmut Kohl beispielsweise in einem Interview: „Die Zeichen der Zeit stehen auch für die Einigung Europas. Die Einheit der Deutschen ist nach meiner festen Überzeugung nur unter einem europäischen Dach – ich zitiere hier bewusst Franz Josef Strauß – zu denken. Das dauert natürlich alles seine Zeit."

Während des eigentlichen Einigungsprozesses gab es innerhalb der SPD Stimmen, die die Herstellung der staatlichen Einheit zögerlich betrachteten. Aber für den Parteivorstand, den Berliner Parteitag vom Dezember 1989, die Bundestagsfraktion und für mich als Vorsitzenden der Partei und der Fraktion trifft dieser

Vorwurf keineswegs zu. Ich verweise insoweit auf meine vorangegangene Schilderung. Und auch darauf, dass der Berliner Parteitag am 19. Dezember 1989 in einem Beschluss ausdrücklich feststellte, die deutsche Einigung werde über eine Vertragsgemeinschaft und eine Konföderation schließlich auch zu einer bundesstaatlichen Einheit führen.

Außerdem sollte nicht ganz vergessen werden: Am 20. September 1990 haben alle sozialdemokratischen Abgeordneten ohne Ausnahme für, aber immerhin 13 Abgeordnete der CDU/CSU-Fraktion gegen den Einigungsvertrag gestimmt.

Wichtiger noch als diese Erörterungen ist mir aber die Erinnerung an die Mitternachtsstunde vor dem Reichstagsgebäude in Berlin in der Nacht vom 2. auf den 3. Oktober, zu der sich einige zehntausend Menschen versammelt hatten. Als die Bundesfahne an dem neu aufgestellten Mast hochgezogen wurde und die Nationalhymne erklang, blickte ich zu dem Fenster hinauf, von dem aus Philipp Scheidemann am 9. November 1918 die erste deutsche Republik ausgerufen hatte. Ich hoffte, unser Volk würde gerade jetzt die Lehren beherzigen, die ihm in seiner Geschichte seitdem zuteil geworden waren. Dass nationaler Überschwang und schmetternde Kundgebungen ausblieben, dass der Jubel und die Freude eher nachdenklich klangen, erschien mir als ein gutes Omen.

Noch etwas ging mir durch den Kopf. Nämlich der von Bert Brecht verfasste Text der sogenannten *Kinderhymne*. Er schien mir all das auszudrücken, was man unserem Lande in diesem Augenblick wünschen sollte. Da heißt es zu Beginn:

„Anmut sparet nicht noch Mühe
Leidenschaft nicht noch Verstand
Dass ein gutes Deutschland blühe
Wie ein andres gutes Land."

Und am Ende:

„Und nicht über und nicht unter
Andern Völkern woll'n wir sein,
Von der See bis zu den Alpen
Von der Oder bis zum Rhein.

Und weil wir dies Land verbessern
Lieben und beschirmen wir's
Und das liebste mag uns scheinen
So wie andern Völkern ihr's."

Besser kann man die Sympathie für sein eigenes Land, für
Deutschland, eigentlich kaum ausdrücken.

* * *

Aus der Sicht von Bernhard Vogel

„Sie wird in 50 und auch in 100 Jahren noch bestehen bleiben.
Das ist schon erforderlich, um unsere Republik vor Räubern zu
schützen. Ganz zu schweigen von denen, die gerne bereit sind,
Stabilität und Frieden in Europa zu zerstören", so Erich Honecker im Januar 1989 über die Berliner Mauer.

Zehn Monate später, am Spätnachmittag des 9. November,
gibt Günter Schabowski – ein weithin unbekanntes Mitglied des
SED-Politbüros und Sekretär des Zentralkomitees – eine Pressekonferenz. Sie wird im Fernsehen live übertragen. Kurz vor dem
Ende, gegen 19 Uhr, teilt er den erstaunten Journalisten mit, dass
ab sofort Westreisen jedermann möglich seien. Gegen 21.30 Uhr
stürmen die ersten DDR-Bürger in den Westen. Am Brandenburger Tor spielen sich dramatische Szenen ab. Wildfremde Menschen liegen sich in den Armen, Freudentränen in den Augen.
Gegen 1 Uhr nachts beginnt unter dem Jubel der Berliner in der
Bernauer Straße der Abriss der Mauer. In den folgenden Tagen

ergießt sich ein nicht enden wollender Strom von Menschen von Ostdeutschland nach Westberlin, ziehen endlose Trabbi-Schlangen nach Bayern, Hessen, Niedersachsen, Schleswig-Holstein und in die ganze Bundesrepublik. Westdeutsche stehen mit Kaffee, Kuchen und Sekt an den Straßenrändern.

Im Kapitel 14 habe ich beschrieben, wo und wie ich die dramatischen Stunden des 9. November 1989 erlebt habe. Im Kapitel 15 bin ich unter anderem auf die Wahlen des Jahres 1990 in den jungen Ländern eingegangen, und im Kapitel 7 habe ich meine Auffassung auch zur zentralen Erfassungsstelle in Salzgitter dargelegt. Das muss ich hier nicht wiederholen.

Dem Fall der Mauer vorausgegangen war die Zuspitzung der Situation in der DDR anlässlich des 40. Jahrestags ihrer Gründung am 7. Oktober 1989: Vor der Tribüne des Politbüros findet die übliche Militärparade statt. Michail Gorbatschow nimmt daran teil, auch der rumänische Partei- und Staatschef Nicolae Ceauşescu und eine chinesische Delegation. Die Grenzübergänge sind geschlossen. Aus allen Richtungen rollen bewaffnete Kräfte und schweres Kriegsgerät in die Stadt. Über 1000 Demonstranten werden verhaftet.

Am darauffolgenden Tag werden in Leipzig Streitkräfte in einer Stärke von 8000 Mann zusammengezogen, Krankenhäuser und Ärzte in Alarmbereitschaft versetzt. Wäre es allein nach Honecker gegangen, hätte die DDR-Führung in Leipzig am 9. Oktober ein blutiges Exempel statuiert. In vier Kirchen der Stadt versammeln sich etwa 8000 Menschen, darunter 1000 verdeckte Mitarbeiter der Staatssicherheit. An der Massendemonstration nehmen über 70.000 Menschen teil. Acht Tage später demonstrieren 120.000. Die Situation steht auf des Messers Schneide. In Halle, in Dresden, im ganzen Land gehen die Menschen auf die Straßen. Sprechchöre und Transparente fordern freie Wahlen. „Gorbi, Gorbi"-Rufe ertönen. „Wir sind das Volk", „Pressefreiheit", „Völker hört die Signale" wird skandiert. Erich Honecker tritt zurück. Egon Krenz wird sein Nachfolger: „Wir werden eine Wende einleiten." Das Wort von der Wende fällt zum ersten Mal.

Alles hing vom Verhalten der Sowjetunion ab, von Gorbatschow und seinem Befehl an die sowjetischen Truppen in der DDR. Dass sich der 17. Juni 1953 nicht wiederholte, dass die Truppen in den Kasernen blieben, war die entscheidende Voraussetzung dafür, dass kein Schuss fiel, dass die Revolution ihren friedlichen Verlauf nahm, dass die Bürgerinnen und Bürger der DDR mit nichts anderem als mit Angst im Herzen, Kerzen in den Händen und Gebeten auf den Lippen das Joch der kommunistischen Diktatur abwarfen.

Elf Monate später, in der Nacht vom 2. auf den 3. Oktober, war ich vor dem Reichstag dabei, als zum Zeichen der wiedergewonnenen Einheit die schwarz-rot-goldene Fahne vor dem Reichstag aufgezogen wurde. Eine Stunde großer Freude und großer Dankbarkeit. Wir waren am Ziel! Unsere Hoffnung hatte sich erfüllt, Deutschland war wiedervereinigt. Im Osten hatten die Menschen den Glauben daran nie aufgegeben. Im Westen dagegen war bei vielen der Zweifel gewachsen, bei manchen sogar der Wille geschwunden. Von der Wiedervereinigung als „historischem Schwachsinn" hatte Oskar Lafontaine gesprochen. „Lasst uns um alles in der Welt aufhören, von der Einheit zu träumen oder zu schwätzen", meinte Egon Bahr noch Anfang November 1989 – wenige Tage vor dem Mauerfall. Willy Brandt dagegen hatte die deutsche Einheit nie abgeschrieben. Für ihn wuchs zusammen, was zusammengehört.

Spät in der Nacht ging ich allein durch das Brandenburger Tor, Unter den Linden entlang zum Kronprinzenpalais, wo die Konrad-Adenauer-Stiftung ihr erstes, noch sehr provisorisches Büro eingerichtet hatte, um dort auf einem Feldbett zu übernachten. Ich war dankbar dafür, dass ich diesen Tag erleben durfte, und ich war stolz darauf, dass meine Partei den Glauben an die Einheit unseres Vaterlandes nie aufgegeben hatte, dass Konrad Adenauer durch seine weitblickende Politik den Grundstein dafür gelegt hatte und Helmut Kohl zum Kanzler der Einheit geworden war.

Es war nur zu verständlich, dass die Menschen entlang der fast 1400 Kilometer langen Grenze durch Deutschland – mehr als die Hälfte davon zwischen Thüringen und seinen Nachbarländern – sofort darangingen, Mauer und Stacheldraht abzureißen, die Grenzstreifen zu pflügen, die Wachtürme zum Einsturz zu bringen, die Betonpisten zu sprengen, alle Zeichen der unsinnigsten Grenze, die es in der Welt gegeben hatte, zu beseitigen, die Straßen und die Bahnlinien wieder zu verbinden, wo sie über Jahrzehnte unterbrochen waren.

Wir, die Thüringer Landesregierung, haben uns bemüht, entlang der Landesgrenze zu Bayern, Hessen und Niedersachsen wenigstens einige Erinnerungs- und Gedenkstätten zu erhalten, um nachfolgenden Generationen Zeugnisse von dem zu bewahren, wozu ideologisch irregeleitete Menschen fähig sein können. Es entstanden die Grenzlandmuseen in Mödlareuth, Teistungen, Schifflersgrund und Point Alpha. In Mödlareuth, einem kleinen Dorf an der Grenze zwischen Südthüringen und Franken, „little Berlin" genannt, ging die Mauer mitten durch das Dorf, mitten durch die Hauptstraße. Wollte der Bruder den Bruder besuchen, musste er nach München fahren, mit einem Flugzeug einer amerikanischen Fluglinie nach Westberlin fliegen, um von dort die andere Straßenseite seines Dorfes zu erreichen.

In Teistungen konnten wir den Grenzposten erhalten und die Grenzanlagen, die das Untereichsfeld vom Obereichsfeld, Duderstadt von Heiligenstadt getrennt hatten. In Schifflersgrund entstand ein Grenzlandmuseum am Fuße der Burg Hanstein, die im Sperrgebiet lag. Niemand außer den Grenzposten durfte sie besuchen. Besonders schwierig war es, Point Alpha, den „heißesten Punkt des Kalten Krieges", zu erhalten. Amerikanische Soldaten hatten hier Aug' in Aug' sowjetischen Soldaten gegenübergestanden, weil man im Falle eines Falles von hier aus den Angriff der Truppen des Warschauer Paktes in Richtung „Fulda Gap" (Fuldaer Lücke) und Rhein-Main-Flughafen befürchtete. Ein Schuss, und wäre er nur aus Unachtsamkeit abgegeben worden, hätte einen dritten Weltkrieg entfesseln können. Point Alpha lag auf hessischer Seite, und erst Ministerpräsident Koch unterstützte unser Bemühen zur Sicherung der Anlage. Heute ist Point Alpha ein Stück deutscher Geschichte, eine Stätte friedlicher Begegnung, ein Ort gegen das Vergessen, aber auch ein Ort der in die Zukunft gerichteten Ermahnung. Am 17. Juni 2005 trafen sich George Bush sen., Michail Gorbatschow und Helmut Kohl auf Point Alpha und nahmen dort den Point-Alpha-Friedenspreis entgegen. Mauer und Stacheldraht trennten Deutschland schon seit 15 Jahren nicht mehr. Sie trennen Europa nicht mehr.

18 20. Juni 1991 –
Berlin wird Sitz des Bundestages

Hans-Jochen Vogel

Die Entscheidung, ob der Bundestag nach Berlin gehen oder in Bonn verbleiben solle, fiel erst in der Bundestagssitzung vom 20. Juni 1991. Der Versuch, diese Frage schon im Einigungsvertrag zu regeln, war gescheitert. Nach einer Kontroverse, die zwischen Berlin- und Bonn-Befürwortern während der schwierigen Verhandlungen über den Einigungsvertrag schon wegen des enormen Zeitdrucks und der Stofffülle eher am Rande ausgetragen wurde, einigte man sich im Artikel 2 Abs. 1 des Vertrages nur auf die beiden Sätze:

> „Die Hauptstadt Deutschlands ist Berlin. Die Frage des Sitzes von Parlament und Regierung wird nach der Herstellung der Einheit Deutschlands entschieden."

Damit blieb es den zuständigen Bundesorganen überlassen, jeweils selbst Entscheidungen über ihren Sitz zu treffen. Im Vordergrund stand dabei naturgemäß die Entscheidung des Bundestages. Ihr ging eine intensive, bisweilen leidenschaftliche und von gelegentlichen Misstönen nicht freie öffentliche Diskussion voraus. In deren Verlauf kamen im Bundestag nach einer Fülle komplizierter Gespräche schließlich fünf Anträge zustande, die jeweils von Abgeordneten quer durch die Fraktionen unterstützt wurden. Alle fünf wurden erst am 19. Juni – also einen Tag vor der entscheidenden Plenarsitzung – förmlich eingebracht.

Von diesen Anträgen sprach sich der sogenannte Berlin-Antrag dafür aus, Berlin als Sitz des Bundestages zu bestimmen. Zugleich drückte er die Erwartung aus, dass die Kernbereiche der Regierungsfunktionen in Berlin angesiedelt würden. Die Bereiche der Ministerien und die Teile der Regierung, die primär verwaltenden Charakter haben, sollten ihren bisherigen Sitz behalten und Bonn deshalb auch weiterhin Verwaltungszentrum der Bundesrepublik bleiben. Auch sollte Bonn einen finanziellen Ausgleich erhalten. Unterzeichnet war dieser Antrag unter anderem von Willy Brandt, Wolfgang Schäuble, Wolfgang Thierse und von mir. Ich hatte auch an seiner Formulierung mitgewirkt und darauf gedrängt, den Bonner Interessen so weit wie möglich Rechnung zu tragen. Das mag für die Zustimmung von Abgeordneten, die zwischen Bonn und Berlin schwankten, eine gewisse Rolle gespielt und geholfen haben, für Berlin eine Mehrheit zu erreichen.

Der sogenannte Bonn-Antrag wollte den Bundestag und die Bundesregierung in Bonn belassen, dafür aber den ersten Amtssitz des Bundespräsidenten und den Sitz des Bundesrates nach Berlin verlegen. Er trug an erster Stelle die Unterschrift von Norbert Blüm. Ein dritter Antrag, der vor allem von Heiner Geißler vertretene sogenannte Konsensantrag Berlin/Bonn, schlug vor, den Sitz des Bundestages und den Amtssitz des Bundespräsidenten nach Berlin zu transferieren, die Bundesregierung und alle Ministerien jedoch in Bonn zu belassen. Dem trat ein vierter, unter anderem von Otto Schily unterzeichneter Antrag entgegen, demzufolge der Bundestag und die Bundesregierung keinesfalls örtlich voneinander getrennt werden sollten. Ein fünfter Antrag, den die PDS einbrachte, sprach sich ebenfalls für Berlin aus.

In den Begründungen finden sich historische, zeitgeschichtliche, föderalistische, außenpolitische, wirtschaftliche, finanzielle und verwaltungstechnische Argumente, die dann auch in der Plenarsitzung sämtlich eine Rolle spielten. Diese begann um 10 Uhr und endete kurz vor 22 Uhr. Sie hat sich meinem Gedächtnis besonders eingeprägt und gehört für mich noch heute zu den Sternstunden des Parlaments. Und das nicht primär deswegen, weil 109 Abgeordnete das Wort ergriffen und weitere 106 ihre Reden zu Protokoll gaben. Das allein wäre schon außergewöhnlich gewesen. Das Herausragende dieser Sitzung lag aber darin, dass Partei- oder Fraktionsgrenzen keinerlei Rolle spielten und jeder Abgeordnete deshalb nur für sich sprach und das Ergebnis bis zuletzt offen blieb. Außerdem ging es um eine Entscheidung von historischer Tragweite. Dessen waren sich alle Anwesenden bewusst.

Dass ich als ehemaliger Regierender Bürgermeister für Berlin eintreten würde, war keine Überraschung. In meiner Rede war das Hauptargument das des Vertrauens, der Glaubwürdigkeit und der Verlässlichkeit. Jahrzehntelang sei Berlin für den Fall der deutschen Einheit die Rückkehr von Parlament und Regierung versprochen worden. Noch im Sommer 1989 hätte selbst der Bonner Stadtrat nicht im Traum daran gedacht, eine Resolution vorzulegen, die den Verbleib beider Institutionen in Bonn forderte. Im Gegenteil habe der Bonner Oberbürgermeister noch im Juni 1989 beim Besuch Gorbatschows im Bonner Rathaus wörtlich erklärt:

„Gerade wir Bonner sind uns immer der Tatsache bewusst, dass unsere Stadt entsprechend der Präambel des Grundgesetzes die Aufgabe der Hauptstadt nur stellvertretend für Berlin bis zu dem Zeitpunkt wahrnimmt, an dem eine Wiedervereinigung Deutschlands in Frieden und Freiheit möglich ist."

Es dürfe doch wohl nicht wahr sein, so argumentierte ich weiter, dass ein Versprechen deshalb als gegenstandslos angesehen werde, weil die Bedingung, unter der es stand, nämlich die deutsche Einigung, eingetreten sei. Wer so handele, schlage Wunden, die lange nicht heilen würden. Weiter machte ich geltend, dass die Entscheidung für Berlin das Zusammenwachsen fördern und den Deutschen in den alten Bundesländern ins Bewusstsein heben werde, wie sehr sich im Zuge des Einigungsprozesses auch ihre Lebensverhältnisse, nicht nur die der Menschen in den neuen Bundesländern ändern müssten. Bonn, das seine Aufgabe seit 1949 vorzüglich erfüllt habe, solle ebenso wie der ganzen Region durch großzügige Ausgleichsmaßnahmen geholfen werden. Auf den Geißler'schen Antrag ging ich nicht ein, weil er mir als völlig unpraktikabel erschien. Er wurde dann auch am Ende mit 147 gegen 489 Stimmen abgelehnt.

Die Mehrheit für Berlin kam erst im Verlauf der Sitzung zustande. Maßgebend waren dafür wohl die Reden von Willy Brandt und Wolfgang Schäuble. Von den Bonn-Befürwortern sprach Johannes Rau als nordrhein-westfälischer Ministerpräsident maßvoll. Andere überspannten den Bogen und bestätigten so den Satz, dass Positionen gelegentlich mehr unter ihren Befürwortern als unter ihren Gegnern leiden. Diese Erfahrung hatten zuvor allerdings einige Berlin-Befürworter ebenfalls machen müssen. Am Ende stimmten 320 Abgeordnete für Bonn und 338 für Berlin. Einer enthielt sich, eine Stimme war ungültig. Und nur zwei von 662 Abgeordneten fehlten.

Den Ausschlag für Berlin hatten in der Abstimmung die FDP-Kollegen gegeben, die mit großer Mehrheit für Berlin votierten. In der Unionsfraktion und in meiner Fraktion hatten jeweils die Bonn-Befürworter eine Mehrheit. Einige Bonn-Befürworter kolportierten nach der Sitzung, Berlin habe nur dank der PDS-Stimmen gewonnen. Das war unfair. Bonn hätte nämlich nur dann eine Mehrheit erreicht, wenn sich mindestens zehn der fünfzehn PDS-Abgeordneten, die für Berlin votierten – einer stimmte für Bonn – für Bonn entschieden hätten. Hätten sich alle fünfzehn der Stimme enthalten, hätte es immer noch eine Mehrheit für Berlin gegeben.

Es hat dann noch bis September 1999 gedauert, bis der Bundestag und die Bundesregierung endgültig ihre Tätigkeit nach Berlin verlegt haben. Der Bundespräsident hatte seinen ersten Amtssitz schon seit Januar 1994 in Berlin. Und der Bundesrat, der sich im Juli 1991 zuerst für Bonn entschieden hatte, beschloss im September 1996 schließlich auch noch, nach Berlin zu übersiedeln. Erst in jüngster Zeit ist die Hauptstadtfrage im Grundgesetz neuerlich angesprochen worden. Im Rahmen der sogenannten Föderalismusreform wurde durch das Gesetz zur Änderung des Grundgesetzes vom 28. August 2006 in den Artikel 22 ein Absatz 1 aufgenommen, der wie folgt lautet:

„Die Hauptstadt der Bundesrepublik Deutschland ist Berlin. Die Repräsentation des Gesamtstaates in der Hauptstadt ist Aufgabe des Bundes. Das Nähere wird durch Bundesgesetz geregelt."

Wenn ich die seinerzeitige Entscheidung von heute her betrachte, hat sie sich in meinen Augen bewährt. Sie ist allgemein akzeptiert und hat ihren Beitrag zum deutschen Einigungsprozess auch deshalb geleistet, weil die Politik in Berlin die Folgen der Teilung, die es zu überwinden galt, unmittelbarer vor Augen hatte. Auch den Föderalismus hat sie nicht beeinträchtigt. Sicher ist der Medienbetrieb in Berlin rasanter und mitunter rücksichtsloser geworden. Aber einseitige Parteinahmen und Schärfe gab es auch schon in Bonn. Wahrscheinlich wäre die Rasanz dort heute die gleiche wie in Berlin. Übrigens sind die düsteren Prognosen für Bonn, mit denen seinerzeit argumentiert wurde, in keiner Weise eingetroffen. Im Gegenteil. Bonn prosperiert dank der Telekom, der Deutsche Post World Net und einer respektablen Bundeshilfe stärker als erwartet und macht seinem ihm seinerzeit verliehenen Titel als Bundesstadt alle Ehre.

19 27. Januar 1996 – Ein Gedenktag für die Opfer des Nationalsozialismus

Für Erinnern

Bernhard Vogel

Roman Herzog, im Mai 1994 von den Mitgliedern der ersten gesamtdeutschen Bundesversammlung zum Bundespräsidenten gewählt, hat am 3. Januar 1996 den 27. Januar zum „Tag des Gedenkens an die Opfer des Nationalsozialismus" erklärt. 50 Jahre nach Kriegsende sei es wichtig, „nun eine Form des Erinnerns zu finden, die in die Zukunft weist. Sie soll Trauer über Leid und Verlust ausdrücken, dem Gedenken an die Opfer gewidmet sein und jeder Gefahr der Wiederholung entgegenwirken." So hieß es in der im Bundesgesetzblatt veröffentlichten Proklamation. Der 27. Januar, der Tag der Befreiung des Vernichtungslagers Auschwitz, sollte der Tag der Erinnerung an die Gewaltherrschaft des Nationalsozialismus, an den von Hitler ausgelösten Weltkrieg und den von ihm betriebenen Völkermord an den europäischen Juden, der Tag des Gedenkens an alle Opfer des Nationalsozialismus – Juden, Sinti und Roma, Homosexuelle, Polen, Deutsche, alle, die gelitten haben – werden. Auschwitz steht dabei als Synonym für millionenfachen Mord, steht als die Hölle der Höllen stellvertretend für alle Konzentrations- und Vernichtungslager, für die Folterkeller der Gestapo, für alle Stätten des Terrors.

„Wir wollen nicht unser Entsetzen konservieren. Wir wollen Lehren ziehen, die auch die künftige Generation als Orientierung versteht", war Herzogs Botschaft. Und er fügt hinzu, „man ist nicht nur verantwortlich für das, was man tut, sondern auch für das, was man geschehen lässt". Es kam ihm nicht vorrangig auf öffentliche Feierlichkeiten, sondern auf das Nachdenken an. Eine gute, eine begrüßenswerte Entscheidung. Es war richtig, den Tag der Befreiung von Auschwitz zum gemeinsamen Gedenktag zu erklären. Aber das darf nicht dazu führen, jedes einzelne KZ, den Tag der Befreiung jedes einzelnen KZs in den Hintergrund treten zu lassen. Das Grauen jedes KZs bedarf des Gedenkens.

Ich halte es für richtig, dass an vielen Orten der Welt Holocaust-Museen entstanden sind. Auch wenn man als Deutscher zum Beispiel das Holocaust Museum in Washington nur mit größter Betroffenheit besuchen kann und wenn vor allem Yad Vashem, die Gedenkstätte in Jerusalem, für alle Zukunft eine furchtbare Anklage für das, was geschehen ist, bleiben wird: in Deutschland sollte es aber ein solches Museum auch künftig nicht geben. Wir haben eine Vielzahl authentischer Zeugnisse dieser unmenschlichen Verbrechen. Von ihnen darf man nicht ablenken, ihre Pflege darf nicht vernachlässigt werden.

In meiner Mainzer Zeit galt meine Aufmerksamkeit selbstverständlich den KZs Osthofen bei Worms und Hinzert in der Eifel. Einen Tag nach den Reichstagswahlen von 1933 als sogenanntes „wildes Konzentrationslager" in den Gebäuden einer leer stehenden Papierfabrik errichtet, wurde Osthofen kurz darauf zum staatlichen Konzentrationslager für den gesamten „Volksstaat Hessen" umgewandelt. Bis zu seiner Schließung im Juli 1934 waren dort mindestens 3000 Menschen – zunächst politische Gegner, später auch Juden – inhaftiert. Anna Seghers diente das KZ Osthofen als Vorbild für das „Lager Westhofen", das sie in ihrem Roman *Das siebte Kreuz* beschreibt. Das SS-Sonderlager Hinzert in der Eifel wurde 1939 als „Polizeihaft- und Erziehungslager" für beim Bau des Westwalls eingesetzte Arbeiter gegründet. Am 1. Juli 1940 unterstellte Heinrich Himmler, der „Reichsführer SS", das Lager dem Inspektor für die Konzentrationslager. Es diente als Durchgangslager für Häftlinge anderer KZs, als Arbeitserziehungslager und als „Eindeutschungslager". Wegen der Nähe zu

Luxemburg wurden dort besonders viele Luxemburger festgehalten und ermordet. Im Januar 1945 wurde Hinzert dem KZ Buchenwald als eines seiner zahlreichen Außenlager unterstellt. Bereits 1945 errichteten Luxemburger Bürger auf dem Lagergelände das „Hinzerter Kreuz", 1948 wurde eine Sühnekapelle erbaut und 1955 ein Ehrenfriedhof angelegt.

In Vorbereitung des Besuchs des Luxemburger Großherzogs in Rheinland-Pfalz im März 1977 wurde mir bewusst, wie schrecklich das kleine Land unter seinem deutschen Nachbarn gelitten hatte und warum der Großherzog erst 32 Jahre nach dem Krieg Rheinland-Pfalz zum ersten Mal besuchte, obwohl Trier nur knapp 50 Kilometer von der Stadt Luxemburg entfernt liegt. Heute ist es im Trierer Land zur selbstverständlichen Gewohnheit geworden, in Luxemburg einzukaufen, in Luxemburg zu tanken und in Luxemburg seine Freizeit zu verbringen. Genauso selbstverständlich ist es, von Luxemburg nach Trier zu kommen.

Die meisten Konzentrationslager in Deutschland habe ich besucht: Dachau vor den Toren Münchens natürlich, bei meinen elf Reisen in die DDR zwischen 1976 und 1988 Sachsenhausen, Ravensbrück und Buchenwald. Immer wieder war ich in Auschwitz, an der schwarzen Wand, im Hungerbunker, in dem Maximilian Kolbe, der sich für einen Familienvater geopfert hatte, umkam, und in Birkenau an der Rampe, wo der letzte und schrecklichste Teil des Leidensweges von Edith Stein begann. Aber von Erfurt aus gewannen diese furchtbaren Orte der Unmenschlichkeit für mich eine neue Bedeutung, wurde Buchenwald zu einem Teil der Geschichte Thüringens und zu einer besonderen Herausforderung. Buchenwald war ein Ort des tausendfachen Mordes, ein Ort des Grauens und der Barbarei, in dem Menschen versklavt, bestialisch gequält, ihrer Würde beraubt, geschunden und getötet wurden. 56.000 Menschen sind in Buchenwald umgebracht worden: Juden, Sinti und Roma, Christen, Homosexuelle, politische Gefangene, Behinderte, Obdachlose, Zwangsarbeiter, Kriegsgefangene, Russen, Tschechen, Franzosen, Belgier, Spanier. Menschen aus mehr als 50 Nationen waren in Buchenwald eingekerkert. Nirgendwo sonst in Deutschland ist die „unheimliche Nähe" von Humanität und Unmenschlichkeit, von geistiger Freiheit und Totalitarismus mehr mit Händen zu greifen als auf diesem Berg oberhalb von Weimar. Auf Schloss Ettersburg brillierte der junge Goethe als Orest in seiner *Iphigenie auf Tauris* und sprach Herder von seinem Ideal einer Gesellschaft der Humanität und Toleranz. Hier kreuzen sich auf verstörende Weise zwei Epochen deutscher Geschichte, hier begegnen sich klassische Kultur und moderne Barbarei. Als das Lager 1937 errichtet wurde, sollte es Lager Ettersberg heißen. So könne man es nicht nennen, schrieb der erste Lagerkommandant an Himmler, „wegen des Dichters Goethe". Er bekam den Befehl: „Lager Buchenwald"!

Als die amerikanischen Truppen, die Thüringen und damit auch das Lager Buchenwald befreit hatten, entsprechend den Beschlüssen von Jalta (Februar 1945) im Juli 1945 abzogen, errichtete die nachrückende sowjetische Besatzung auf dem Gebiet des KZs eines ihrer Speziallager. Auch in diesem Lager, das erst 1950 geschlossen wurde, haben Menschen unter unbeschreiblichen Bedingungen furchtbar gelitten. Viele hat man verhungern lassen. Von insgesamt 28.500 Inhaftierten kamen 7100 um. Auch diese Lager müssen Erinnerungsstätten sein, sie dürfen weder vergessen noch verleugnet werden.

1958 errichtete die DDR-Führung die „Nationale Mahn- und Gedenkstätte Buchenwald", eine monumentale Denkmalanlage, weithin sichtbar am Südhang des Ettersberges. Sie sollte das Nationaldenkmal der DDR sein und als Selbstlegitimation für das bessere, neue Deutschland dienen. „Das bewusste Zerschlagen des faschistischen Grauens" durch den kommunistischen Widerstand und die Rote Armee sollte zum Ausdruck gebracht werden.

Kaum war das Land Thüringen wiedererstanden, berief die Thüringer Landesregierung 1991 eine Historikerkommission unter Vorsitz von Professor Eberhard Jäckel, die ab 1994 als wissenschaftliches Kuratorium der „Stiftung Gedenkstätten Buchenwald und Mittelbau-Dora" ihre Arbeit fortgesetzt hat. Bereits Anfang 1992 hat sie eine grundsätzliche Empfehlung für die Neukonzeption Buchenwalds ausgesprochen: Das Schwergewicht der Arbeit sollte auf die Erinnerung an das nationalsozialistische Konzentrationslager gelegt werden. Aber auch die Geschichte des Speziallagers sollte erforscht und nachgeordnet dargestellt werden, die Erinnerungsplätze sollten räumlich deutlich voneinander getrennt sein. Es sollte klar erkennbar bleiben, dass es sowjetische Zwangslager auf deutschem Boden ohne Hitler und dessen Vernichtungskrieg gegen die Sowjetunion nicht gegeben hätte. Die Geschichte des KZs, einschließlich des vollständig zerstörten und überwucherten „kleinen Lagers", musste erst wirklich erforscht werden, zumal jetzt auch die Archive in den USA und in Israel zugänglich waren. Zur Geschichte des Speziallagers gab es kaum gesichertes Wissen. Es war von der Besatzungsmacht und von der DDR totgeschwiegen worden. Nicht einmal die Angehörigen bekamen Auskunft.

1994 wurde Volkhard Knigge als Direktor der Gedenkstätte gewonnen. Er hat unter schwierigen Bedingungen sein Amt als Krisenmanager begonnen und wurde sehr bald zum einfühlsamen Gestalter einer der heikelsten Aufgaben, die das Land zu vergeben hatte, dank seiner wissenschaftlichen Qualifikation und seiner klaren Konzeption, die er auch in stürmischen Auseinandersetzungen tapfer durchsetzte. So beklemmend das Thema Buchenwald auch ist, es war für mich über viele Jahre ein Gewinn, mit ihm zusammenzuarbeiten und dafür zu sorgen, dass für seine Aufgaben die notwendigen finanziellen Mittel bereitgestellt wurden.

Die einzelnen Schritte folgten rasch aufeinander: 1993 entstand an der Stelle des ehemaligen jüdischen Blocks ein Mahnmal für die jüdischen Häftlinge, die in der DDR-Zeit totgeschwiegen worden waren, genauso wie der Staat Israel bis dahin nirgends erwähnt worden war.

1995 wurde die Ausstellung zur Geschichte des Konzentrationslagers in der ehemaligen Effektenkammer eröffnet. Ebenfalls 1995 wurde ein Denkmal für die Sinti und Roma auf dem Gelände des ehemaligen Blocks 14, des sogenannten „Zigeuner-Blocks", eingeweiht, und wenige Tage später ein Denkmal für alle Häftlinge auf dem ehemaligen Appellplatz. 1997 wurde in einem gesonderten, neu errichteten Gebäude eine Dauerausstellung zur Geschichte des Speziallagers eröffnet. Das völlig überwucherte Gräberfeld wurde freigelegt und zu einem Friedhof umgestaltet. Die in diesem Lager Gefangenen gehörten in ihrer Mehrheit der NSDAP oder Hitlerjugend an, aber durch die Willkür des sowjetischen Geheimdienstes waren auch zahlreiche Menschen inhaftiert worden, die keine nationalsozialistische Vergangenheit hatten, aber antikommunistisch gesinnt waren oder die nach dem 8. Mai 1945 in demokratischen Parteien aktiv geworden waren, kritische Jugendliche, willkürlich oder zufällig Verhaftete und sogar einige ehemalige KZ-Häftlinge. 1999 wurde eine ständige Ausstellung zur Geschichte der Gedenkstätte Buchenwald eröffnet. Buchenwald ist – dank Knigge und seinen Mitarbeiterinnen und Mitarbeitern – zu einem Vorbild für die Gestaltung von Erinnerungsstätten geworden.

Jorge Semprún, der sich wie viele andere auch lange Zeit nicht überwinden konnte, an die Stätte seines Martyriums zurückzukehren, und einer der literarischen Zeugen des eigentlich Unerzählbaren, der dem Grauen des Lagers in vielen seiner Bücher eine Stimme gegeben hat, kam bei der Verleihung des Friedenspreises des deutschen Buchhandels 1994 in der Frankfurter Paulskirche in seiner Dankrede auf Buchenwald zu sprechen: Buchenwald ist der Ort im Europa von heute, an dem sich die Geschichte dieses Jahrhunderts am dramatischsten konzentriert und offenbart. Das demokratische, wiedervereinigte Deutschland ist das einzige Land in Europa, das beide totalitären Erfahrungen dieses Jahrhunderts als Nation verarbeiten kann und muss! „Es wäre schön …, wenn der Hügel des Ettersbergs Sitz einer europäischen Institution wäre, die sich dieser Gedächtnisarbeit und dieser demokratischen Weiterentwicklung verpflichten würde."

Er wurde damit zum geistigen Vater der Stiftung Ettersberg, die der Freistaat Thüringen im Jahre 2000 gegründet hat und die der vergleichenden Erforschung europäischer Diktaturen im 20. Jahrhundert und ihrer demokratischen Transformation gewidmet ist. Sie soll nicht nur die Erinnerung an die beiden wenn auch unterschiedlichen Formen totalitärer Herrschaft bewahren, sondern darüber hinaus die nachfolgenden Generationen für die latenten Gefährdungen von Freiheit und Demokratie sensibilisieren.

Je häufiger ich nach Buchenwald kam, je intensiver ich mich mit der künftigen Ausgestaltung Buchenwalds beschäftigt habe, je öfter ich mit ehemaligen Häftlingen sprach, desto mehr wurde mir bewusst: Auch in der Gedenkstättenarbeit kann der Westen Deutschlands vom Osten Deutschlands, von dem, was im Osten in den letzten Jahren geleistet wurde, lernen. Sicher, ein demokratischer Staat kommt gar nicht auf die Idee, Geschichte, erst recht nicht die Geschichte des Grauens, so zu instrumentalisieren und für die eigene fehlende Legitimation zu verfälschen, wie die DDR das getan hat. Aber, die Arbeit an den ostdeutschen Gedenkstätten zeigt mir doch auch: Im Westen Deutschlands ist lange Zeit nicht genug getan worden, um aus den Stätten des Grauens Stätten der Erinnerung, des Gedenkens, der Besinnung und der Erkenntnis werden zu lassen. Nie wieder! Es ist gut, dass sich das inzwischen auch in Westdeutschland geändert hat.

Heute ist es die Aufgabe unserer und der uns nachfolgenden Generationen, dafür zu sorgen, dass die Erinnerung an eine Untat ohne Beispiel, die durch nichts relativiert und die gegen nichts aufgerechnet werden darf, lebendig bleibt. Die junge Generation von heute ist nicht schuldig geworden, aber auch sie und ihre Kinder und Kindeskinder müssen Scham darüber empfinden, dass Menschen, dass Deutsche zu solchen Taten fähig waren, und sie tragen dafür Verantwortung, dass sich solches niemals wiederholt. Die Lehre, die wir ziehen müssen, heißt: Die Würde eines jeden, der menschliches Antlitz trägt, ist unantastbar. „Die

Würde des Menschen ist unantastbar" (Artikel 1 Abs. 1 Grundgesetz).

Es ist sehr zu begrüßen, dass im September 2001 in Berlin das Jüdische Museum eröffnet worden ist, als ein Ort, an dem der deutschen Juden nicht als Opfer, sondern als Mitbürger gedacht werden soll, die Deutschland mitgeprägt und mitgestaltet haben. Auch die Tatsache, dass das Holocaust-Mahnmal in Berlin nach heftigen, kontroversen Diskussionen im Mai 2005 eröffnet werden konnte, soll in diesem Zusammenhang gewürdigt werden.

* * *

Gegen Vergessen

Hans-Jochen Vogel

Auch in meinem Leben haben die Besuche in Auschwitz, in Dachau, in Buchenwald, in Neuengamme, in Ravensbrück, in Stutthof und in den unterirdischen Produktionsanlagen von Mittelbau-Dora bei Nordhausen, wo KZ-Häftlinge unter unsäglichen Bedingungen die angeblichen Wunderwaffen V1 und V2 herstellen mussten, bleibende Spuren hinterlassen. Tief eingeprägt hat sich mir vor allem ein Besuch in Auschwitz, bei dem ich im Dezember 1986 den seinerzeitigen Präsidenten der Berliner israelischen Kultusgemeinde, Heinz Galinski, begleitete. Er hatte Auschwitz überlebt und kam nach vier Jahrzehnten das erste Mal an den Ort des Schreckens zurück. Schweigend standen wir minutenlang vor dem Mahnmal. Dann reichte er mir stumm die Hand. Anschließend erzählte er von einigen seiner furchtbaren Erlebnisse.

Der Gedanke, dass ich zur selben Zeit, in der er und Millionen anderer Verfolgter hier und an vielen anderen Orten litten, der Hitlerjugend angehörte, dort zuletzt mit dem Rang eines Scharführers im Alter von 15 und 16 Jahren die Kulturstelle eines HJ-Bannes leitete und in den späteren Kriegsjahren trotz mancher Zweifel noch von der Vorstellung beherrscht war, man schulde gerade im Krieg der eigenen Führung Gehorsam, bewegte mich bei dieser Gelegenheit besonders stark. Aus diesem Widerspruch, aus diesem Irrtum habe ich zeitlebens Konsequenzen für mein eigenes Handeln zu ziehen versucht. Deshalb habe ich unter anderem schon Anfang der 60er Jahre die Bemühungen unterstützt, auf dem Gelände des ehemaligen KZ Dachau eine Gedenkstätte zu errichten. Ende der 60er Jahre wurde in München während meiner Amtszeit ein Mahnmal zum Gedenken an die Opfer des Nationalsozialismus errichtet. Später habe ich mitgeholfen, dass in Auschwitz und danach auch in Dachau eine internationale Jugendbegegnungsstätte zustande kam. Beschäftigt habe ich mich aber auch immer wieder mit der Notwendigkeit des Erinnerns.

Warum sollen wir uns erinnern und dem Vergessen wehren? Nicht, um kollektive Schuldkomplexe zu konservieren. Schuld ist ein individueller Begriff, und niemand kann von den Nachgeborenen verlangen, dass sie sich für Taten schuldig fühlen, die Angehörige früherer Generationen begangen haben. Ebenso wenig geht es darum, hin und wieder ein Betroffenheitsritual zu zelebrieren, weil es sich nun einmal so schickt.

Nein – wir sollten, ja wir müssen uns und die Nachfolgenden erinnern, weil diejenigen, die nicht wissen, wie leicht Menschen sich verführen oder zumindest zur Passivität bringen lassen, die nicht wissen, wessen Menschen in ihrem Fanatismus und in ihrer Mordlust fähig sind, diejenigen, die auch die Warnzeichen nicht erkennen, die auf drohendes Unheil hinweisen, neuerlichen Gefahren gegenüber weniger wachsam und weniger widerstandsfähig sind als diejenigen, denen die Verbrechen der Vergangenheit und die Katastrophen unserer jüngeren Geschichte vor Augen stehen. Gewiss: Auch wer von all dem nie irgendetwas gehört hat, könnte und sollte voraussehen, wohin es führt, wenn die Menschenwürde und die Verbindlichkeit von Grundwerten geleugnet wird und sich Menschen in gotteslästerlicher Weise für allwissend und allmächtig erklären. Aber in den Endjahren der Republik von Weimar hat dies Vermögen, das den Menschen eingeboren sein sollte, eben nicht ausgereicht. Und als Hitler – von Reichspräsident von Hindenburg zum Reichskanzler ernannt – daranging, seine Diktatur aufzurichten, als deshalb breiter Widerstand geboten gewesen wäre, erst recht nicht. Die Nachgeborenen könnten der Einsicht und der Entschlossenheit, dieser Einsicht gemäß zu handeln – wenn auch aus anderen Gründen – vielleicht ebenso ermangeln, wenn ihnen das Wissen über die Katastrophe ihrer Vorfahren verloren geht, wenn ihnen nicht vor Augen steht, dass es sich dabei – um mit Jacob Burckhardt zu sprechen – um Grundfragen des Menschseins handelt. Erinnern in diesem Sinne heißt also – und das hat kein Geringerer als Gotthold Ephraim Lessing schon vor über 200 Jahren so formuliert – nicht das Gedächtnis zu belasten, sondern den Verstand zu erleuchten!

Dabei muss vor allem an drei Dinge erinnert werden, nämlich an die Verbrechen, die Täter und die Opfer der NS-Gewaltherrschaft, an den Widerstand, der dieser Gewaltherrschaft geleistet wurde, und an die Ursachen, die zur Katastrophe geführt haben. Notwendig ist aber auch die Erinnerung an die zweite Diktatur auf deutschem Boden. Dabei dürfen die Unterschiede zur vorhergehenden Diktatur nicht übersehen werden. Immerhin hatte das in der Sowjetischen Besatzungszone und dann in der DDR existierende Regime ja keine Massenmorde und keine Angriffskriege zu verantworten. Und auch sonst gilt es zu vergleichen, ohne von vornherein gleichzusetzen. Aber die Menschenwürde und die Menschenrechte sind auch von diesem System in gravierender Weise verletzt worden.

Der Prozess der Bewusstwerdung dessen, was da geschehen war, hat nach 1945 nur zögernd begonnen und ist dann mehrfach unterbrochen worden. Zwar schrieb die „Weiße Rose" schon 1942 am Beginn ihres ersten Flugblattes: „Wer von uns ahnt das

Ausmaß der Schmach, die über uns und unsere Kinder kommen wird, wenn einst der Schleier von unseren Augen gefallen ist und die grauenvollsten und jegliches Maß unendlich überschreitenden Verbrechen ans Tageslicht treten?" Dieses Tageslicht fiel dann aber nach Kriegsende zunächst nur vorübergehend auf die schlimmen Geschehnisse der vorangegangenen Jahre. Gewiss, die Bilder aus den von den Alliierten befreiten Konzentrationslagern, die schon im Frühjahr 1945 veröffentlicht wurden, die Leichenberge und die ausgemergelten Elendsgestalten, die auf diesen Bildern zu sehen waren, schockierten uns. Aber dann traten insbesondere in den vom Luftkrieg zerstörten Städten die eigenen elementaren Nöte in den Vordergrund, der Kampf ums Überleben, die Sorge um die eigenen Kriegsgefangenen und die Not der Vertriebenen zum Beispiel.

Später nahm uns der wirtschaftliche Aufschwung und der Aufbau einer neuen und besseren staatlichen Ordnung voll in Anspruch. Die zunehmende Ost-West-Spannung – der westliche Teil Berlins überlebte 1948/49 nur dank der Luftbrücke – und der Korea-Konflikt taten ein Übriges, um uns von der Beschäftigung mit dem abzulenken, was unmittelbar hinter uns lag, zumal die westlichen Alliierten die ohnehin problematische Entnazifizierung abbrachen und die Bundesrepublik als – wieder bewaffneten – Bündnispartner zu gewinnen suchten. Schließlich war auch der Prozentsatz derer, für die die Kritik an der Vergangenheit auch Selbstkritik in der einen oder anderen Form bedeutet hätte, damals wesentlich höher als in den 70er oder gar in den 80er Jahren. Ich sage das alles nicht zur Rechtfertigung dieses Verhaltens, sondern zur Beschreibung eines für die nach 1950 Geborenen nur schwer nachzuvollziehenden Sachverhalts. Zu diesem Sachverhalt gehört auch, dass zwar 1952 ein erstes umfassendes Wiedergutmachungsabkommen mit Israel abgeschlossen, gleichzeitig aber der Kommentator der Nürnberger Rassegesetze von 1935 zum Chef des Bundeskanzleramtes und damit in eine Schlüsselposition der Bundesrepublik berufen wurde. Und ebenso gehört dazu, dass die Aufarbeitung der Verbrechen durch die deutsche Justiz nur sehr langsam in Gang kam und auf bestimmten Gebieten, etwa auf dem des Justizunrechts, gänzlich unterblieb.

In der Folgezeit waren es einzelne, spektakuläre Verfahren und Ereignisse, die den Blick der Öffentlichkeit und breiterer Volksschichten auf die Vergangenheit lenkten, so – um nur einige Beispiele zu nennen – 1958 der Einsatzgruppen-Prozess, 1961/62 der Eichmann-Prozess, 1963 der Auschwitz-Prozess, dann die Verjährungsdebatten, die 1965 und 1969 und noch einmal im Jahre 1979 im Bundestag stattfanden und schließlich – auch auf meine Intiative hin – zur völligen Aufhebung der Verjährung für Mord führten, weil sonst zahlreiche NS-Gewalttaten überhaupt nicht mehr hätten verfolgt werden können, sowie die aus den USA übernommene Fernsehserie über die Geschichte der Familie Weiß, die 1979 den Völkermord an den Juden Millionen von Deutschen erstmals nachhaltig zu Bewusstsein brachte. Später hat das in ähnlicher Weise der Film *Schindlers Liste* getan. Auch an den Schulen nahm die Auseinandersetzung mit der Vergangenheit allmählich den ihr gebührenden Raum ein. Nicht wenige Verbände und große Unternehmen haben mit der Erforschung und Darstellung ihrer Rolle in der Zeit der Gewaltherrschaft allerdings erst viel später begonnen.

Zu nennen ist in diesem Zusammenhang auch die 68er-Bewegung, die an die Elterngeneration wegen ihres Verhaltens in der NS-Zeit kritische Fragen stellte und damit das bis dahin weitverbreitete Schweigen zwischen den Generationen zu durchbrechen versuchte. Immerhin waren aber das Ausmaß der Verbrechen, die Millionenzahl der Opfer, ihre Leiden und die Verantwortung Hitlers und seiner engsten Umgebung im Laufe der späten 70er und der frühen 80er Jahre ins allgemeine Bewusstsein gedrungen. Mehr und mehr wurden auch ehemalige Konzentrationslager zu Gedenkstätten mit entsprechenden Ausstellungen. An anderen Orten – so auf dem Reichsparteitagsgelände in Nürnberg und auf dem Obersalzberg – entstanden Dokumentations- und Informationsstätten. Eine weitere solche Stätte wird zur Zeit in München vorbereitet. Auch nahm die Zahl der Mahnmale laufend zu. Und Roman Herzog bestimmte eben im Jahre 1996 den 27. Januar – den Tag der Befreiung des Vernichtungslagers Auschwitz – zum Tag der Opfer des Nationalsozialismus. Damit ist die Notwendigkeit des Erinnerns vom Staatsoberhaupt selbst bekräftigt und zu einer nationalen Aufgabe erklärt worden. Vorher hatte schon sein Vorgänger Richard von Weizsäcker mit seiner inzwischen historischen Rede zum vierzigsten Jahrestag des Kriegsendes am 8. Mai 1985 einen wesentlichen Beitrag zur richtigen Einordnung der Vergangenheit geleistet.

Dessen ungeachtet blieb die Wehrmacht bis in die frühen 90er Jahre trotz der anderslautenden Ergebnisse, zu denen die historische Forschung schon in den 70er und den 80er Jahren gelangt ist, in den Augen der Allgemeinheit von Schuldvorwürfen und von kritischen Nachfragen im Wesentlichen unberührt. Sie galt als „sauber", von Hitler und der Partei unabhängig und bestrebt, ihre eigenen Traditionen zu wahren. Auf diesem Hintergrund wurden sogar Kasernen nach Generalen benannt, die Hitler treu gedient, ja ihm schon vor 1933 zur Festigung seiner Macht verholfen hatten. Selbst der militärische Widerstand fand ursprünglich nur langsam Anerkennung. Bis Ende der 50er Jahre wurden Stimmen laut, die den Männern des 20. Juli 1944 Eidbruch und Verrat vorwarfen. Das hat sich erst im Laufe der Debatte grundlegend geändert, die durch die sogenannte Wehrmachtsausstellung ausgelöst worden ist. Erst im zeitlichen Zusammenhang damit hat auch der Bundestag im Mai 1997 durch förmlichen Beschluss festgestellt, dass der Zweite Weltkrieg „ein Angriffs- und Vernichtungskrieg, ein vom nationalsozialistischen Deutschland ausgehendes Verbrechen" war. Erst zu diesem Zeitpunkt sind auch die wegen Wehrdienstverweigerung, Wehrkraftzersetzung und Desertion zum Tode Verurteilten durch den Beschluss des Bundestages rehabilitiert worden – allerdings mit Einschränkungen, die erst später aufgehoben wurden.

Nach der Jahrhundertwende trat das Schicksal von Millionen Zwangsarbeitern im Zusammenhang mit der Errichtung der Stiftung „Erinnerung, Verantwortung und Zukunft" deutlicher ins allgemeine Bewusstsein. Und 2005 wurde in Berlin das Mahnmal für die ermordeten Juden Europas eingeweiht. Dem ging seit dem ersten Anstoß von Lea Rosh eine überaus kontroverse Debatte voraus. Inzwischen hat das Mahnmal, für das auch ich mich lange nachdrücklich eingesetzt habe, breite Akzeptanz gefunden. Im Übrigen sind wir wohl die einzige Nation, die im Zentrum ihrer Hauptstadt und ihres Regierungsviertels ein Mahnmal errichtet hat, das nicht an Siege, sondern an schwere Schuld erinnert.

Hinsichtlich der anderen Diktatur steht der entsprechende Prozess in den alten, aber auch in den neuen Bundesländern noch ziemlich am Anfang.

Sinn der Erinnerungsarbeit ist im Grunde das „Nie wieder! Nicht noch einmal!" Schon angesichts der vielfältigen Warnzeichen, von denen ich nur die antisemitischen und fremdenfeindlichen Aktivitäten und die Wahlerfolge der NPD erwähne, muss diese Erinnerungsarbeit fortgesetzt werden, nicht nur durch den Staat, sondern auch aus der Mitte der Gesellschaft heraus. Über 2200 Männer und Frauen aus allen politischen und sozialen Bereichen tun das in der von mir 1993 mitgegründeten Vereinigung „Gegen Vergessen – Für Demokratie". Dass darin jetzt auch Angehörige der jüngeren Generation mitwirken, ist für mich ein Anlass zur Hoffnung – zu der Hoffnung, dass die Auseinandersetzung mit der Vergangenheit und die Beherzigung der Lehren, die sich daraus für uns ergeben, inzwischen doch zu einem Element unserer nationalen Identität geworden ist.

20 27. Oktober 1998 –
Gerhard Schröder wird Bundeskanzler

Hans-Jochen Vogel

Gerhard Schröder ist mir zuerst im Bundestag begegnet, dem er von 1980 bis 1986 erstmals angehörte. Während ich Vorsitzender der SPD-Bundestagsfraktion war, fiel er mir schon bald durch sein Selbstbewusstsein und dadurch auf, dass er nicht nur in der Fraktion, sondern gelegentlich auch als Redner im Bundestag seine eigene, von der Fraktion abweichende Meinung mit Nachdruck vertrat. Das hatte jeweils ein leichtes Grummeln in der Fraktion zur Folge und veranlasste mich zu entsprechenden Nachfragen. Seine Kooperationsbereitschaft wuchs, als er 1986 als Spitzenkandidat der SPD in Niedersachsen gegen den Ministerpräsidenten Ernst Albrecht antrat.

Dass er einmal Bundeskanzler werden würde, sah ich damals noch nicht voraus. Auch dass er in dieser Zeit einmal spät nachts mit dem später berühmt gewordenen Ausruf „Ich will da rein" am Zaun des Bundeskanzleramtes in Bonn rüttelte, hielt ich eher für einen Scherz in fortgeschrittener Stunde als für eine politische Willensbekundung.

Er kam ursprünglich von ziemlich weit links her. Von 1978 bis 1980 war er Juso-Bundesvorsitzender. Als solcher vertrat er zwischen den sogenannten Stamokaps und den Reformisten die mittlere Linie der sogenannten Antirevisionisten. Die Spitzenkandidatur in Niedersachsen eroberte er sich im Juli 1984 gegen die dort bereits vom Landesvorstand vorgeschlagene Anke Fuchs. 1986 wurde er in den Parteivorstand gewählt, 1989 in das Präsidium, weil ihm Erhard Eppler seinen Platz frei machte. Damit war er in verhältnismäßig kurzer Zeit in der Hierarchie der Partei so weit aufgestiegen, wie das für einen Angehörigen seiner Altersgruppe nur möglich war.

247

In Niedersachsen verlor er 1986 die Landtagswahl trotz erheblicher Stimmenzuwächse für die SPD knapp. 1990 trat er erneut an und schaffte es mit einem Ergebnis, das eine rot-grüne Koalition unter seiner Führung ermöglichte. 1994 und 1998 wurde er mit absoluten Mehrheiten wiedergewählt. Auf der Bundesebene unterlag er 1993 Rudolf Scharping bei der Urabstimmung der Parteimitglieder über die Kanzlerkandidatur. 1995 beteiligte er sich an dessen Sturz auf dem Mannheimer Parteitag.

Unser persönliches Verhältnis war in diesen Jahren Schwankungen unterworfen. In seinem ersten Wahlkampf 1986 unterstützte ich ihn. Er lud mich danach auch wiederholt nach Hannover ein, weil ihm meine Anwesenheit – etwa bei den alljährlichen Presseбällen – für sein Renommee als Oppositionsführer hilfreich erschien. Während des deutschen Einigungsprozesses hatten wir dann einige Schwierigkeiten miteinander, lehnte er doch, zusammen mit dem saarländischen Ministerpräsidenten, im Bundesrat die Währungsunion ab. Ausgesprochen kühl wurden unsere Beziehungen in den folgenden Jahren. Dazu trug insbesondere bei, dass er seine starke Medienpräsenz auch durch häufige öffentliche Attacken gegenüber der Bundespartei und deren Repräsentanten herbeizuführen wusste. Seine politische Begabung und sein Durchsetzungswillen erschienen mir indes nie zweifelhaft. Unverkennbar war auch eine gewisse Verschiebung seiner Positionen zur Mitte hin.

1998 einigte sich die Partei auf Gerhard Schröder als Herausforderer Helmut Kohls. Oskar Lafontaine, damals saarländischer Ministerpräsident, hatte ernsthaft seine eigene Kandidatur erwogen, machte Schröder aber den Weg frei, nachdem dieser die für ihn überaus erfolgreiche niedersächsische Landtagswahl vom März 1998 zugleich als eine Volksabstimmung über seine Kandidatur in Anspruch nehmen konnte. Aus der Bundestagswahl im September 1998 ging er dann als eindeutiger Sieger hervor. Helmut Kohls Zeit war abgelaufen. Und da er es versäumt hatte, seinen Schlusspunkt selber zu setzen, tat es die Wählerschaft. Ein durchaus demokratischer Vorgang. Eindeutig war auch die Entscheidung für eine rot-grüne Koalition, die rasch zustande kam. Dass die Alternativbewegung der frühen 80er Jahre, die fünfzehn Jahre zuvor mit Blumentöpfen und Transparenten ihren Einzug in den Bundestag gehalten hatte, nunmehr als ziemlich normale Partei auch auf Bundesebene Regierungsverantwortung übernahm, war ein weiterer wichtiger Beweis für die Leistungsfähigkeit der demokratischen Strukturen unseres Landes.

Am 27. Oktober 1998 wurde Gerhard Schröder zum Bundeskanzler gewählt. Schon in dieser Phase hatten er und Joschka Fischer mit dem Ja zur deutschen Beteiligung an einem militärischen Eingreifen im Kosovo eine in den eigenen Reihen umstrittene, aber nach meiner Einschätzung notwendige und unvermeidliche Entscheidung getroffen. Auch sonst war der Start der neuen Bundesregierung schwierig. Ein schwerer Schlag ereilte sie dann im März 1999. Oskar Lafontaine trat von einem Tag auf den anderen als Bundesfinanzminister und zugleich als Parteivorsitzender zurück, und das ohne jede nähere Begründung. Das war ein Verhalten, das ich so während meiner ganzen politischen Tätigkeit bis dahin nicht erlebt hatte.

Dennoch bemühte und bemühe ich mich um ein gerechtes Urteil. Richtig ist, dass Lafontaine wesentlich zum Wahlsieg von 1998 beigetragen hat. Auch darf man nicht vergessen, mit welchen Anstrengungen er das lebensgefährliche Attentat im April 1990 überwunden hat. Aber das ändert nichts daran: Er hat eine Funktion, die vor ihm ein August Bebel, ein Kurt Schumacher und ein Willy Brandt innegehabt hatten und die er sich durch den Sturz seines Vorgängers errungen hatte, weggeworfen wie einen schmutzigen Anzug. Und er hat anschließend seine eigene Partei nahezu wöchentlich ausgerechnet in der *Bild*-Zeitung bekämpft. Man kann – und man muss gegebenenfalls – innerhalb seiner eigenen Partei eine harte Auseinandersetzung über konkrete Fragen führen. Aber als Vorsitzender einfach davonlaufen darf man nicht. Das verstößt gegen den sozialdemokratischen

Grundwert der Solidarität und lässt ein Übermaß an Egozentrik erkennen. Dass er nun bei der PDS angekommen ist, macht die Sache nicht besser.

Schröder reagierte auf diesen Schlag mit der Übernahme des Parteivorsitzes. Seine Schwierigkeiten dauerten aber an. Durch die Veröffentlichung des sogenannten Schröder-Blair-Papiers im Juni 1999 wurden sie sogar innerhalb der Partei noch vermehrt. Ich habe gegen dieses Papier damals auch öffentlich Bedenken erhoben, weil es Fragen beiseiteließ, die gerade wegen der zu Recht angesprochenen einschneidenden Veränderungen dringend hätten behandelt werden müssen – so etwa die nach der Zivilisierung des Kapitalismus oder danach, wie es verhindert werden kann, dass sich die Kommerzialisierung immer rascher auf Lebensbereiche ausdehnt, für die eigenständige Maximen zu gelten haben.

Im September 1999 erschien es Schröder rätlich, die politische Situation mit Erhard Eppler und mir zu erörtern. Er lud uns in das Gästehaus der Bundesregierung in Berlin ein, hörte uns aufmerksam zu und ließ deutlich werden, dass er unsere Sorgen ernst nahm. Er wolle sich stärker an unseren Erfahrungen orientieren, sagte er. Seitdem normalisierte sich unser Verhältnis. Er rief mich gelegentlich an und bat – beispielsweise in der Afghanistanfrage, aber auch vor seinem Nein zu einer deutschen Beteiligung am Irak-Krieg – um Rat. Auch trafen wir uns in gewissen Abständen. Meinerseits ergriff ich danach regelmäßig auf den Parteitagen das Wort und versuchte, ihn auf meine Weise zu unterstützen.

Es ist wohl erkennbar, dass ich kein Schröder-Fan war und mich bisweilen auch mit Kritik nicht zurückhielt. Insgesamt bekunde ich ihm jedoch für seine Amtszeit als Bundeskanzler meinen Respekt. Und das aus folgenden Gründen:

Er hat mit der Agenda 2010 spät, aber dann eben doch einen substanziellen Schritt unternommen, um den Reformstau aufzulösen, der im Wesentlichen aus der Ära seines Vorgängers stammte. Übrigens sind auch die Bundesschulden, mit denen

Schröder sich kontinuierlich auseinanderzusetzen hatte, vor allem unter Helmut Kohl aufgehäuft worden – und das nicht nur wegen der deutschen Einheit, stiegen sie doch von 314 Milliarden DM im Jahre 1982 auf 1,45 Billionen DM im Jahre 1998. Bei der Durchsetzung der Agenda und insbesondere des Arbeitslosengeldes II legte er eine bemerkenswerte Standfestigkeit an den Tag. Immerhin verlor die Partei hauptsächlich deswegen in kontinuierlicher Folge mehrere Landtagswahlen und Zehntausende von Mitgliedern und geriet überdies in eine harte Auseinandersetzung mit den meisten Gewerkschaften, von deren Repräsentanten einige vorübergehend die Realität aus den Augen verloren. Dennoch an dem einmal eingeschlagenen Kurs festzuhalten, erfordert sehr stabile Nerven. Inzwischen zeigen sich bei der Abnahme der Arbeitslosenzahlen Entwicklungen, zu denen die Agenda nicht unerheblich beigetragen hat. Jedenfalls erscheint mir das als ein Beweis dafür, dass Standfestigkeit in der Politik möglich ist und letzten Endes sogar Positives bewirkt.

Weiter hat er hat mit dem Nein zur deutschen Beteiligung am Irak-Krieg Verantwortung bewiesen und eine Position eingenommen, die heute von der großen Mehrheit aller Europäer geteilt wird und selbst in den USA Unterstützung findet. Der Präventivschlag verstieß gegen das Völkerrecht, war mit Behauptungen begründet, die sich sämtlich als unzutreffend erwiesen haben, und hat die terroristischen Aktivitäten nicht vermindert, sondern verstärkt. Auf längere Sicht hat Schröders Entscheidung sogar dazu beigetragen, dass die gegenwärtige US-Administration begonnen hat, sich langsam von ihrer Politik des Unilateralismus ab- und wieder einer Politik des Multilateralismus zuzuwenden.

Zum Dritten hat er im Sommer 2005 mit großer Entschlossenheit die vorzeitige Auflösung des Bundestags betrieben und dann einen Wahlkampf geführt, der die müde und deprimierte Partei mitriss und damit endete, dass der Abstand der SPD zur Union, der eine Mehrheit der Medien schon Wochen vor dem Wahltag einen Sieg verkündet hatte, ganze vier Mandate betrug.

Etwas anderes habe ich an Schröder sogar bewundert: nämlich die Konsequenz, mit der er sich aus schwierigen sozialen Verhältnissen über den zweiten Bildungsweg emporgearbeitet hat. Keiner seiner Vorgänger als Bundeskanzler musste das in seiner Jugend in ähnlicher Weise tun. Selbst Willy Brandt konnte in Lübeck ein hochrenommiertes Gymnasium besuchen und dort sein Abitur ablegen.

Rascher als seine Amtsvorgänger hat Schröder schon im Herbst vergangenen Jahres unter dem Titel *Entscheidungen* einen Rückblick auf seine Kanzlerjahre und auf einige Stationen seines Lebens veröffentlicht, die diesen Jahren vorangingen. Manche haben sich dazu kritisch geäußert. Ich kann diese Kritik nicht teilen. Vielmehr vermittelt das Buch meines Erachtens einen anschaulichen Eindruck davon, welche Motive für seine jeweiligen Entscheidungen maßgebend waren und wie er bestimmte Personen einschätzte, mit denen er es zu tun hatte. Dabei geht er mit manchen erstaunlich milde um. Unsympathisch macht ihn das in meinen Augen nicht.

21 1. Januar 2002 –
Die Euro-Zeit beginnt

Bernhard und Hans-Jochen Vogel

Am 1. Januar 2002 begann in Deutschland und in elf weiteren europäischen Ländern die Ausgabe der Euro-Banknoten und der Euro-Münzen. Ein Jahr galt die D-Mark daneben noch als Zahlungsmittel, dann trat der Euro endgültig an ihre Stelle. Die D-Mark hatte nach 54 Jahren in der alten Bundesrepublik und nach zwölf Jahren auch im wiedervereinten Deutschland ausgedient. Man hatte zunächst einige Mühe, mit dem neuen Geld zurechtzukommen. Vor allem die neuen Münzen musste man noch lange sorgfältig anschauen, um ihren Wert zu erkennen, aber die Umstellung war doch viel weniger aufregend als die Einführung der D-Mark im Jahre 1948. Dennoch war der Abschied von der alten D-Mark mit Wehmut verbunden, war sie doch in besonderer Weise Ausdruck wiedergewonnener Stabilität und Krisenfestigkeit, ja geradezu ein Symbol der alten Bundesrepublik. Ein Vorteil zeigte sich bald: Man musste sein Geld bei Reisen in viele europäische Nachbarländer – nach Österreich, nach Italien oder nach Frankreich zum Beispiel – nicht mehr umtauschen und konnte die Preise ohne Umrechnung vergleichen. Natürlich rechneten viele daheim im Kopf noch lange Zeit mit der D-Mark. Manche meinten, es sei alles teurer geworden. Vor allem manchem Gastronom wurde vorgeworfen, er habe seine Preise im Verhältnis eins zu eins beibehalten. Aber die Statistiken belegen das für die allgemeinen Lebenshaltungskosten nicht. Ob der Euro im Jahre 2002 in der Bundesrepublik bei einem Volksentscheid, wie er von manchen gefordert worden ist, mehrheitliche Zustimmung gefunden hätte – darüber gehen die Meinungen auseinander. Heute allerdings ist der Euro in unserem Land weithin akzeptiert.

253

Seiner Einführung war ein langer, schwieriger Verhandlungsprozess vorausgegangen. Einen entsprechenden Plan entwickelte der luxemburgische Premierminister Pierre Werner schon 1970. 1979 kam das Europäische Währungssystem (EWS) mit festen, aber anpassungsfähigen Wechselkursen und der Verrechnungseinheit ECU zustande. Maßgebend haben daran der französische Präsident Valéry Giscard d'Estaing und Helmut Schmidt als Bundeskanzler mitgewirkt. Den letzten konkreten Anstoß gab schließlich 1988 der damalige Präsident der Europäischen Kommission Jacques Delors mit dem nach ihm benannten Bericht, der die Schaffung einer europäischen Wirtschafts- und Währungsunion in drei Schritten vorsah. Schon seit vielen Jahren engagierte sich Bundeskanzler Helmut Kohl insbesondere dafür, dass bei der schrittweisen Verwirklichung der angestrebten Wirtschafts- und Währungsunion dem Modell unserer bewährten deutschen geld- und währungspolitischen Strukturen gefolgt werde. Eine europäische Zentralbank sollte sich am Vorbild der Deutschen Bundesbank orientieren, sie sollte unabhängig und der Geldwertstabilität verpflichtet sein. Hatten wir doch im 20. Jahrhundert mehrfach schmerzlich erfahren, wie sehr die Stabilität der Währung Vorraussetzung für eine funktionsfähige und sozial gerechte Wirtschaftsordnung ist. Der Sitz der neuen Europäischen Zentralbank sollte Frankfurt am Main sein.

Der Maastricht-Vertrag, der letzte Schritt für die Einführung des Euro, wurde von den Staats- und Regierungschefs am 11. Dezember 1991 – also 14 Monate nach der deutschen Einheit – beschlossen. Die entscheidenden Verhandlungen im Vorfeld waren parallel zu den Zwei-plus-Vier-Verhandlungen der beiden deutschen Staaten mit den USA, der Sowjetunion, Großbritannien und Frankreich gelaufen. Das hat die Vermutung genährt, das deutsche Ja zur Wirtschafts- und Währungsunion und zur Ersetzung der D-Mark durch den Euro sei eine Gegenleistung für das Ja insbesondere Frankreichs zur deutschen Einheit gewesen. Helmut Kohl hat das stets dementiert. Helmut Schmidt hat wohl zu

Recht in einem Interview betont, Kohl sei klug genug gewesen, diesen Eindruck zuzulassen. Das habe die deutsche Einigung erleichtert. Auf dem EU-Gipfel in Dublin im Dezember 1996 verständigte man sich auf einen Stabilitäts- und Wachstumspakt, der vor allem den Referenzwert von drei Prozent des Bruttosozialprodukts als verbindliche Obergrenze für die jährliche öffentliche Verschuldung festlegt. Er kam gegen vielfältigen Widerstand auf nachdrückliches Bemühen der deutschen Seite, insbesondere Theo Waigels, zustande und sollte vor allem der deutschen Bevölkerung den Abschied von der D-Mark und von der geldmarktpolitischen Zuständigkeit der Deutschen Bundesbank erleichtern. Am 1. Januar 1999 trat die Europäische Währungsunion mit dem Euro als Buchgeld in Kraft. Aber erst mit der Einführung des Euro-Bargelds am 1. Januar 2002 wurde die kühne Planung einer gemeinsamen Währung für 310 Millionen Europäer Realität. Von den „alten" EU-Mitgliedstaaten blieben nur Großbritannien, Dänemark und Schweden der Währungsunion fern. Von den Beitrittsländern des Jahres 2004 wird Slowenien am 1. Januar 2007 der Währungsgemeinschaft beitreten.

An diese Zeitabläufe sollten wir uns gelegentlich erinnern, bevor wir heute ungeduldig werden, weil die Prozesse auf europäischer Ebene zu lange dauern. Von Churchills historischer Zürcher Rede, in der er im September 1946 die Idee einer europäischen Einigung auf der Grundlage einer deutsch-französischen Verständigung umriss, bis heute ist die Einigung Europas eine Erfolgsgeschichte, die im Voraus wohl niemand für möglich gehalten hätte, auch nicht diejenigen Angehörigen unserer Generation, die – wie der junge Helmut Kohl – im August 1950 in jugendlicher Begeisterung von der Pfalz und vom Elsass her die Grenzpfähle zwischen Deutschland und Frankreich niederrissen.
    Eine erste wichtige Station war die Gründung des Europarates 1949. Er verabschiedete 1950 die Konventionen zum Schutz der Menschenrechte und Grundfreiheiten und setzt sich seitdem

kontinuierlich für die Beachtung der Menschenrechte ein, engagiert sich aber auch auf kulturellem Gebiet.

Dann sind die Römischen Verträge von 1957 zu nennen, durch die sich die Bundesrepublik Deutschland, Frankreich, Italien, Belgien, die Niederlande und Luxemburg zur Europäischen Wirtschaftsgemeinschaft zusammenschlossen, für deren Zustandekommen vor allem Alcide De Gasperi, Robert Schuman und Konrad Adenauer den Boden bereitet haben. Der Vertrag, der durch den Zusammenschluss der Wirtschaftskräfte der sechs Länder Frieden und Freiheit wahren und festigen will, enthält ausdrücklich die „Aufforderung an die anderen Völker Europas, die sich zu dem gleichen hohen Ziel bekennen", sich diesen Bestrebungen anzuschließen. Ab 1972 folgte die schrittweise Erweiterung um neue Mitglieder, unter denen sich unter anderem Großbritannien (1973), Spanien (1986) und seit 1995 auch Österreich befanden. Wie selbstverständlich kamen mit dem Beitritt der jungen Länder zur Bundesrepublik Deutschland am 3. Oktober 1990 auch 17 Millionen Ostdeutsche hinzu. 1976 folgte der von Willy Brandt wesentlich initiierte Beschluss über die Direktwahl des Europäischen Parlamentes ab 1979, dann die Einheitliche Europäische Akte, die 1987 in Kraft trat und die Gründungsvoraussetzungen für den gemeinsamen europäischen Binnenmarkt schuf, 1991 der schon erwähnte Maastricht-Vertrag und schließlich der Beitritt zehn weiterer europäischer Staaten am 1. Mai 2004.

Nicht zuletzt diesen Schritten ist es zu verdanken, dass im Bereich der Europäischen Union seit über 60 Jahren Frieden herrscht. Bis in die erste Hälfte des 20. Jahrhunderts hinein waren Kriege in Europa eine schreckliche Selbstverständlichkeit, zuletzt die beiden Weltkriege, die unermessliche Opfer forderten. Uns wurde noch in der Schule beigebracht, Frankreich sei unser Erzfeind, wir müssten uns das Elsass und Lothringen mit Gewalt zurückholen; wir seien ein „Volk ohne Raum" und darum auf die Siedlungsgebiete in Osteuropa, besonders in der Ukraine angewiesen. Heute ist ein Krieg zwischen unseren Völkern undenkbar. Das ist nicht nur ein großes Glück, sondern auch die Frucht einer Politik, die aus einer blutigen Geschichte endlich Lehren gezogen hat. Anderes kommt hinzu: der weitgehend vollendete Binnenmarkt zum Beispiel, der den wirtschaftlichen Austausch und damit die Entwicklung des Bruttosozialprodukts beflügelt hat, oder das Faktum, dass sich die Europäische Union mit einer Bevölkerung von inzwischen rund 460 Millionen und einer enormen Wirtschaftskraft gegenüber den USA, der Russischen Föderation, Japan und den kommenden Weltmächten China und Indien um ein Vielfaches besser zu behaupten vermag, als es die einzelnen Mitgliedsländer und auch die Bundesrepublik könnten. Auch die Parlamentarisierung der Europäischen Union ist beträchtlich fortgeschritten.

Natürlich darf sich die Europäische Union nicht ausruhen. Das Haus Europa ist errichtet, aber es ist noch nicht dauerhaft wetterfest. Bis zu einer gemeinsamen Außen- und Sicherheitspolitik, die das Gewicht der Europäischen Union voll zum Tragen bringt, muss noch eine erhebliche Wegstrecke zurückgelegt werden. Das Ziel, die Rahmenbedingungen für den Markt auf der europäischen Ebene zu schaffen, die auf nationaler Ebene nicht mehr gesetzt werden können, ist ebenfalls noch bei Weitem nicht erreicht. Auch die sozialstaatlichen Strukturen der Europäischen Union stecken noch in den Anfängen, und ebenso sind wir von der notwendigen Demokratisierung der Union, von der strengen Beachtung des Subsidiaritätsprinzips, von einer eindeutigen Abgrenzung der Zuständigkeiten in Europa noch ein gutes Stück entfernt.

Der Europäische Verfassungsvertrag hätte uns auf all diesen Gebieten deutlich vorangebracht. Das französische und das niederländische Nein haben seine Verwirklichung zunächst gebremst. Es ist dringend zu wünschen, dass der Prozess wieder in Gang gesetzt wird. Dabei sollte beachtet werden, dass das Nein in beiden Nationen in erheblichem Maße innenpolitische Gründe hatte, die nach den Wahlen in den Niederlanden und in Frankreich vielleicht nicht mehr in der gleichen Schärfe fortbestehen. Immerhin ist der Verfassungsvertrag inzwischen in 18 Ländern und damit der Einwohnerzahl nach von einer Mehrheit der EU-Bevölkerung bereits ratifiziert worden. Sonst bleibt als Alternative nur die Übernahme insbesondere der beiden ersten Teile des Verfassungsvertrags in einen oder mehrere Einzelverträge. Der erste Teil, der die institutionellen Reformen enthält und unter den EU-Staaten beinahe unumstritten ist, wird gebraucht, weil er eine Union der 27 erst handlungsfähig macht. Auf den zweiten Teil, mit dem die Europäische Grundrechte-Charta Rechtsverbindlichkeit erhält, sollte nicht verzichtet werden. Er steht mit dafür, dass die Union nicht nur pragmatisch und kurzatmig organisiert werden darf, sondern „Seele" und „Geist" hat. Der dritte Teil hingegen – schwer verständlich und überlang – führt bereits geltende Verträge zusammen. Auf ihn zu verzichten, wäre ein Beitrag zu mehr Klarheit und Transparenz. Nach dem am 1. Januar 2007 wirksam werdenden Beitritt Rumäniens und Bulgariens sollten mit Ausnahme Kroatiens, dem eine entsprechende Zusage gemacht wurde, weitere Beitritte bis dahin jedenfalls zurückgestellt werden. Ergebnisoffene Verhandlungen mit der Türkei, für die ein Zeitraum von zehn Jahren veranschlagt ist, sind zugesagt. Zusagen müssen eingehalten werden, auch wenn nicht wenige in Deutschland statt einer Vollmitgliedschaft eine privilegierte Partnerschaft lieber sähen.

Wir sind dennoch überzeugt: Europa wird weitere Fortschritte machen, die Welt kann gerade in der gegenwärtigen Phase, aber auch in der Zukunft die Erfahrungen nicht entbehren, die Europa im Laufe seiner Geschichte gemacht hat.

Wir selbst haben in den europäischen Institutionen unmittelbar nicht mitgewirkt, aber wir haben im Bundestag und Bundesrat für die Übertragung von Souveränitätsrechten an die Europäische Gemeinschaft und für ihre Ausgestaltung gestritten. „In Angelegenheiten der Europäischen Union wirken der Bundestag und durch den Bundesrat die Länder mit", heißt es im nach der Wiedervereinigung neu gefassten Artikel 23 Abs. 2 des Grundgesetzes. Wir haben den Zusammenschluss unserer jeweiligen Parteien auf der Ebene der Union nach Kräften unterstützt, der eine als Vorsitzender der Sozialdemokratischen Partei, der andere als langjähriger stellvertretender Vorsitzender der Europäischen Demokratischen Union. Wir haben zahlreiche Städte- und Regionalpartnerschaften gefördert oder neu begründet. Wir haben in den unterschiedlichsten Funktionen die europäischen Länder besucht und vor allem Jugendlichen Austausch und Begegnungen ermöglicht. Der eine hat die Abschaffung der Todesstrafe in ganz Europa vorangebracht, der andere hat sich für mehr Gemeinsamkeit im Schul- und Hochschulwesen eingesetzt. Europa war für uns in allen unseren Funktionen als große Zukunftsaufgabe stets gegenwärtig.

22 3. Oktober 2005 –
15 Jahre nach der Wiedervereinigung

Bernhard Vogel

„Today was born in Gdansk" stand in großen Lettern über der Stirnseite des Festsaales, in dem wir uns im Herbst 2005 auf Einladung von Lech Walesa trafen, um der Ereignisse vor 25 Jahren auf der Danziger Leninwerft zu gedenken. Und in der Tat, ohne Solidarność, ohne Lech Walesa, ohne die Wahl eines Polen zum Papst wäre es nicht zum Zusammenbruch der kommunistischen Welt in Europa gekommen.

Auf der Danziger Leninwerft begann das Europa des 21. Jahrhunderts. Für uns Deutsche begann die Gegenwart am 9. November 1989 am Brandenburger Tor, endete die deutsche Teilung am 3. Oktober 1990 mit dem Beitritt der fünf wiedererstandenen Länder und Ost-Berlins zur Bundesrepublik auf dem „Königsweg" des Artikels 23 unseres Grundgesetzes in seiner damals geltenden Fassung.

Nicht der 9. November 1989, der 3. Oktober 1990 wurde zum Tag der Deutschen Einheit, zum deutschen Nationalfeiertag. An einem 9. November können wir Deutsche nicht feiern. Zu schwer lastet das Verbrechen vom 9. November 1938, die Brandschatzung fast aller jüdischen Gotteshäuser in Deutschland, auf uns.

Fünfzehn Jahre nach dem Zusammenschluss beider Teile Deutschlands, am 3. Oktober 2005, fand die offizielle staatliche Feier in einer der Landeshauptstädte, wie sie inzwischen zur Tradition geworden war, in Potsdam statt. Es war an der Zeit, eine erste Zwischenbilanz zu ziehen. Was ist gelungen? Was bleibt noch zu tun? Ist Deutschland wieder ein „einig Vaterland?" – so der Wunsch von Johannes R. Becher in dem von ihm verfassten Text der DDR-Hymne, die schon wenige Jahre nach der Errichtung der DDR nicht mehr gesungen und in den Schulen nicht mehr gelehrt werden durfte. Ist zusammengewachsen, was zusammengehört, wie es Willy Brandt uns in einem Deutschlandfunk-Interview am Morgen des 10. November 1989 zum ersten Mal wünschte?

Gemeinsamkeit aufbauen, vergleichbare Lebensverhältnisse schaffen – das waren nach der Wiedervereinigung die großen Herausforderungen an die Deutschen, die sich trotz 40 Jahren gewaltsamer Trennung in der weit überwiegenden Mehrzahl vor allem im Osten Deutschlands ihr Zusammengehörigkeitsgefühl bewahrt hatten, die die Einheit ihres Vaterlandes wollten und erreichten, die aber über Jahrzehnte in verschiedenen Welten gelebt hatten: Bürger einer Nation und Sprache – sie mussten einander erst wieder kennenlernen, aufeinander zugehen, einander zuhören und sich wechselseitig ihre Biografien erzählen; sie mussten gemeinsam die zahllosen, schwierigen Probleme lösen, die die deutsche Teilung – nicht die deutsche Wiedervereinigung – hinterlassen hatte; sie mussten die Zukunft gemeinsam gestalten.

Ich kannte nur drei Thüringer mit Namen, als ich 1992 nach Thüringen gerufen wurde. Die Wartburg über Eisenach, Schloss Friedenstein in Gotha, den Erfurter Dom, das Goethehaus in Weimar hatte ich – streng abgeschirmt von den Sicherheitskräften der DDR – besucht, weil ich es mir als rheinland-pfälzischer Ministerpräsident zur Regel gemacht hatte, jedes Jahr eine Region der DDR zu bereisen. Aber einen Industriebetrieb, eine Schule oder ein Krankenhaus hatte ich nicht von innen gesehen. Das alles sollte sich in den kommenden elf Jahren gründlich ändern.

Am 23. Januar 1992 tritt der Thüringer Ministerpräsident Josef Duchac von seinem Amt zurück. Eine Reihe von Namen kommt ins Gespräch – darunter auch meiner. Aber am Abend des 26. Januar bin ich mir mit dem Vorsitzenden meiner Partei einig, Nein zu sagen und weiter die Konrad-Adenauer-Stiftung zu führen. Mit zweiundzwanzig Jahren Zugehörigkeit zu einem westdeutschen Landeskabinett und vier gewonnenen Wahlen hatte ich, so schien es mir, meine Pflicht als aktiv handelnder Politiker getan. Auch hatte ich den Eindruck, dass Helmut Kohl wusste, wie das Thüringer Personalproblem zu lösen sei.

Am 27. Januar 1992, einem Montag, sitze ich mittags mit der Leitung der Hanns-Seidel-Stiftung, die ich – wie lange geplant – besucht hatte, in einem Münchener Wirtshaus, als eine dralle bayerische Kellnerin ruft: „Haast hia oana Vogel?" Der Bundeskanzler ist am Telefon: Man müsse mich in die Pflicht nehmen! Es sei sein und der anwesenden Thüringer CDU-Politiker Wunsch, dass ich stehenden Fußes nach Erfurt aufbreche! Vier Stunden später treffe ich dort ein. Es folgen Gespräche und lange Wartezeiten, schließlich das erste Zusammentreffen mit Parteivorstand und Landtagsfraktion. Gegen 22 Uhr halte ich eine kurze Ansprache. Wenn man mich in die Pflicht nehmen wolle, sei ich bereit, mich in die Pflicht nehmen zu lassen, wenn es keinen anderen Weg aus der entstandenen Lage gebe und wenn der Koalitionspartner – die FDP – die Entscheidung mittrage. Die anschließende geheime Abstimmung ergibt 40 Ja- und eine Gegenstimme. Unter unbeschreiblichem Gedränge trete ich vor die Presse. Erst weit nach Mitternacht bin ich im Gästehaus Cyriaksburg. Einen Schlafanzug und eine Zahnbürste habe ich nicht dabei.

Am 5. Februar 1993 wird kurz nach 13 Uhr der Tagesordnungspunkt „Wahl des Ministerpräsidenten" im Plenum des Thüringer Landtags aufgerufen. Damals ahnte ich noch nicht, was mir bevorstand. Heute weiß ich es: Es begann das größte Abenteuer meines Lebens.

Ich habe versucht zu helfen, wo ich konnte, ich habe versucht, meine westdeutsche Regierungserfahrung einzubringen, aber ich war nie der Meinung, dass ich es besser wüsste. Ich habe versucht, auf die Menschen zuzugehen, und ich habe damit beste Erfahrungen gemacht – Erfahrungen, wie sie alle machen konnten, die sich tatsächlich auf die Menschen in den jungen Ländern eingelassen haben, wie sie jene nicht machen konnten, die nur eine Gastrolle spielten, die belehrend auftraten, die es besser wussten. Meine westdeutsche Herkunft hat man mir in vierzehn Jahren nicht ein einziges Mal zum Vorwurf gemacht.

Tausende westdeutsche Mitbürger sind – kaum, dass die Grenze offen war – nach Osten aufgebrochen, weil sie helfen wollten. Viele kamen mit ihren Familien und sind längst heimisch geworden – schon gar in Thüringen, dem Land in der Mitte Deutschlands, das schon seit Jahrhunderten Menschen aus ganz Deutschland anzog. Die meisten haben unersetzliche Dienste geleistet. Aber natürlich kamen auch schwarze Schafe – von ihren Vorgesetzten geschickt, um sie zu Hause loszuwerden, oder in der Hoffnung auf Aufstiegschancen, die sie zu Hause nicht hatten.

Seit 1933 hatten die Menschen im östlichen Teil Deutschlands unter den Bedingungen von zwei wenn auch verschiedenartigen Diktaturen gelebt. Anders als im Westteil Deutschlands nach 1945 war im Osten Deutschlands 1990 niemand mehr da, der Erfahrungen aus einem frei gewählten Parlament mitbrachte oder in einer nach demokratischen Grundsätzen verfassten Partei Verantwortung getragen hatte. In Politik und Gesellschaft, in Gerichtsbarkeit und Verwaltung, aber auch im Alltag der Schulklassen und Betriebe musste die Demokratie neu Fuß fassen. In den Parlamenten und in den Regierungen fand man Physiker, Mathematiker, Programmierer, evangelische Theologen, Tierärzte. Juristen, Beamte, auch Lehrer gab es kaum. Bis heute ist das so, und es ist nicht von Nachteil.

Lebensformen und Befindlichkeiten – wie sie sich in Jahrzehnten herausgebildet hatten – lassen sich nicht über Nacht ändern. Sie sind allerdings wesentlich differenzierter und erfahrungsgesättigter, als manche im Westen meinen und verstehen. Das Erlebnis der Volkserhebung vom Herbst 1989, die friedliche Revolution, die Runden Tische, die gewiss auch schwierigen Erfahrungen aus fünfzehn Jahren deutscher Einheit, des gesellschaftlichen und wirtschaftlichen Umbruchs und des Aufbaus haben geprägt. Sie können für ganz Deutschland von Nutzen sein.

Der Osten musste vom Westen lernen, und er hat – oft unter Schmerzen – viel gelernt. Aber der Westen hat noch nicht ausreichend begriffen, dass auch er vom Osten lernen kann. Im Osten musste sich vieles ändern, aber im Westen kann nicht alles so bleiben, wie es war. Der Osten hat ein Vorbild gegeben. So viel Anfang war nie! So viel Opferbereitschaft, so viel Bereitschaft zu Neuanfang und Veränderung, so viel Spontaneität und Vitalität waren nie!

Trotz aller Schwierigkeiten haben die jungen Länder manche Verkrustung der alten Bundesrepublik gar nicht erst übernommen. Während es an Universitäten im Westen lange Zeit als geradezu anrüchig galt, direkt nach dem Universitätsabschluss oder gar davor ein Unternehmen zu gründen, sieht man das im Osten völlig unverkrampft. Und das ist nur ein Beispiel.

Es tut Deutschland gut, dass fünfzehn Jahre nach der Wiedervereinigung in Berlin eine Generation in politische Verantwortung gekommen ist, die nüchterner und sachlicher, die weniger vollmundig, die weniger ideologisch und weniger pathetisch an die Dinge herangeht. Die 68er sind in Pension, die 89er haben das Ruder übernommen! In beiden Volksparteien standen 2005/2006 Persönlichkeiten an der Spitze, die im sozialistischen System der DDR aufgewachsen sind und die jahrelang Unfreiheit erlebt und nicht nur darüber philosophiert haben, die wissen, wie wichtig Freiheit ist, die wissen, dass Freiheit von jedem Anstrengung fordert.

Einen Monat nach dem 3. Oktober 2005 wird eine Ostdeutsche zur deutschen Bundeskanzlerin gewählt, und das Erstaunliche ist, dass ihre ostdeutsche Herkunft kaum mehr jemandem besonders bemerkenswert erscheint. Die Einheit ist längst viel selbstverständlicher, als manche glauben. Allerdings gilt es 15 Jahre nach der Wiedervereinigung zu begreifen, dass nicht allein die Geschichte der alten Bundesrepublik für unsere Zukunft prägend ist. Auch die Geschichte der Menschen in der DDR ist Teil der deutschen Geschichte. Wir sollten die vielen wertvollen Erfahrungen der Menschen im Osten Deutschlands besser einbringen. Für Freiheit, Rechtsstaatlichkeit und Demokratie kann das Herz auch in Unfreiheit, Unrechtsstaat und Diktatur schlagen.

Wären wir nicht Deutsche, würden wir uns gelegentlich eine Auszeit vom Klagen nehmen und uns bewusst machen, wofür man in Ost und West wechselseitig dankbar sein kann. Die Westdeutschen haben allen Grund, den Ostdeutschen dafür zu danken, dass sie ohne Gewalt, nur mit Kerzen in den Händen und mit Gebeten auf den Lippen ein totalitäres System zum Einsturz gebracht haben. Die Ostdeutschen haben Grund zur Dankbarkeit für finanzielle und personelle Hilfe, wie sie wohl selten ein Teil eines Volkes für einen anderen Teil erbracht hat. Zum Stand der Dinge im Herbst 2005 gehört nicht nur das, was in diesen fünfzehn Jahren nicht gelungen ist, sondern auch das, was gelungen ist. Und das ist nicht wenig.

Als ich im Februar 1992 meine Arbeit in Erfurt aufnahm, standen allein in Thüringen noch 80.000 sowjetische Soldaten. Dass sie zum vereinbarten Termin – pünktlich und wohlgeordnet, wenn auch unter Mitnahme von allem, was nicht niet- und nagelfest war – aus Deutschland abgezogen sind, gehört zu den Wundern jener Jahre. Die Ost-West-Konfrontation ging unblutig zu Ende, riesige Waffenarsenale und Vernichtungspotenziale wurden vernichtet. Das Jahrhundertproblem – die „deutsche Frage" – gab es nicht mehr.

Zum ersten Mal in der Geschichte hat ganz Deutschland seinen Platz im Kreis der freiheitlichen Demokratien gefunden: Am 18. März 1990 finden die ersten freien Wahlen zur Volkskammer der DDR statt, nach den Landtagswahlen am 14. Oktober 1990 konstituieren sich in den jungen Ländern die Landtage. Am 2. Dezember 1990 kommt es zu den ersten gesamtdeutschen Bundestagswahlen. Zuvor – am 9. November 1990, genau ein Jahr nach dem Fall der Berliner Mauer – ziehen in den Bundesrat sechzehn statt elf Länder ein. Die jungen Länder haben sich Verfassungen gegeben, die sich mitunter durchaus von den Verfassungen der alten Länder unterscheiden, weil sie – wie diese – aus der historischen Situation heraus geschaffen worden sind. Sie haben sich in einer schwierigen gesellschaftlichen Umbruchphase bewährt. Inzwischen sind alle Landtage in den jungen Ländern zum vierten oder fünften Mal gewählt worden.

Die westdeutschen Länder hatten mehr Zeit: Von der Kapitulation im Mai 1945 über das Entstehen der Länder bis zur Gründung der Bundesrepublik vergingen über vier Jahre. Thüringen und die anderen jungen Länder entstanden von einem auf den anderen Tag neu.

1990 stand die ostdeutsche Bevölkerung und standen die Verantwortlichen vor einem riesigen Berg von Schwierigkeiten aller Art. Jeder, der Erfurt oder Weimar damals besucht hat, kann das bezeugen. Und jeder, der heute dort wieder einen Besuch macht, wird auch bestätigen: Es sind enorme Fortschritte gemacht worden. Es ist viel erreicht, aber nicht alles.

Die Städte haben ein anderes Gesicht bekommen. Ganze Landstriche sind nicht wiederzuerkennen. 2007 findet auf dem einstmals völlig verseuchten Uranabbaugebiet der WISMUT in Ostthüringen eine Bundesgartenschau statt. Die Qualität von Luft und Wasser ist eine völlig andere. 1992 brannten in Erfurt noch 50.000 Brikettöfen, die Werra gehörte zu den am meisten verschmutzten Flüssen Europas.

Die Lebensbedingungen haben sich wesentlich verbessert. Inzwischen werden die Menschen im Osten fast so alt wie im Westen. Die Lebenserwartung ist bei Frauen und Männern um rund fünf Jahre gestiegen. Viele Krankenhäuser, Behinderteneinrichtungen, Schulen und Kindergärten sind neu gebaut worden – häufig moderner als im Westen, weil es dringenden Modernisierungsbedarf gab und weil man verständlicherweise nicht in Standards von gestern, sondern in Standards von morgen investierte.

Fuhr man auf der Autobahn von Frankfurt am Main nach Dresden, begann bei Bad Hersfeld die Misere. Das Anschlussstück nach Osten fehlte gänzlich. Ab Eisenach erwies sich die

„Transitautobahn" als Rüttelstrecke mit zahllosen Schlaglöchern; Leitplanken gab es nicht. Heute freut man sich darüber, dass die Autobahn von der hessisch-thüringischen Landesgrenze an zum großen Teil auf drei Spuren befahren werden kann. Die neue Autobahn von Erfurt nach Schweinfurt ist die modernste Autobahn Deutschlands.

Neue, hochmoderne Betriebe haben sich angesiedelt. Industrielle Leuchttürme sind zum Beispiel in Dresden, Jena oder in Bitterfeld entstanden. Es gibt Landschaften, die blühen – wenn auch längst nicht überall und oft später als erwartet. Und es gibt weiterhin riesige Probleme. Vor allem mit der überdurchschnittlich hohen Arbeitslosigkeit – im Osten rund 20 %, im Westen etwa 10 % – kann man sich nicht abfinden. Dass es in Teilregionen Westdeutschlands wie in Recklinghausen und Gelsenkirchen inzwischen eine vergleichbar hohe Arbeitslosigkeit gibt, ist kein Trost.

Fünfzehn Jahre sind nicht genug, um die verheerenden Folgen der SED-Herrschaft zu überwinden. Im viel kleineren Saarland, das sich 1957 als erstes Beitrittstrittsland der Bundesrepublik anschloss, hat der Aufholprozess rund drei Jahrzehnte gedauert. Leider haben wir uns daran gewöhnt, das Ausmaß des ökonomischen Versagens der DDR ein Stück weit zu verdrängen – nicht zuletzt, weil sich im Gegensatz zu anderen Staaten des ehemaligen Ostblocks viele Fortschritte relativ schnell eingestellt haben: 1991 lag die Wertschöpfung der ostdeutschen Wirtschaft bei 33 % der westdeutschen, 2003 waren es 63 %. Die Produktivität nahm bis 2000 um 30 % zu. Allerdings war sie damit immer noch nur bei 68 % des Westniveaus, und seit 1997 vergrößerte sich der Abstand zwischen Ost und West wieder, statt sich weiter zu verkleinern. Das alles ändert aber nichts an der Tatsache, dass heute drei von vier Beschäftigten in den jungen Ländern nicht mehr den Arbeitsplatz haben, den sie zur Zeit der Wende hatten.

Ohne Zweifel war es richtig, die sozialistische Planwirtschaft durch die Soziale Marktwirtschaft zu ersetzen. Nur mussten wir erfahren, dass es etwas völlig anderes ist, nach dem Konzept der Sozialen Marktwirtschaft ein in Trümmern liegendes Land neu aufzubauen, als eine sozialistische Planwirtschaft nach diesem Konzept umzubauen. Das muss man den Menschen erklären.

1989 produzierten in Eisenach 10.000 Arbeiter den Wartburg. Gott sei Dank hat sich General Motors unmittelbar nach der Wende dort angesiedelt und 2000 Stellen neu geschaffen. Doch 8000 Menschen wurden arbeitslos. Heute produzieren die 2000 Opel-Mitarbeiter rund viermal so viele Fahrzeuge wie damals die 10.000 Wartburg-Mitarbeiter. Aber wer hätte das Produkt des VEB Automobilwerk Eisenach, den Wartburg, nach 1990 noch gekauft? Man darf nicht übersehen, welche Härten der Strukturwandel für viele der betroffenen Menschen bedeutet hat. Eine ernsthafte Alternative zum Umbau der Wirtschaft gab es aber nicht.

Der notwendige Umstrukturierungsprozess hat Narben hinterlassen. Nicht alle hatten die Chance, neu anzufangen. Es gibt nicht wenige Familien, in denen Resignation herrscht und die es nicht vermögen, der jungen Generation Orientierung zu bieten. Aber viele haben sich trotz aller Schwierigkeiten das Bewusstsein für den Wert der Freiheit und für die Chance, sich eigene Ziele frei setzen zu können, bewahrt.

Selbstverständlich hat es Konsequenzen für die Zustimmung zu unserer demokratischen Ordnung, ob die freiheitliche Wirtschaftsordnung – wie in der Bundesrepublik nach 1945 – für jeden sichtbar zu jährlich wachsendem Wohlstand und zur Vollbeschäftigung führt oder ob – wie in den jungen Ländern – kein vergleichbarer Siegeszug stattfindet. Es gibt schon Gründe dafür, dass viele die Linkspartei/PDS als anziehend empfinden und sie bei den Wahlen im Herbst 2005 mit über 8 % zur viertstärksten Fraktion im Deutschen Bundestag machen. Nun schauen alle auf die 25,4 % im Osten. Dass 75 % der ostdeutschen Wähler nicht PDS gewählt haben, kommentiert hingegen niemand. Keine Frage: Das Wahlergebnis ist Ausdruck von Protest, Verdrossenheit und Angst! Doch sollte man hinzusetzen, dass sich auch zwei Millionen Wähler im Westen für die Linkspartei entschieden haben. Unzufriedene und Frustrierte gibt es auch dort.

Die Abwanderung von Ost nach West ist nicht durch Appelle zu bremsen, sondern nur durch die Angleichung der Lebensverhältnisse. So wie nach 1945 zunächst Nordrhein-Westfalen und später Bayern und Baden-Württemberg Fachkräfte anzogen, müssen moderne Industrien, Hochschulen, Forschungseinrichtungen in den jungen Ländern als Magnet wirken. Oft wird übersehen, dass schon jetzt nicht nur Abwanderung, sondern auch Zuwanderung festzustellen ist. Im ersten Halbjahr 2005 standen 58.980 Abwanderern aus den jungen Ländern 39.324 Zuwanderer gegenüber. Auch darf nicht vergessen werden, welchen Aderlass es bedeutete, dass in den Jahren bis 1989 Millionen Ostdeutsche nach Westen flüchteten – bis zum Bau der Mauer rund 2,7 Millionen, danach noch einmal fast eine Million.

Was in den jungen Ländern und in ganz Deutschland mehr als alles andere fehlt, sind Arbeitsplätze. „Gemeinsam oder gar nicht", sagt Rüdiger Pohl, vormals Präsident des Instituts für Wirtschaftsforschung in Halle. Der Aufbau Ost ist nicht schuld am Abschwung West. Aber ohne die jungen Länder wird es keine wirtschaftliche Gesundung Deutschlands geben. Für die jungen Länder wird noch auf Jahre hinaus erhebliche wirtschaftliche Hilfe erforderlich sein. Der Solidarpakt II, der für die Jahre von 2005 bis 2019 Transferleistungen in Höhe von 156 Mrd. Euro vorsieht, wird dringend gebraucht. Nicht immer wird bedacht: Jeder Euro, der an privaten oder öffentlichen Mitteln in die jungen Länder investiert wird, ist zugleich auch ein Beitrag zur Modernisierung und Zukunftssicherung Deutschlands.

Nirgendwo und nie zuvor hat ein Landesteil dem anderen in vergleichbarem Ausmaß geholfen. Von 1990 bis 2005 flossen durchschnittlich 15 Milliarden Euro Aufbauhilfe von West nach Ost. Die Partnerländer – Bayern und Baden-Württemberg in Sachsen, Rheinland-Pfalz, Hessen und Bayern in Thüringen, Niedersachsen in Sachsen-Anhalt, Nordrhein-Westfalen in Brandenburg, Schleswig-Holstein in Mecklenburg-Vorpommern – taten ein Übriges.

Man half mit Fachpersonal und Fachwissen, mit technischem Gerät, mit eigenen finanziellen Mitteln. Vor allem in den ersten Jahren kam Hilfe von Kreisen und Kommunen, von Parteien und gesellschaftlichen Gruppen, von den Kirchen. Niemand vermag fünfzehn Jahre später den Umfang dieser Hilfe vollständig zu bilanzieren. Und mit der materiellen Hilfe entstanden deutsch-deutsche Partnerschaften, von denen viele bis heute fortbestehen.

Joachim Gauck hatte Recht: „Die Menschen dieser Nation haben sich gegenseitig beschenkt." Aber es entspricht wohl deutscher Eigenart, dass sich bis heute die Freude über das Erreichte in Grenzen hält, dass Neid mitunter berechtigten Stolz verdrängt. Wenn über den Stand der „inneren Einheit" in Deutschland gesprochen wird, dann hört man nicht selten die Auffassung, wir seien uns noch immer fremd.

Wer heute von Problemen mit der „inneren Einheit" oder törichterweise von der „Mauer in den Köpfen" spricht, der sollte sich verdeutlichen: In Deutschland hat es stets Unterschiede gegeben, in der Mentalität, aber auch in materieller Hinsicht.

In Ostfriesland liegt der Lebensstandard weit unter dem Niveau des Großraums Stuttgart. In Darmstadt herrschen andere Verhältnisse als in Bochum. Erfurt ist nicht Görlitz und Dresden nicht Frankfurt an der Oder. Und vor allem: Es hat nach fünfzehn Jahren deutscher Einheit keinen Sinn mehr, zwischen „Ossis" und „Wessis" zu unterscheiden. Niemand spricht schließlich von „Nordis" und „Südis".

Die Menschen in Thüringen empfinden sich längst als Thüringer und die Menschen in Sachsen als Sachsen – und nicht als „Ossis". Die Bürgerinnen und Bürger in den jungen Ländern haben ein Recht auf ihr eigenes Landesprofil und Landesbewusstsein – genauso, wie man das den Bayern oder den Baden-Württembergern, den Nordrhein-Westfalen oder den Schleswig-Holsteinern

270

zugesteht. Natürlich haben noch immer nicht alle Westdeutschen Ostdeutschland besucht, aber seit 1989 sind sehr viel mehr Bayern in Thüringen zu Gast gewesen als Baden-Württemberger in Schleswig-Holstein.

Das schwierigste Wegstück zur Einheit haben wir geschafft. Von den jungen Ländern gehen heute Impulse für ganz Deutschland aus.

Friedrich Nietzsche hat gesagt: „Die Deutschen sind zu großen Dingen fähig, aber es ist unwahrscheinlich, dass sie sie tun." Die Deutschen, die 1989 mutig und friedlich ihre Freiheit erkämpft haben, die die vom Sozialismus zerstörten Länder aufbauen und ihren Aufbau unterstützen, haben große Dinge getan. Sie haben Nietzsche widerlegt!

Für mich steht außer Frage, dass ein Volk, das vom Nationalsozialismus befreit wurde, das den Weg aus dem tiefsten moralischen und wirtschaftlichen Niedergang gefunden hat, dass ein Volk, in dem ein Teil der Bevölkerung im selben Jahrhundert unter einer zweiten Diktatur gelitten und diese Diktatur friedlich abgeworfen hat, dass ein solches Volk auch in der Lage ist, die in der Zukunft vor ihm liegenden Aufgaben zu lösen; dass wir in der Lage sein werden, Nietzsche noch einmal zu überraschen.

Als ich 2003 mein Amt als Thüringer Ministerpräsident an meinen Nachfolger übergab, kannte ich Thüringen besser als Rheinland-Pfalz. Unzählige Kreisbereisungen, die ich schon in Rheinland-Pfalz dazu genutzt hatte, den Bürgerinnen und Bürgern vor Ort zu begegnen, mit den örtlichen Verantwortungsträgern zu sprechen und die Probleme der einzelnen Regionen aus eigener Anschauung kennenzulernen (eine Methode, die dann übrigens später von den meisten meiner Kollegen kopiert wurde), haben mich mit dem Land vertraut gemacht. Fast 600 Kilometer habe ich das Land zu Fuß durchwandert. Vor allem aber habe ich die Menschen kennengelernt.

Viele von ihnen haben aus dem Stand Aufgaben übernommen, auf die sie nicht vorbereitet sein konnten und deren Schwierigkeit sie nicht ahnten. Die meisten von ihnen haben sich in ungewöhnlichem Ausmaß bewährt, haben Ungewöhnliches geleistet. Man sollte ihnen ein Denkmal setzen!

Mein erstes Kabinett habe ich mit Persönlichkeiten gebildet, mit denen ich zuvor an einem Wochenende jeweils nur eine Stunde sprechen konnte. Es war ein Kabinett der „kleinen Koalition" aus CDU und FDP. Als bei den Landtagswahlen 1994 die kleinen Parteien nicht mehr in den Landtag einzogen, musste eine „große Koalition" aus CDU und SPD gebildet werden. Sie gelang trotz mancher Schwierigkeiten und brachte das Land weiter voran, weil auf beiden Seiten Persönlichkeiten von der Maxime geleitet waren: „Erst das Land, dann die Partei!" 1999 errangen wir die absolute Mehrheit der Stimmen und der Mandate. Ich habe – wie zuvor schon in Rheinland-Pfalz – erneut erfahren: Ohne Rücksicht auf einen Koalitionspartner nehmen zu müssen, regiert es sich leichter, aber keineswegs problemlos. Die Zusammenarbeit mit der eigenen, sich ihrer dominierenden Stellung bewussten Fraktion fordert viel Geduld und Einfühlungsvermögen. Tage- und mitunter nächtelange Sitzungen des Koalitionsausschusses, wo oft entscheidend war, wer länger durchhielt und den Überblick zu bewahren wusste, fallen weg, aber es fehlt auch die Möglichkeit, die Diskussion mit einem Hinweis auf den Koalitionspartner zu beenden.

Alles wurde von den wirtschaftlichen Problemen beherrscht. Der Wirtschaftsminister hatte – anders als in Rheinland-Pfalz – die Hauptlast zu tragen. Das Werben um Investoren, das tagtägliche Bemühen, Insolvenzen abzuwenden, der ständige Kampf mit der Treuhand bestimmten meinen Alltag. Der letztlich erfolglose Kampf um Bischoferode – um die Erhaltung eines Kali-Standortes im Norden Thüringens –, der nur allzu verständliche Streik der dortigen Kumpel, die um ihre Arbeitsplätze kämpften und denen wir helfen wollten, war für mich die bitterste Erfahrung auf diesem Gebiet.

Jährlich einen Haushalt aufzustellen, war ein Abenteuer besonderer Art. Er konnte zunächst nicht einmal zur Hälfte aus eigenen Einnahmen gedeckt werden. Das Übrige musste aus Transferleistungen des Bundes, der westdeutschen Länder und der EU gedeckt werden und durch Kredite, also durch neue Schulden. Aber durfte die Chance, in Erfurt eine Universität zu gründen, Weimar im Jahre 1999 zur Kulturhauptstadt Europas zu machen, die Infrastruktur zu verbessern, die große Zahl von Theatern und Orchestern weitgehend zu erhalten, vergeben werden?

Die Schulen, von der DDR-"Volksbildungsministerin" Margot Honecker als ideologische Kaderschmieden missbraucht, verlangten nach neuen Inhalten und neuen Strukturen. Wir entschieden uns für die Zweigliedrigkeit – Regelschule und Gymnasium – und kämpften gemeinsam mit Sachsen um das achtjährige Gymnasium, dessen Abitur man im Westen nicht anerkennen wollte, das sich aber schließlich nach Jahren auch in den alten Ländern durchsetzte. Weil man bis 1989 Russisch lernen musste, wollte man sich von diesem Zwang befreien. Aber woher über Nacht genügend Englischlehrer beschaffen? Und was sollte aus den Marxismus-Leninismus Lehrern werden?

Probleme über Probleme und dazu der mühsame Aufbau einer leistungsfähigen Verwaltung für den wiedererstandenen Freistaat, die fähig sein musste, die Probleme des Landes zu lösen und wenigstens auf die Dauer – nicht zuletzt im Bundesrat – mit den eingespielten Regierungen der alten Länder zu konkurrieren. Wir entschieden uns, auf Bezirksregierungen zu verzichten, schon um jeden Bezug zu den alten DDR-Bezirken Suhl, Gera und Erfurt zu vermeiden, schufen aber als Mittelinstanz ein Landesverwaltungsamt in Weimar. Am Anfang erwies sich für mich das Telefonieren oft als schwieriger als das Regieren. Die erste Kabinettssitzung konnte nicht rechtzeitig beginnen, weil niemand den Schlüssel für den provisorisch eingerichteten Kabinettssaal fand. Die anfängliche Gewohnheit, mich bei meinen Reisen in den von Ulbricht, Stoph und Honecker bewohnten Räumlichkeiten unterzubringen, habe ich trotzdem sehr bald abgestellt.

23 22. November 2005 – Angela Merkel und die zweite Große Koalition

Aus der Sicht von Hans-Jochen Vogel

Der Wahlsonntag vom 18. September 2005 endete mit einer Überraschung. Statt der sicheren Mehrheit für eine CDU/CSU-FDP-Koalition oder sogar einer absoluten Unionsmehrheit, die lange Zeit von den meisten Medien vorausgesagt und von einigen sogar ganz unverhüllt betrieben worden war, lag die Union nur 1 % oder vier Mandate vor der SPD. Sie brachte es auf 35,2 %, die SPD auf 34,2 %.

Das mag einer der Gründe für den Ausbruch Gerhard Schröders in der abendlichen „Elefantenrunde" gewesen sein. Er bleibe Bundeskanzler, sagte er sinngemäß. Frau Merkel könne es nicht. Die CDU und die CSU seien zwei Parteien, die SPD daher die stärkste Partei. Ihr stehe deshalb das Kanzleramt zu Als ich die Szene um 20.15 Uhr im Fernsehen sah, erschrak ich einigermaßen. Emotional konnte ich diese Explosion nachvollziehen. Zu lange war Schröder in den Wochen zuvor als sicherer Verlierer herabgeredet und auch sonst mit nicht gerade dezenten Nachrufen bedacht worden. Politisch war der Auftritt ein Fehler. „Suboptimal" nannte ihn Doris Schröder-Köpf wenig später.

Nüchtern betrachtet war die Botschaft der Wählerinnen und Wähler von Anfang an eindeutig. Sie wollten keine CDU/CSU-FDP-Koalition. Sie wollten aber auch nicht eine Fortsetzung von Rot-Grün. Also blieb nur die große Koalition. Und in einer solchen war eben die Union – wenn auch knapp – die stärkere Fraktion. Die aber stellt nun eben einmal den Kanzler oder die Kanzlerin. So war es ja auch bei der ersten Großen Koalition im Jahre 1966. Auch da lag die SPD im Bundestag mit 202 Mandaten vor der CDU mit 196 Mandaten. Aber als gemeinsame Fraktion mit der CSU war die Union eben stärker.

Theoretisch hätte es auch andere Koalitionsmodelle gegeben: etwa eine CDU/CSU-Koalition mit der FDP und den Grünen; oder eine Koalition dieser beiden Parteien mit der SPD; oder auch eine Koalition der SPD mit der PDS und den Grünen. Aber eben nur theoretisch. Für eine effektive und überdies auch glaubwürdige Zusammenarbeit hätte es all diesen Modellen an den sachlichen, aber auch an den personellen Voraussetzungen gefehlt. Das sollten auch diejenigen bedenken, die gelegentlich über eine sogenannte Ampel spekulieren.

Auch die Koalitionsverhandlungen zwischen der Union und der SPD gestalteten sich schwierig genug und dauerten deshalb auch länger als 1966. Damals ging es um einen Koalitionswechsel während der Legislaturperiode, bei dem sich die FDP bereits zuvor ins Abseits manövriert hatte. Diesmal mussten sich zwei politische Kräfte zusammenfinden, die kurz zuvor gegeneinander einen harten Wahlkampf mit einander deutlich widersprechenden Programmen geführt hatten. Zwei erstaunliche Ereignisse kamen während der Verhandlungen noch hinzu.

Zunächst fügte eine Mehrheit des SPD-Vorstandes dem Parteivorsitzenden Franz Müntefering in einer schwierigen Verhandlungsphase eine öffentliche Niederlage zu und wollte ihm einen Generalsekretär beigeben, den er nicht akzeptierte – ein Vorgang, den ich wiederum nur emotional erklären könnte. Rational war er schon deshalb nicht zu verstehen, weil jeder, der Franz Müntefering kannte, mit seinem Rücktritt rechnen musste. Es gingen dann ja auch alle Beteiligten alsbald in sich und trafen auf dem Karlsruher Parteitag im November 2006 vernünftige Entscheidungen. Fast einstimmig wurde der Koalitionsvertrag gebilligt, Matthias Platzeck zum Nachfolger Franz Münteferings gewählt und dieser aufgefordert, in der neuen Bundesregierung als Vizekanzler und als Bundesminister für Arbeit und Soziales zu amtieren.

Das zweite Ereignis war eher noch erstaunlicher. Unmittelbar nach der Ankündigung Münteferings, nicht mehr für den Vorsitz der SPD kandidieren zu wollen, erklärte der CSU-Vorsitzende Edmund Stoiber, wenn Müntefering nicht mehr zur Verfügung stehe, wolle er nun doch lieber in München bleiben und nicht, wie im Wahlkampf angekündigt und versprochen, als Bundeswirtschaftsminister mit erweiterten Kompetenzen in das Bundeskabinett eintreten. Ich habe selten eine schwächere Begründung für einen durchaus dramatischen Schritt gehört. In Wahrheit gab wohl den Ausschlag, dass Angela Merkel Stoiber den von ihm geforderten Zuschnitt seines Ministeriums versagte und er sich eben doch nicht damit abfinden wollte, in einer Regierung nicht der Erste, sondern nur der Zweite zu sein. Es ehrt die CSU, die in München schon mit dem Nachfolgeproblem konfrontiert gewesen war, dass sie darauf als Partei mit einer ziemlich heftigen Debatte reagierte. Ob Edmund Stoiber daraus die richtigen Konsequenzen gezogen hat, bleibt abzuwarten. Sicher bin ich mir da nicht.

Den Koalitionsvertrag halte ich für akzeptabel. Er zeigt eine hinreichende Übereinstimmung in der Analyse der jetzt zu bewältigenden Herausforderungen. Beide Parteien setzen gemeinsam die Bekämpfung der Arbeitslosigkeit, die Finanzierung der Kernbereiche der sozialen Sicherungssysteme und die Konsolidierung des Haushalts an die erste Stelle. Bei den Aussagen, wie das geschehen soll, ist ein gewisses Maß an Undeutlichkeit wohl unvermeidlich. Auch mussten beide Seiten zwangsläufig von bestimmten Wahlaussagen abrücken. Wer das generell beanstandet und den Parteien jetzt Wortbruch vorwirft, bewegt sich außerhalb der Realität. Wichtig ist, dass die Parteien ihr Profil bewahrten. Das ist der SPD beispielsweise mit der Festlegung, dass an der Tarifautonomie und der Mitbestimmung, aber auch am Atomausstieg festgehalten und für besonders hohe Einkommen der Steuersatz erhöht werde, in wichtigen Punkten gelungen. Sehr sensibel bleibt für sie die Mehrwertsteuererhöhung um 3 %, nachdem sie im Wahlkampf jede Erhöhung abgelehnt hat. Es kommt deshalb darauf an, wofür die Mehreinnahmen verwendet werden. Meines Erachtens ist dabei neben der Senkung der Sozialversicherungsbeiträge und der Förderung von Bildung und Wissenschaft auch die Verminderung der Neuverschuldung ein vertretbarer Aspekt.

Ob die Union ihr Profil beschädigt hat, können andere noch besser beurteilen. Der Abstand zwischen den Beschlüssen des sogenannten Leipziger Reformparteitages der Union vom 1. bis 3. Dezember 2003 oder dem Kirchhof'schen Konzept und den entsprechenden Passagen des Koalitionsvertrages ist jedenfalls auch für den Außenstehenden beträchtlich. Und dass die Mehrwertsteuer statt, wie im Wahlkampf angekündigt, um 2 % um 3 % steigt, schafft auch für die Union Erklärungsbedarf. Übrigens ist es bei aller Rücksichtnahme auf das eigene Profil der Parteien noch wichtiger, dass die Große Koalition ihre Aufgabe erfüllt und wesentliche Fortschritte bei der Lösung der zentralen Probleme erzielt. Schafft sie das nicht, werden beide Parteien bei der nächsten Bundestagswahl abgestraft werden.

Insgesamt diskutabel erscheint mir auch die personelle Zusammensetzung der Bundesregierung. Mit Angela Merkel steht erstmals eine Frau und überdies eine sogenannte Ostdeutsche an der Spitze. Beides tut, für sich betrachtet, unserem Gemeinwesen gut. Man sollte Angela Merkel auch nicht unterschätzen. Wer die Union dazu gebracht hat, sich von Helmut Kohl zu lösen, wer sich gegen eine ganze Reihe von gewichtigen Konkurrenten den Weg an die Spitze der Union gebahnt und schließlich auch Edmund Stoiber seine Grenzen deutlich gemacht hat, der ist wahrlich kein Leichtgewicht. Auch wie sie mit dem für sie schmerzhaften Ergebnis der Bundestagswahl und zuletzt auf dem Dresdner Parteitag der Union mit ihren Ministerpräsidenten umgegangen ist, spricht für ihr Standvermögen.

Mit Franz Müntefering hat die Sozialdemokratie ihr einen bewährten Mann an die Seite gestellt. Ich kenne ihn seit unseren gemeinsamen Bonner Jahren und erinnere mich auch gerne an die

Zeit, in der er einer meiner Parlamentarischen Geschäftsführer war. Seine Beharrlichkeit, sein gesunder Menschenverstand, seine Entscheidungsfreude und seine Fähigkeit, sich für die Menschen verständlich auszudrücken, hat er schon damals unter Beweis gestellt. Die große politische Erfahrung, die er seitdem in mehreren Funktionen sammeln konnte, kommt noch hinzu.

Manche Sozialdemokraten kritisieren, die SPD habe mit dem Arbeitsministerium, dem Gesundheitsministerium und dem Finanzministerium die schwierigsten Ressorts übernommen, die zwangsläufig auch wenig populäre Entscheidungen treffen müssen. Die hätte man deshalb lieber der Union überlassen sollen. Diese Position teile ich nicht. Sozialdemokratische Politik kann nicht darin bestehen, taktischen Erwägungen den Vorrang vor verantwortlichem Verhalten einzuräumen. Und Verantwortung gegenüber dem Gemeinwesen besteht eben nicht zuletzt auch darin, dass man da anpackt, wo besondere Anstrengungen erforderlich sind, das zumal dann, wenn es dabei gerade auch um die Wahrung sozialdemokratischer Grundsätze geht.

Neu ist im Vergleich zur ersten Großen Koalition, dass der Vorsitzende der SPD nicht der Bundesregierung angehört. Das muss kein Nachteil sein. In der Person von Kurt Beck ist diese Position jedenfalls für die Sozialdemokratie und zugleich für die Koalition sehr gut besetzt. Bringt er doch als langjähriger Ministerpräsident viel Erfahrung auch auf der Bundesebene, ein hohes Ansehen in- und außerhalb der Partei, Glaubwürdigkeit im Umgang mit seinen Mitmenschen und zusätzlich noch etwas mit, was bei Sozialdemokraten eher selten geworden ist – nämlich einen Landtagswahlsieg mit absoluter Mehrheit. Etwas anderes ist in der zweiten Großen Koalition ebenso wichtig wie in der ersten. Das ist die gute Kooperation zwischen den beiden Fraktionsvorsitzenden. Die Kooperation zwischen Helmut Schmidt und Rainer Barzel sollte hier als Vorbild dienen. Ich bin sicher: Peter Struck, der auch einmal mein Parlamentarischer Geschäftsführer war, orientiert sich daran. Und Volker Kauder bemüht sich wohl ebenfalls.

Für ein abgewogenes Urteil über die bisherige Arbeit der Koalition ist es noch zu früh. Auch liegt der Qualm medialen Dauerbeschusses ziemlich dicht über der Szene. Misst man mit normalen Maßstäben, wie ich sie aufgrund jahrzehntelanger politischer Praxis anzuwenden versuche, dann ist die Bilanz des ersten Jahres nicht so exzellent, wie man sich das wünschen könnte. Aber sie ist doch ganz passabel. Die Föderalismusreform, die Einleitung des Gesetzgebungsverfahrens für die Gesundheitsreform, das Elterngeld, die Erhöhung des Renteneintrittsalters, Ansätze zu einer sozial vertretbaren Unternehmenssteuerreform, Vorschläge zur Konkretisierung eines Mindest- und Kombilohnmodells und erste Schritte zu einer Haushaltskonsolidierung, die durch in dieser Höhe unerwartete Steuermehreinnahmen erleichtert wurden, das sind schließlich keine Quisquilien. Auch ist das stärkere Sinken der Arbeitslosenzahl ja kein schlechtes Zeichen: Insgesamt positiv beurteile ich außerdem die bisherige Außen- und Europapolitik der Koalition. Auf diesem Gebiet hat Frank-Walter Steinmeier gute, auch von der Bevölkerung anerkannte Arbeit geleistet, und Angela Merkel hat Talente entfaltet, die manche bei ihr so gar nicht vermutet hätten.

Natürlich gibt es zu jeder Maßnahme kritische Anmerkungen. Aber realisierbare, das heißt vor allem realistische Alternativen sind kaum vorgetragen worden. Auch die Streitigkeiten unter den Koalitionären erscheinen mir bislang nicht besonders gravierend. Sie halten sich im Rahmen dessen, was man auch zur Zeit der ersten Großen Koalition erlebt hat.

Eine starke Bewährungsprobe muss die Koalition meines Erachtens bei der Gesundheitsreform bestehen. Hat sie es hier doch mit harten Fakten zu tun, die von der demografischen Entwicklung, der Abnahme der sozialversicherungspflichtigen Normalbeschäftigungen und vom medizinischen Fortschritt bestimmt werden. Und darüber hinaus hat sie es in Gestalt der Pharmaindustrie, der gesetzlichen Krankenkassen, der Privatversicherungen und neuerdings auch einer Ärzteschaft, die sich ihrer

Durchsetzungsfähigkeit stärker bewusst geworden ist, mit mächtigen Interessengruppen zu tun, die vor und hinter den Kulissen von ihren Einflussmöglichkeiten entschiedenen Gebrauch machen. Hier ist Standfestigkeit und Orientierung am Gemeinwohl, insbesondere am Wohl der Schwächeren, gefordert.

Bemerkenswert ist schließlich auch, dass sich beide Koalitionsparteien noch in dieser Legislaturperiode neue Grundsatzprogramme geben wollen. Hoffentlich reichen die Kräfte dafür, das jeweilige Menschenbild und die maßgebenden Werte überzeugend als Kriterien zu formulieren und dann den Analysen der gegenwärtigen Situation und der voraussichtlichen Entwicklung klare Antworten folgen zu lassen, die diesen Kriterien standhalten. Meiner Partei wünsche ich überdies, dass sie an den im Godesberger und im Berliner Programm normierten Grundwerten festhält und in ihr neues Programm eine konkrete Vision aufnimmt: die Vision von einer Gesellschaft, in der sich die Kluft zwischen Arm und Reich verringert, in der Solidarität gelebt wird und die für eine Weltordnung eintritt, die die empörend ungerechte Verteilung von Wohlstand und Macht auf unserem Globus kontinuierlich zu überwinden sucht. Dabei sollte sie durchaus an ihre über 140 Jahre zurückreichende Tradition anknüpfen und ihre Geschichte keinesfalls verleugnen.

* * *

Aus der Sicht von Bernhard Vogel

Es ehrt die Verantwortlichen von CDU, CSU und SPD, dass sie sich nach der Bundestagswahl vom 18. September 2005 ins Unvermeidliche schickten und Gespräche über die Bildung einer großen Koalition – der zweiten in der Geschichte der Bundesrepublik – aufnahmen. Keine Partei wollte sie, alle hatten sich im Wahlkampf gegen sie ausgesprochen. Aber das Wählervotum verlangte, die eigenen Interessen und Wünsche zurückzustellen. Die Notwendigkeit, Deutschland – dem bevölkerungsreichsten und wirtschaftlich bedeutsamsten Land in der EU – angesichts hoher Arbeitslosigkeit, eines Staus ungelöster Probleme und vieler Reformvorhaben zügig eine handlungsfähige Regierung zu sichern, musste Vorrang haben.

Bundeskanzler Schröder hatte, nach einer Serie verlorener Landtagswahlen und angesichts der für die Sozialdemokraten besonders schmerzlichen Niederlage in Nordrhein-Westfalen, der „Herzkammer" der Sozialdemokratie, wie Herbert Wehner einmal meinte, noch am Wahlabend des 22. Mai 2005 zur allgemeinen Überraschung und ohne den Bundespräsidenten zuvor zu verständigen, die Auflösung des Bundestages angekündigt. Wohl aus der Erkenntnis heraus, dass er in seiner eigenen Partei und in seiner eigenen Fraktion die notwendige Unterstützung für seine Politik nicht mehr finden würde, ging er das Wagnis vorzeitiger Bundestagswahlen ein. Der Bundespräsident zögerte zunächst, gab aber schließlich unter ausdrücklichem, fast dramatischem Hinweis auf die ernste Situation, in der Deutschland sich befinde, nach und löste den Bundestag nach Artikel 68 Grundgesetz auf. Das Bundesverfassungsgericht wies die Klage zweier Bundestagsabgeordneter dagegen zurück. Zum ersten Mal seit 1949 fand eine Bundestagswahl statt, weil der Regierungschef keine Möglichkeit mehr sah, seinen Regierungsauftrag zu erfüllen.

Das Wahlergebnis war für beide Volksparteien enttäuschend. Die Union, die sich aufgrund vieler Umfragen auf einen sicheren Sieg einstellen durfte, erreichte nur 35,2 %, um 3,3 % weniger als 2002. Die SPD blieb mit 34,2 % noch deutlicher hinter ihrem Ergebnis von 2002 zurück. Nur vier Mandate Unterschied gab es zwischen beiden Fraktionen. CDU/CSU und SPD erreichten zusammen nur 69,4 % der Stimmen, weniger als bei allen vorausgegangenen Bundestagswahlen seit 1949 (60,2 %). Die Wahlbeteiligung lag mit 77,7 % niedriger als bei allen vorausgegangenen fünfzehn Bundestagswahlen.

Die Union hatte zwar eines ihrer Wahlziele erreicht: Die Regierung Schröder/Fischer verfügte über keine Mehrheit mehr. Ihr Ziel aber, zusammen mit der FDP eine Koalition der bürgerlichen Mitte bilden zu können, verfehlte sie. Eine Regierungsbildung unter Einschluss der wieder in den Bundestag zurückgekehrten PDS, jetzt Fraktion Die Linke, schied für die SPD schon aus personellen Gründen von vornherein aus: Oskar Lafontaine an einem Kabinettstisch mit Gerhard Schröder oder Franz Müntefering war nicht vorstellbar. Eine Jamaika-Koalition, wie ein mögliches Bündnis von Union, FDP und Bündnis 90/Die Grünen in Anspielung auf die Nationalfarben Jamaikas genannt wurde, erwies sich nach kurzer Konsultation ebenfalls, zumindest aktuell, als unrealistisch. Erst nachdem Schröder die verheerende Wirkung seines schwer verständlichen Gefühlsausbruches in der wahlabendlichen „Elefantenrunde" im öffentlich-rechtlichen Fernsehen eingesehen und sich zurückgezogen hatte, konnten erfolgversprechende, wenn auch schwierige Koalitionsverhandlungen beginnen, konnte gesichert werden, dass die wohlbegründeten, jahrzehntelang bewährten Spielregeln der parlamentarischen Demokratie nicht länger infrage gestellt wurden: Die stärkste Fraktion stellt den Bundestagspräsidenten und im Falle einer Koalitionsregierung den Bundeskanzler – in diesem Fall zum ersten Mal eine Frau: Angela Merkel! Ihr steht selbstverständlich, wie allen ihren Vorgängern, die im Grundgesetz festgeschriebene Richtlinienkompetenz zu.

Die Verhandlungen zum Regierungsprogramm wurden relativ zügig zum Abschluss gebracht. Schon am 11. November lag ein Koalitionsvertrag vor, der bald darauf die Zustimmung der beteiligten Parteien und beider Bundestagsfraktionen fand, obwohl er allen Partnern nur schwer zu vermitteln war.

Selbstverständlich haben die Parteivorsitzende und die Mitglieder der Verhandlungskommission in den Gremien der CDU, in Präsidium und Parteivorstand, regelmäßig vom Fortgang der Verhandlungen berichtet – gelegentlich auch auf dem Weg der in

Mode gekommenen telefonischen Schaltkonferenzen, die allerdings mehr der Information als der tiefgehenden Diskussion dienen können. Auf eine dringend erwünschte Diskussion des enttäuschenden Wahlergebnisses haben wir bis zum Abschluss der Verhandlungen verzichtet, um deren Erfolg nicht zu gefährden. Als sie dann im Dezember 2005 tatsächlich geführt wurde, war man sich rasch einig, dass eine gründliche Debatte über unser Grundsatzprogramm begonnen werden müsse. Wer sich befristet in die Zwänge einer großen Koalition begibt, muss auf sein Profil achten. So ist es nicht überraschend, dass inzwischen alle drei Koalitionspartner, CDU, SPD und CSU, an der Fortentwicklung ihrer Grundsätze arbeiten. An der Erstellung des Grundsatzprogramms der CDU von 1978 – die Partei befand sich seit neun Jahren in der Opposition und drängte danach, wieder Regierungsverantwortung zu übernehmen – habe ich in Ludwigshafen als Parteitagspräsident mitgewirkt. Bei der Verabschiedung des Programms von Hamburg 1994 – die Partei stellte seit zwölf Jahren den Bundeskanzler und wollte ihre Regierungsverantwortung verteidigen – war ich als ostdeutscher Ministerpräsident vor allem daran interessiert, den Prozess der Wiedervereinigung zu unterstützen. Heute geht es mir darum, daran mitzuwirken, dass die Grundposition der Partei, die Motive der Männer und Frauen, die am Ende des Krieges vor 60 Jahren die Union gegründet haben, auch für die Zukunft bewahrt werden, dass aber auf neue Herausforderungen – wie zum Beispiel Globalisierung, Terrorismus, demografischer Wandel, Übergang von der Industrie- zur Wissensgesellschaft, Dialog der Kulturen – neue Antworten gefunden werden, dass nachgewiesen wird, wie die Union, die fraglos die letzten 60 Jahre entscheidend mitgestaltet hat, die Zukunft unseres Landes sichern will. Wir müssen uns auf Bewährtes besinnen, aber auch für Neues begeistern. Entscheidend ist, dass für die CDU der Mensch vor dem Staat kommt. Der Staat ist für den Menschen da, nicht der Mensch für den Staat. Freiheit, Solidarität, Gerechtigkeit sind die Grundwerte der Union. Sie bedingen einander und sind aufeinander bezogen.

Während der Koalitionsverhandlungen wechselte die SPD ihren Vorsitzenden aus. Müntefering trat zurück, Platzeck folgte ihm nach. Edmund Stoiber, der Parteivorsitzende der CSU, verzichtete daraufhin überraschenderweise auf seinen schon im Wahlkampf angekündigten Wechsel nach Berlin, nachdem er in den Verhandlungen ein weithin nach seinen Wünschen zugeschnittenes Wirtschafts- und Technologieressort erstritten hatte.

Ungewöhnlicherweise und im Gegensatz zur ersten Großen Koalition wurden das Amt des Bundeskanzlers und das des Chefs des Bundeskanzleramts als Bundesminister in das Personaltableau mit einbezogen. Der CDU wurde die Besetzung von sechs, der SPD von acht und der CSU von zwei Positionen am Kabinettstisch zugesprochen – ein nahe an die Schmerzgrenze heranreichender Preis, den die Union für das Zustandekommen des Bündnisses zu zahlen hatte, wollte sie eine instabile sozialdemokratische Minderheitsregierung, die sich fallweise dann doch der Unterstützung der Fraktion Die Linke bedient hätte, verhindern. Das Innenministerium ging an den langjährig regierungserfahrenen, mit diesem Ressort bestens vertrauten Wolfgang Schäuble. Mit Annette Schavan und Ursula von der Leyen wurden zwei Frauen zu Ministerinnen für Bildung und Forschung bzw. für Familie, Senioren, Frauen und Jugend berufen, die sich in ähnlichen Ämtern als Landesministerinnen einen besonders guten Ruf erworben hatten. Verteidigungsminister, ein traditionell besonders klippenreiches Ressort, wurde der in Fraktions- und Regierungsarbeit erfahrene und wegen seiner Loyalität hoch geschätzte Hesse Franz Josef Jung. Chef des Bundeskanzleramts wurde mit Thomas de Maizière eine Persönlichkeit, die als Chef der Staatskanzlei in Mecklenburg-Vorpommern und in mehreren Ressorts in Sachsen mit den Problemen der jungen Länder besonders vertraut ist. Für das Gelingen der zweiten Großen Koalition wird viel von der Arbeit der beiden Fraktionsvorsitzenden abhängen. Rainer Barzel und Helmut Schmidt, die beiden Vorsitzenden zur Zeit der ersten Großen Koalition, sollten ihnen Vorbild sein. Volker Kauder bringt dafür die besten Voraussetzungen mit.

Angela Merkel war in der Union 2005 als Kanzlerkandidatin unumstritten, gerade weil sie, wie übrigens auch Helmut Kohl 1980, beim Wahlgang zuvor dem CSU-Vorsitzenden den Vortritt gelassen hatte. Ich habe sie als stellvertretende Pressesprecherin des DDR-Ministerpräsidenten Lothar de Maizière 1990 kennengelernt und bin ihr natürlich in ihrer Zeit als Ministerin für Frauen und Jugend und als Umweltministerin begegnet. Regelmäßig Kontakt zu ihr hatte ich aber erst, nachdem Wolfgang Schäuble sie 1998 zur Generalsekretärin der CDU berief und es danach um seine Nachfolge im Parteivorsitz ging. Sie hat den Vorsitz zur Zeit der schwersten Belastungen, denen die Union seit ihrer Gründung ausgesetzt war, übernommen. Es ist ganz entscheidend ihr Verdienst, dass die Partei diese Krise überwunden hat, ja gestärkt und selbstbewusst aus ihr hervorging. In vielen persönlichen Gesprächen und in ungezählten Telefonaten habe ich sie wegen ihrer Nüchternheit und ihrer Verlässlichkeit, wegen ihrer uneitlen Autorität schätzen gelernt. Dass sie im Osten unseres Vaterlandes geprägt worden ist, dass sie die DDR kannte und die Bundesrepublik erst kennenlernen musste, dass sie sich über Jahrzehnte in der Unfreiheit nach der Freiheit gesehnt hat, ist kein Nachteil, sondern ein Glücksfall. Einen besseren Beweis dafür, dass die Wiedervereinigung glückt, als dass eine Ostdeutsche heute Bundeskanzlerin ist, kann es nicht geben.

Wo im Zuge der Koalitionsverhandlungen in den Sachfragen eine Einigung möglich war, versprach das Koalitionsabkommen, die Arbeitsmarktreform fortzusetzen und zum Teil bereits gemeinsam begonnene Reformen sowie die Verwirklichung dringend gebotener, lange verzögerter Initiativen, wie zum Beispiel der Föderalismusreform, in Angriff zu nehmen. Auf andere, nicht einigungsfähige Themen aus den Wahlprogrammen beider Parteien musste verzichtet werden. So konnte die Union eine wesentlich weiter gehende Flexibilisierung des Arbeitsmarktes und eine längere Laufzeit sicherer Atomreaktoren für diese Legislaturperiode nicht durchsetzen.

Wie zu erwarten war, gestaltet sich die Zusammenarbeit von Union und SPD im Regierungsalltag nicht problemlos. Nach fast 40 Jahren heftiger und leidenschaftlicher Kontroverse kann das niemanden ernsthaft überraschen. Gleichwohl ist im ersten Jahr der gemeinsamen Regierung das festgefahrene Schiff wieder flottgemacht worden. Die Angststarre, die auf dem Land lag, von der der Bischof der evangelisch-lutherischen Landeskirche Sachsens, Jochen Bohl, noch im Oktober 2005 bei der Einweihung der wiederhergestellten Frauenkirche in Dresden sprach, scheint gewichen. Die Föderalismusreform ist verabschiedet, wenn auch die finanziellen Konsequenzen erst noch gezogen werden müssen, was einige Schwierigkeiten bereiten dürfte. Die Arbeitslosenquote sinkt – zuletzt hat es im Jahresvergleich 1959/60 einen so deutlichen Rückgang gegeben. Im Dezember 2006 waren fast 600.000 Menschen weniger arbeitslos als ein Jahr zuvor. Die Zahl der sozialversicherungspflichtig Beschäftigten steigt wieder. Die Wirtschaft wächst, und insbesondere der Mittelstand blickt optimistisch in die Zukunft. Endlich konnte die Neuverschuldung des Bundeshaushalts gesenkt werden. Sie wird 2007 so niedrig sein wie seit der Wiedervereinigung nicht mehr, und zum ersten Mal seit fünf Jahren erfüllt der Haushalt wieder die Maastricht-Kriterien. In Wissenschaft und Technik werden deutliche Prioritäten gesetzt. Eine neue Familienpolitik und eine durchgreifende Rentenreform wurden möglich. In der Gesundheitspolitik rauft man sich zusammen. Allerdings: große und durchgreifende Reformen können nicht von heute auf morgen durchgesetzt werden, und sie wirken auch nicht von heute auf morgen. Sie brauchen, wenn sie handwerklich solide gearbeitet sein sollen, Zeit. Vor verfrühter Zufriedenheit und nachlassendem Reformeifer ist zu warnen. Die positive Entwicklung muss sich verstetigen. Es muss dauerhaft aufwärtsgehen, und weitere Aufgaben müssen mutig angepackt werden. Vier Millionen Arbeitslose dürfen niemanden ruhen lassen. Die Verantwortung Deutschlands in der Europa- und Außenpolitik wächst. Gerade hier hat die Bundeskanzlerin deutlich neue Akzente gesetzt: im Verhältnis zu den USA, zu Russland, aber auch zu Polen zum Beispiel.

„Eine Koalition ist das Kunststück, den rechten Schuh auf dem linken Fuß zu tragen, ohne Hühneraugen zu bekommen", sagt der französische Politiker Guy Mollet. Genau dieses Kunststück müssen Union und SPD fertigbringen. Meine Erfahrung als Ministerpräsident einer großen Koalition hat mich gelehrt: Wenn die Koalitionspartner sich ihrer großen Verantwortung bewusst bleiben, wenn die Chemie zwischen den Führungspersönlichkeiten stimmt, wenn sie den Erfolg ihres Bündnisses wollen, wenn sie sich gegenseitig respektieren, wenn keiner den anderen überfordert, wenn sie vielmehr rücksichtsvoll miteinander umgehen, wenn nicht jede notwendige, sachlich gebotene Auseinandersetzung als Streit missdeutet wird, dann kann eine große Koalition gelingen. Und meine Erfahrung als Ministerpräsident hat mich auch gelehrt: Ein Ministerpräsident steht in erster Linie in der Verantwortung für sein Land. Ihm zu dienen hat er bei seiner Amtsübernahme geschworen. Er hat als Mitglied des Bundesrates, durch den die Länder an Gesetzgebung und Verwaltung des Bundes mitwirken, auch die Entscheidungen des Bundes auf Nützlichkeit, Durchführbarkeit und Zweckmäßigkeit in seinem Land zu prüfen. Er darf nicht zum fünften Rad am Wagen seiner Partei werden. Auch ihr ist er verpflichtet, als Ministerpräsident und – in der Regel – gewähltes Vorstandsmitglied, aber auch sie ist ihm gegenüber verpflichtet, weil er zum Erfolg – oder Misserfolg – seiner Partei entscheidend beiträgt. Der Neid, dass die Ministerpräsidenten beim einen Partner deutlich zahlreicher sind als beim anderen, sollte sich in Grenzen halten. Immerhin gehören elf von ihnen der Union an, an zwei weiteren Landesregierungen ist sie beteiligt. Dann hat diese zweite Große Koalition als ein Bündnis auf Zeit durchaus die Chance wie die erste, bleibende Leistungen zu erbringen.

24 9. Juni 2006 –
Die Welt zu Gast bei Freunden

Bernhard Vogel

Am 9. Juni 2006 begann in der neuen Fußballarena vor den Toren Münchens die Fußballweltmeisterschaft, nach 1974 zum zweiten Mal in Deutschland. Nach einer beeindruckenden Eröffnungszeremonie folgte das Spiel Deutschland gegen Costa Rica. Es endete mit einem ersten Sieg für Deutschland. Dennoch träumten nur die größten Optimisten von der Weltmeisterschaft.

Inzwischen ist das Fest vorbei. Aber die Erinnerung bleibt, die Erinnerung an ein heiteres, fröhliches, unbeschwertes, tolerantes Fest. Überraschungen blieben nicht aus, nicht alle Träume konnten reifen. Die deutsche Mannschaft wurde nicht Weltmeister, aber sie hat sich hervorragend geschlagen und sich in die Herzen von Millionen begeisterter Zuschauer in der ganzen Welt gespielt. Die Welt war zu Gast bei Freunden! Von allen Seiten war viel Lob zu hören. Kein Zweifel: Die Fußballweltmeisterschaft hat uns viel Zuneigung und Sympathie gebracht!

Es war nur selbstverständlich, dass bei all dem Sprachgewirr, wenn Hunderttausende zusammenströmen, das Bedürfnis bestand, erkannt zu werden. Und was war als sicheres Erkennungszeichen besser geeignet als die Landesfarben und die Nationalhymnen? Die französische Trikolore, das englische St.-Georgs-Kreuz, die amerikanischen Stars and Stripes. Die Mannschaften und ihre Fans zogen mit ihren Fahnen durchs Land und sangen bei der Eröffnung ihrer Spiele und bei vielen anderen Gelegenheiten ihre Nationalhymne: die Spanier, die Italiener, die Japaner, die Ecuadorianer, die Ukrainer, die Ghanaer. Was lag näher, als dass auch wir Deutsche das taten? Wie im Dezember 1989 in Dresden, wie am Tag der Wiedervereinigung Deutschlands am 3. Oktober 1990:

ein schwarz-rot-goldenes Fahnenmeer! Und nicht nur Fahnen, T-Shirts, Hüte, Regenschirme, ja sogar schwarz-rot-gold lackierte Autos konnte man sehen, und die deutsche Nationalmannschaft sang – ganz selbstverständlich und völlig unverkrampft – unsere Nationalhymne.

Wie nicht anders zu erwarten, meldeten sich postwendend auch diesmal Bedenkenträger zu Wort, berufsmäßige Kritikaster, wie es sie immer gibt. Die GEW, die Gewerkschaft Erziehung und Wissenschaft, meinte, das Lied gehöre zum reaktionären deutsch-nationalen Erbe. Ein Tübinger Literaturwissenschaftler sprach von „dieser unmöglichen Nationalhymne mit dem teilweise unverständlichen Text". Zur Ehrenrettung der GEW muss allerdings hinzugefügt werden, dass sich ihr Vorsitzender, als von allen Seiten Kritik niederprasselte und helle Empörung laut wurde, für seinen Fehler öffentlich entschuldigte. Jetzt meinte er: „Wenn heute junge Fußballfans die Nationalhymne singen, tun sie das aus Lebensfreude und zur Unterstützung der deutschen Mannschaft."

Die meisten Nationalhymnen sind in besonderen Ausnahmesituationen ihrer Nation entstanden und haben daher oft recht kämpferische, kriegerische, blutrünstige Texte, die niemand auf die Goldwaage legt. In der Hymne Großbritanniens – der ältesten aller Nationalhymnen – wird Gott gebeten, die Königin zu schützen, die Feinde zu zerbrechen, deren politische Ränke zu zerstreuen, die rebellischen Schotten zur Raison zu bringen usw. Das „Lied der Deutschen" dagegen – von August Heinrich Hoffmann von Fallersleben 1841 auf Helgoland zur Melodie des *Kaiserquartetts* von Joseph Haydn verfasst, enthält in seiner dritten Strophe, die heute unsere Nationalhymne ist, keine falschen Töne. Ganz im Gegenteil: Sie drückt aus, was wir uns wohl alle – zumal nach der Wiedervereinigung unseres Vaterlandes – wünschen: „Einigkeit und Recht und Freiheit sind des Glückes Unterpfand." Und unsere Fahne – „Die Bundesflagge ist schwarz-rotgold", heißt es in Artikel 22 unseres Grundgesetzes – nimmt die

Tradition der deutschen Freiheitsbewegung auf. Sie steht in der Tradition der nach Freiheit und Einheit strebenden Studenten, die sich auf der Wartburg 1817 zum ersten Mal im Zeichen dieser Farben versammelten, in der Tradition des Hambacher Festes von 1832, der ersten großen Massenkundgebung für Freiheit und Demokratie, wo zum ersten Mal schwarz-rot-goldene Fahnen wehten, und in der Tradition der Paulskirche von 1848. Nichts Überhebliches, nichts Gewalttätiges, nichts Nationalistisches haftet dem Text an.

Kein Geringerer als Kofi Annan, der Generalsekretär der Vereinten Nationen, hat in Berlin gesagt: „Die Welt hat keine Angst mehr vor übertriebenem Patriotismus in Deutschland." Und – wofür wir besonders dankbar sein sollten – Charlotte Knobloch, die Präsidentin des Zentralkomitees der Juden, fand die „selbstbewusste Leichtigkeit", mit der die Menschen sich in den Nationalfarben präsentierten, „einfach schön" und fügte hinzu: „Ein Deutschland, das sich seiner historischen Verantwortung bewusst ist und so deutlich Flagge bekennt, darf zu Recht stolz sein."

Was bleibt? Natürlich ist der Alltag zurückgekehrt: Wir jammern und klagen wieder. Wir sind wieder neidisch aufeinander und bemitleiden uns. Niemand bestreitet, dass es durchaus Grund gibt, sich Sorgen zu machen. Dennoch ist zu wünschen, dass wir nicht vergessen, was wir erlebt haben, dass wir den Beweis erbracht haben, dass wir uns auch gemeinsam freuen und gemeinsam feiern können; dass Durchhaltevermögen, Leistung, Teamgeist und Fairness deutsche Tugenden sind, die uns zu erfreulichen Erfolgen geführt haben, und dass es sich lohnt, nach Einigkeit und Recht und Freiheit mit Herz und Hand zu streben; dass Einigkeit und Recht und Freiheit unseres Glückes Unterpfand sind und dass niemand sich scheuen sollte, seine schwarz-rot-goldene Fahne auch künftig und bei anderen Anlässen zu zeigen: an seinem Auto, an seinem Haus, im Schrebergarten, auf dem Fußballplatz, bei Feiern und Festen; und dass es selbstverständlich ist, dass unsere Kinder in der Schule den Text unserer Nationalhymne lernen und auch lernen, sie zu singen.

Viele von uns haben das „Wunder von Bern" nicht vergessen. Vor über 50 Jahren, am 4. Juli 1954, führte der Pfälzer Fritz Walter unsere Nationalmannschaft im Endspiel der Fußballweltmeisterschaft in der Schweiz zum 3:2-Sieg über Ungarn. Ganz Deutschland, in West und Ost, feierte diesen unerwarteten Triumph. Er tat gut, neun Jahre nach dem Zweiten Weltkrieg, fünf Jahre nach Gründung der Bundesrepublik! Wir sollten auch die Fußballweltmeisterschaft in Deutschland 2006 nicht vergessen: Deutschland – ein Sommermärchen.

Schlussbetrachtung

Bernhard und Hans-Jochen Vogel

In den vorhergehenden Kapiteln haben wir beschrieben, wie wir uns an wichtige Daten und Ereignisse und an handelnde Personen seit 1945 erinnern und wie wir sie aus unserer heutigen Sicht beurteilen. Was ist – darauf gestützt – unser Schlussresümee? Wie beurteilen wir die bisherige Geschichte der Bundesrepublik? Und wie unser Engagement? Und wie sehen wir die Herausforderungen, die jetzt von der Generation zu bewältigen sind, die uns nachfolgt?

Natürlich gab es in der Geschichte der Bundesrepublik Fehlentwicklungen und auch Fehlentscheidungen. Die gravierendste Fehlentwicklung ist in unseren Augen die Massenarbeitslosigkeit – vor allem in den jungen Ländern, aber auch in der alten Bundesrepublik. Bedrückend ist vor allem die hohe Langzeitarbeitslosigkeit. Die Arbeitslosigkeit ist seit 1982 fast durchgehend gestiegen. Am 1. Februar 2005 erreichte sie mit 5.200.000 ihren höchsten Stand. Inzwischen geht sie erfreulicherweise zurück. Aber die 4.008.000 Arbeitslosen, darunter 1.480.000 Langzeitarbeitslose, die am 31. Dezember 2006 registriert waren, sind noch immer eine schwere Hypothek.

Gerade die Langzeitarbeitslosigkeit bedeutet für die Betroffenen eine gravierende Minderung ihrer Lebensqualität und für die Gesellschaft eine substantielle Gefährdung ihres Zusammenhalts. Andere europäische Länder – zum Beispiel Großbritannien und die skandinavischen Länder – haben es verstanden, ihre Arbeitslosigkeit auf einem erträglichen Niveau zu halten. Die Arbeitslosenzahlen in der alten Bundesrepublik (1990: 1.883.000) machen deutlich, dass die Entwicklung bei uns nicht allein mit der nach der Wiederherstellung der deutschen Einheit zu bewältigenden katastrophalen wirtschaftlichen Hinterlassenschaft der DDR und einzelnen Fehlern, die bei deren Bewältigung gemacht worden sind, erklärt werden kann. Zu fragen ist vielmehr auch, ob sich die Politik und die Gesellschaft insgesamt mit den Herausforderungen und Chancen der Globalisierung rechtzeitig und entschieden genug auseinandergesetzt und den sich abzeichnenden Übergang zur sogenannten Wissensgesellschaft rechtzeitig erkannt hat. Denn nach den Prinzipien der Sozialen Marktwirtschaft muss der Staat innerhalb seiner Möglichkeiten für gute Rahmenbedingungen sorgen.

Besorgniserregend war auch die Entwicklung der öffentlichen Schulden. Sie betrugen allein beim Bund 1970 24,4, 1980 117,6, 1990 277,2, 1998 487,9 und am 31. Dezember 2005 872,6 Milliarden Euro. Natürlich spielt auch hier die Wiederherstellung der deutschen Einheit und deren Finanzierung eine wichtige Rolle. So geht das Institut für Wirtschaftsforschung in Halle beispielsweise davon aus, dass 2005 rund die Hälfte der gesamten Verschuldung aller öffentlichen Hände auf teilungsbedingte Sonderlasten zurückzuführen sei. Und den gewachsenen Schulden stehen ja auch zu einem nicht unbeträchtlichen Teil Investitionen und Strukturverbesserungen gegenüber, die in die Zukunft hinein ihre Wirkung entfalten. Aber es ist ein Alarmzeichen, dass der Anteil der Steuereinnahmen des Bundes, der für die Bestreitung der Zinsen verwendet werden muss, 2005 bei 20,5 Prozent lag. Das engt den Handlungsspielraum des Staates übermäßig ein und belastet die nachwachsende Generation weit über Gebühr.

Eine Fehlleistung war es wohl auch, dass die steigenden Gefahren für die natürliche Umwelt und die wachsende Sorge der Bevölkerung um deren Bewahrung nicht rechtzeitig genug erkannt wurden. Das war auch eine der Ursachen dafür, dass es zur ersten erfolgreichen Neugründung einer Partei nach der Entstehung der Bundesrepublik kam. Davon abgesehen gehen unsere Meinungen jedoch auf diesem Feld der Politik nicht unerheblich auseinander – so beispielsweise bei der Kernkraftnutzung.

Bedenklich ist weiter, dass die demografische Entwicklung – weniger Geburten als Todesfälle, längere Lebenserwartung – erst spät in unser Bewusstsein getreten ist. Die Zahlen und Fakten, aus denen die weitere Entwicklung ziemlich zuverlässig hätte abgeleitet werden können, liegen schon lange auf dem Tisch. Manche Stimme wurde nicht gehört. Das Problem wurde zu lange verdrängt. Erst mit Beginn des 21. Jahrhunderts hat man begonnen, sich ernsthaft mit ihm zu beschäftigen und ihm schrittweise gerecht zu werden.

Auch das Problem der Migration wurde zu lange verdrängt. Als unsere Wirtschaft in voller Blüte stand, wurden die ersten – zunächst europäischen – Gastarbeiter eingeladen, in größerer Zahl zu uns zu kommen, und dankbar begrüßt. Sie halfen uns, das Bruttosozialprodukt zusätzlich zu steigern. Uns mit den Folgen der damit übernommenen Verantwortung zu beschäftigen, haben wir zu spät begonnen. Wir sind kein Einwanderungsland, hieß es noch bis zum Anfang dieses Jahrhunderts, obwohl im Jahre 2000 schon rund sieben Millionen Migranten bei uns lebten. Erst im Jahre 2004 ist nach langem, zähem Ringen ein realitätsnahes Zuwanderungsgesetz von Bundestag und Bundesrat mit großer Mehrheit beschlossen worden, das auch die Aufgabe der Integration stärker ins Auge fasst und auf diese Herausforderungen konkretere Antworten gibt, Antworten, die sich nicht mit Schlagworten wie „Leitkultur" oder „Multi-Kulti-Gesellschaft" begnügen, sondern von den Migranten hinlängliche Sprachkenntnisse sowie die Anerkennung unserer Grundordnung und von den Einheimischen Förderung und Toleranz verlangen.

Auch sonst gab es Fehlleistungen, Fehlschläge, Irrtümer und auch Skandale, aber das ändert nichts an der Feststellung, dass die Geschichte der Bundesrepublik seit 1949 insgesamt eine beispiellose Erfolgsgeschichte war. In einer Zeit, in der ein kritischer Negativismus nicht nur die Gegenwart, sondern auch die Vergangenheit stärker seinem Urteil unterwirft, wollen wir das als Angehörige unserer Generation besonders betonen. Und wir wollen es beispielhaft mit einigen Fakten belegen.

Am Anfang wurden parteiübergreifende Grundentscheidungen getroffen, die die Erfolgsgeschichte der Bundesrepublik möglich machten. So kam erstmals in unserer Geschichte eine Verfassung zustande, die die Unantastbarkeit der Menschenwürde als zentralen Hauptgrundwert an ihren Anfang setzt und daraus verbindliche Grundrechte als Freiheits- und als Teilhaberechte ableitet, eine Verfassung, die die Demokratie, den Föderalismus, den Rechtsstaat und den Sozialstaat als die unabänderlichen Prinzipien unseres Staatswesens festschreibt. Wir haben das und die weiteren Grundelemente unseres Grundgesetzes in Kapitel 3 – ebenfalls gemeinsam – beschrieben. Über alle Meinungsverschiedenheiten hinweg hat sich ein Grundkonsens entwickelt, zu dem auch die Kompromissfähigkeit der Demokraten gehört. Die Strukturen unserer Verfassung haben bis heute manchen Herausforderungen standgehalten, beispielsweise der Bedrohung durch die RAF. Ebenso haben sie revolutionären Vorstellungen mancher sogenannter 68er die Stirn geboten und schließlich nicht wenigen von ihnen den Weg in die demokratische Mitverantwortung gewiesen.

In Deutschland herrscht Pressefreiheit. „Jeder hat das Recht, seine Meinung in Wort, Schrift und Bild frei zu äußern … Eine Zensur findet nicht statt", heißt es in Artikel 5 des Grundgesetzes. Auch wenn die Atmosphäre, in der die Journalisten arbeiten, in Berlin hektischer geworden ist und das ökonomische Prinzip auch im Medienbereich mehr und mehr Gewicht gewonnen hat – es ist eine Freiheit, um die uns viele Millionen Menschen beneiden und für die die Freiheitskämpfer vor 175 Jahren einmal auf das Hambacher Schloss zogen. Möge die Informationspflicht, die Orientierung am Gemeinwohl und der Auftrag, ausgeübte Macht kritisch zu begleiten, möge die gewissenhafte Trennung von Nachricht und Kommentar auch in Zukunft eindeutig Vorrang haben vor Einschaltquoten, Auflagehöhen, Personalisierung, Skandalisierung und ins Auge springenden Schlagzeilen.

Das im Zweiten Weltkrieg weithin zerstörte Land ist wiederaufgebaut worden, rascher, als wir es für möglich gehalten haben. 12,1 Millionen Heimatvertriebene und Flüchtlinge, die selbst aus Not und Elend kamen und zunächst nur Not und Elend vorfanden, sind binnen weniger Jahre durch gemeinsame Anstrengungen integriert worden und haben eine zweite Heimat gefunden – zunächst in den Westzonen und in der Ostzone, später in der Bundesrepublik und in der DDR.

Der wirtschaftliche Wiederaufstieg vollzog sich in einem schnellen und weltweit bestaunten Tempo und führte zu einem Lebensstandard, der auch heute noch den anderer – auch europäischer – Völker deutlich übertrifft. Ein Lebensstil wurde selbstverständlich, von dem man am Anfang der Republik kaum zu träumen wagte. Auch die sozialen Sicherungssysteme haben bei aller Notwendigkeit, sie den neuen Gegebenheiten anzupassen, einen hohen Stand erreicht.

In Europa und der Welt hat die Bundesrepublik erstaunlich rasch wieder den Platz errungen, der ihrer Bedeutung entspricht. Dabei sind wir in die Völkergemeinschaft früher zurückgekehrt, als wir das angesichts der Leiden, die wir anderen Völkern im Verlauf eines verbrecherischen Angriffskrieges zugefügt haben, und angesichts der schrecklichen Untaten, die in deutschem Namen und von Deutschen vor allem an den Juden verübt worden sind, erwarten konnten. Wir haben uns nach Kräften um Wiedergutmachung bemüht und in einem langen, oft schmerzhaften Prozess versucht, unsere jüngste Geschichte nicht zu verdrängen, sie im Gedächtnis zu bewahren und die Erinnerung wachzuhalten.

Seit mehr als 60 Jahren lebt unser Volk nicht nur in Frieden, sondern in der alten Bundesrepublik auch in Freiheit. Vor 17 Jahren ist die Sehnsucht der Bürgerinnen und Bürger im östlichen Teil Deutschlands, dieser Freiheit teilhaftig zu werden, in Erfüllung gegangen, durch eine friedliche Revolution, die auf deutschem Boden ohne Beispiel ist. Das kommunistische System der DDR ist in sich zusammengefallen. Die deutsche Einheit ist ohne einen Tropfen Blutvergießen Wirklichkeit geworden. Die Einbindung der alten Bundesrepublik in die europäische und atlantische Gemeinschaft durch Konrad Adenauer und die Öffnung nach Osten durch Willy Brandt haben reiche Früchte getragen.

Wer hätte sich vorstellen können, dass die Dresdner Frauenkirche, die im Inferno eines der schwersten Luftangriffe noch im Februar 1945 in Trümmer sank, sechzig Jahre später wieder auferstehen würde? Sie steht als Zeichen auch dafür, dass Hass, millionenfacher Tod, Zerstörung und Verzweiflung nicht die letzte Antwort der Geschichte darstellen, sondern dass sie durch Versöhnung, Vergebung, Wiederaufbau und Bejahung des Lebens überwunden werden können. Die Wiedereinweihung dieser Kirche, die wir am Reformationstag 2005 gemeinsam erleben durften, war deshalb für uns ein besonders bewegendes Ereignis.

Die europäische Einigung ist weit fortgeschritten. 27 Staaten, darunter auch die ehemals kommunistisch beherrschten Staaten des östlichen Mittel- und Südosteuropas, gehören der Europäischen Union und zum großen Teil auch der NATO an. Es gibt zwischen den „Schengen-Staaten" keine Grenzkontrollen mehr, der Euro ist gemeinsames Zahlungsmittel in dreizehn europäischen Ländern.

Wenn jemand uns das alles am 8. Mai 1945 vorhergesagt hätte, wir hätten ihn für geisteskrank gehalten.

Sicher haben dabei auch glückliche Umstände eine Rolle gespielt. Und wir haben allen Anlass, dem Schicksal – wir sagen dem Herrgott – dankbar zu sein. Aber wir verdanken das Erreichte auch den gemeinsamen Anstrengungen unseres ganzen Volkes, einer Anstrengung, zu deren Erfolg die Politik, auch die Politiker und die Parteien, wesentlich beigetragen haben. Daran darf gerade heute erinnert werden, in einer Zeit, in der es fast üblich geworden ist, die Parteien verächtlich zu machen und die Politiker zu verspotten.

Wir haben in unseren vorausgehenden Beiträgen begründet, warum wir uns politisch engagiert haben und warum wir dies in verschiedenen Parteien getan haben. Dieses Engagement in den unterschiedlichsten Funktionen und in zwei verschiedenen Parteien, aber letztlich für ein und dasselbe Gemeinwesen bereuen wir nicht. Im Gegenteil: Es hat sich gelohnt. Es hat dazu geführt, dass wir immer wieder vor nicht alltägliche Aufgaben gestellt wurden, dass wir Kräfte und Fähigkeiten entwickeln mussten, die wir uns zunächst nicht zugetraut hätten. Es hat uns zu Begegnungen mit ungewöhnlichen Menschen verholfen, und es hat uns immer wieder den Blick für die unermessliche Vielfalt der menschlichen Natur und des menschlichen Verhaltens geöffnet. Aber es hat uns auch zur Einsicht verholfen, dass man ohne einen archimedischen Punkt und ohne Orientierung an verlässlichen Werten auf Dauer nicht existieren und ein sinnvolles Leben führen kann. Auf diesem Hintergrund versuchen wir nun abschließend ein persönliches Resümee.

Das des älteren Bruders lautet:

Ich habe als Oberbürgermeister geholfen, dass München zu einer modernen europäischen Metropole wurde, ohne seine Eigenart einzubüßen. Ich habe als Regierender Bürgermeister dazu beigetragen, dass Berlin in einer schwierigen Phase den inneren Frieden bewahrt und die partielle Sprachlosigkeit zwischen unterschiedlichen sozialen Gruppen überwunden hat. Ich habe als Bundesminister daran mitgewirkt, die Rechtsordnung unseres Gemeinwesens zu reformieren und zugleich gegen terroristische Gewalt zu verteidigen. Und ich habe schließlich als Vorsitzender meiner Bundestagsfraktion und meiner Partei das meine dazu getan, dass die Sozialdemokratie nach dem Verlust der Regierungsmacht 1982 wieder Tritt fasste, sich mit einem neuen Grundsatzprogramm eine Perspektive über die Jahrtausendgrenze hinweg gab, den Frauen in ihren Reihen zur wirklichen Gleichberechtigung verhalf, am Prozess der deutschen Einigung verantwortungsbewusst mitwirkte und ihre Positionen in den Bundesländern verbreiterte. Außerdem habe ich als Bundestagsabgeordneter in München und dann in Berlin in meinem Bürgerbüro, auf das ich auch heute noch immer wieder angesprochen werde, Tausenden meiner Mitbürgerinnen und Mitbürger in Not und Bedrängnis ganz konkret helfen können.

Nach meinem Ausscheiden aus dem Bundestag und meinen öffentlichen Funktionen setze ich mich mit der von mir mitgegründeten Vereinigung „Gegen Vergessen – Für Demokratie" bis heute dafür ein, den nachwachsenden Generationen immer wieder ins Gedächtnis zu rufen, wohin es führt, wenn – so wie es das NS-Gewaltregime getan hat – die Menschenwürde mit Füßen getreten, die Grundprinzipien mitmenschlichen Zusammenlebens missachtet und einem sogenannten Führer Allmacht und Allwissenheit zugebilligt werden. Zugleich habe ich mich im Nationalen Ethikrat während der Jahre meiner Zugehörigkeit dafür engagiert, die Grenze zwischen Mensch und Sache, zwischen Zeugung und Produktion nicht undeutlich werden zu lassen, und deshalb nicht nur das Klonen, sondern auch jede Instrumentalisierung künstlich gezeugter Embryonen abgelehnt.

Der jüngere Bruder formuliert sein Resümee so:

Ich habe versucht, mich während meines ganzen politischen Lebens an der Idee der christlichen Soziallehre zu orientieren. Ich habe versucht, das junge Land Rheinland-Pfalz, das Land, das durch den Befehl eines französischen Offiziers entstand, im Sinne meiner beiden Vorgänger weiterzuführen und ihm einen angemessenen Platz unter den deutschen Ländern zu sichern. Ich habe versucht, das traditionsreiche Thüringen nach seinem Wiedererstehen eine schwierige Wegstrecke hindurch zu begleiten und meine Erfahrung als Ministerpräsident nutzbar zu machen und dadurch mitzuhelfen, die von mir ersehnte deutsche Einheit zu verwirklichen. Ich habe als überzeugter Föderalist über Jahrzehnte im Bundesrat, zweimal auch als sein Präsident, und nicht zuletzt im Vermittlungsausschuss für berechtige Länderinteressen und gegen Kirchturmpartikularismus gestritten. Ich habe mich aktiv an einer Neuordnung der elektronischen Medien beteiligt. In der politischen Stiftung, die ich bis heute leite, der Konrad-Adenauer-Stiftung, versuche ich, die Mitarbeiter im Geiste unseres Namensgebers zu motivieren, im In- und Ausland tätig zu sein. Und ich habe versucht, in meiner Partei, über mehr als zwei Jahrzehnte im Präsidium und für 31 Jahre im Parteivorstand, daran mitzuwirken, dass die Motive der Gründer dieser Union nicht in Vergessenheit geraten. Ich habe erfahren, dass man gelegentlich unter der eigenen Partei mehr leiden kann als unter der politischen Konkurrenz. Ich habe daran mitgewirkt, dass wir nach Niederlagen nicht resignierten, dass auf neue Herausforderungen neue Antworten gefunden wurden, dass aber Bewährtes nicht rasch vordergründigem Populismus geopfert wurde. In diesem Sinne habe ich zum Beispiel an den Grundsatzprogrammen meiner Partei (1978, 1994, 2006) mitgewirkt. Ich habe versucht, einzelnen Menschen, wenn sie sich an mich wandten, zu helfen, zumindest sie nicht ohne Antwort zu lassen. Das alles wäre mir nicht möglich gewesen ohne Bürgerinnen und Bürger, die mir ihr Vertrauen geschenkt und mich gewählt haben. Ihnen habe ich dafür zu danken. Sie haben meine Arbeit erst ermöglicht.

Wir sind uns bewusst: Im historischen Maßstab ist das, was wir tun konnten, nicht viel, und es wird rascher aus der Erinnerung schwinden als mancher, der es gut mit uns meint, uns heute glauben machen will. Aber wenn wir unserem Gemeinwesen einen Dienst erweisen und mithelfen konnten, haben wir Grund zur Dankbarkeit und Anlass, mit uns einigermaßen im Reinen zu sein. Auch haben wir uns zur richtigen Zeit aus unseren politischen Funktionen zurückgezogen und Jüngeren Platz gemacht. Jetzt stehen die Generationen nach uns vor großen Herausforderungen. Einige – wir haben sie eingangs genannt – stammen noch aus unserer Zeit. Andere sind weltumspannend und erst in den letzten Jahren deutlicher hervorgetreten.

Das gilt etwa für die im Zusammenhang mit der Globalisierung stehende Ökonomisierung, die dem als Instrument unentbehrlichen und anderen Formen wirtschaftlicher Organisation überlegenen Markt mehr und mehr gesellschaftlich wichtige Entscheidungen überlässt, obwohl er in seiner zugespitzten Ausprägung die ökologischen und sozialen Folgen seiner Entscheidungen nicht beachtet. Hier bedarf es der Rahmensetzung auf der europäischen und auch auf der globalen Ebene, weil die nationalen Kompetenzen auf bedeutsamen Gebieten zur Verhinderung bestimmter Fehlentwicklungen nicht mehr ausreichen.

Dann ist die Privatisierung der Gewalt zu nennen, die uns am deutlichsten in der Zunahme terroristischer Aktivitäten begegnet und in manchen Teilen der Welt mit dem Zerfall staatlicher Strukturen einhergeht. Sie wird nicht nur mit konkreten Gegenmaßnahmen, sondern letzten Endes nur durch eine gerechtere Weltordnung überwunden werden können, die die bedrückend ungerechte Verteilung von Macht und Wohlstand auf unserem Globus korrigiert, die ökologische Verantwortung der Menschheit ernst nimmt, den Hunger bekämpft und so dem Frieden auch außerhalb Europas eine wirkliche Chance gibt. Und schließlich das intensive Gespräch zwischen den Religionen und Kulturen, das ohne Aufgabe der eigenen Identität zu einem besseren wechselseitigen Verständnis und zur gegenseitigen Achtung führt.

Gestützt auf unsere eigenen Erfahrungen sagen wir: Auch die heutigen Herausforderungen sind zu bewältigen – die nationalen ohnehin, solange der Staat handlungsfähig bleibt. Auch zu Fortschritten auf der europäischen und der globalen Ebene kann die Bundesrepublik Wesentliches beitragen. Nur dürfen wir dann das Holz nicht verbrennen, aus dem unsere Nachkommen ihre Hütten bauen sollen. Resignation, Enttäuschung, Zukunftsangst, mürrisches Beiseitestehen mit herabgezogenem Mundwinkel, gleichgültige Beliebigkeit unter dem Motto „Man kann ja doch nichts machen" sind die falschen Antworten. Es waren nicht die Antworten unserer Generation, und es dürfen nicht die Antworten der heutigen jungen Generation sein.

Deshalb zum Schluss eine Aufforderung und eine Einladung an alle unsere Mitbürgerinnen und Mitbürger. Die Aufforderung: Habt Mut, Hoffnung und Zuversicht. Seid ins Gelingen verliebt, nicht ins Scheitern. Denkt nicht nur an Euch, sondern engagiert Euch für Eure Mitmenschen und für das Gemeinwesen. Und die Einladung: Versucht, es besser zu machen als die, die Ihr kritisiert. Fragt Euch auch, ob Ihr nicht einer Partei beitreten solltet. Dann kommt Ihr vielleicht eines Tages zu einer ähnlichen Lebensbilanz, wie wir sie hier zu ziehen versucht haben. Wir wünschen es Euch jedenfalls.

Editorische Nachbemerkung

In Texte von Hans-Jochen Vogel sind mit freundlicher Zustimmung der jeweiligen Verlage (in überarbeiteter Form) Passagen aus den folgenden Veröffentlichungen des Autors übernommen worden:

„In amerikanischer Gefangenschaft", in: Gustav Trampe (Hrsg.), *Die Stunde Null. Erinnerungen an Kriegsende und Neuanfang*, Deutsche Verlagsanstalt (DVA) 1995
(in Kapitel 1);

Die Amtskette. Meine zwölf Münchner Jahre. Ein Erlebnisbericht, Süddeutscher Verlag 1972
(in den Kapiteln 9 und 11);

Nachsichten. Meine Bonner und Berliner Jahre, Piper 1997
(in den Kapiteln 12–14).

Zeittafel

Daten der Zeitgeschichte, die in diesem Buch eine Rolle spielen	Bernhard Vogel	Hans-Jochen Vogel
	19. Dezember 1932 Geburt in Göttingen	3. Februar 1926 Geburt in Göttingen
		1943 Abitur in Gießen
8. Mai 1945 Kriegsende		1943–1945 Soldat im Zweiten Weltkrieg
20. März 1948 Ende der Vier-Mächte-Verwaltung		1946–1948 Studium der Rechtswissenschaften in Marburg
20. Juni 1948 Währungsreform in den drei westlichen Besatzungszonen		1948 Referendarexamen
September 1948 Der Parlamentarische Rat nimmt seine Arbeit auf.		
1948–1952 Marshall-Plan		
Juni 1948 – Mai 1949 Berliner Luftbrücke		
23. Mai 1949 Das Grundgesetz tritt in Kraft.		

15. September 1949
Konrad Adenauer wird zum
Bundeskanzler gewählt.

7. Oktober 1949 Gründung der DDR		**1950** Promotion zum Dr. jur. mit einer Arbeit über strafrechtliche Probleme des Widerstandes gegen die Staatsgewalt
		1950 Mitglied der SPD
18. April 1951 Gründung der Europä- ischen Gemeinschaft für Kohle und Stahl (EGKS)		**1951** Große Juristische Staatsprüfung
10. März 1952 Stalin-Note	**1953–1960** Abitur in München; Studium der Politi- schen Wissenschaft, Geschichte, Soziologie und Volkswirtschaft in Heidelberg und in München	**1952–1954** Assessor und Regie- rungsrat im Bayerischen Staatsministerium der Justiz
26. Mai 1952 Deutschlandvertrag, in Kraft getreten 1955		
20. August 1952 Kurt Schumacher stirbt.		
17. Juni 1953 Arbeiteraufstand in der DDR		**1954** Amtsgerichtsrat in Traunstein

9. Mai 1955	1955	1955
Nato-Beitritt der Bundesrepublik	Jugendbildungsreferent im Heinrich-Pesch-Haus Mannheim	Abordnung in die Bayerische Staatskanzlei auf Anforderung des damaligen Ministerpräsidenten Wilhelm Hoegner. Leiter des Arbeitskreises für die Sammlung des Bayerischen Landesrechts

Oktober 1955
Aufnahme diplomatischer Beziehungen zwischen der Sowjetunion und der Bundesrepublik Deutschland, Heimkehr der letzten Kriegsgefangenen

Oktober/November 1956
Ungarn-Aufstand

25. März 1957
EWG-Vertrag

1957/58
Heftige Auseinandersetzungen über die atomare Rüstung der Bundeswehr

1958	1960	1958–1960
Angelo Giuseppe Roncalli folgt Pius XII. als Papst Johannes XXIII.	Promotion zum Dr. phil. mit einer Arbeit über die Unabhängigen in den Kommunalwahlen westdeutscher Länder	Berufsmäßiger Stadtrat und Leiter des Rechtsreferats der Landeshauptstadt München

15. November 1959	**1960**
Godesberger Programm	Mitglied der CDU
der SPD	

	1961–1967	**1960–1972**
	Lehrbeauftragter und	Oberbürgermeister von
	Assistent am Institut	München
	für Politische Wissen-	
	schaft der Universität	
	Heidelberg	

13. August 1961
Beginn des Mauerbaus

26. Oktober 1962
Spiegel-Affäre

11. Oktober 1962 –
8. Dezember 1965
Zweites Vatikanisches
Konzil

21. Juni 1963	**1963**
Giovanni Battista	Mitglied des Stadtrats
Montini folgt	von Heidelberg
Johannes XXIII. als	
Papst Paul VI.	

16. Oktober 1963
Ludwig Erhard wird
Bundeskanzler.

12. Mai 1965
Aufnahme diplomati-
scher Beziehungen
zwischen Israel und der
Bundesrepublik
Deutschland

1966–1969 Erste Große Koalition unter Bundeskanzler Kurt Georg Kiesinger	**1965–1967** Abgeordneter des Deutschen Bundes- tages (Wahlkreis Neu- stadt/Speyer)	
1967/68 Höhepunkt der Studentenbewegung. Tod des Studenten Benno Ohnesorg und Mordanschlag auf Rudi Dutschke	**1965–1975** Bezirksvorsitzender der CDU Pfalz, später Rheinhessen-Pfalz	**1966–1972** Vizepräsident des Organisationskomitees für die Olympischen Spiele 1972 in München und stellvertretender Vorsitzender des Auf- sichtsrats der Olympia- Baugesellschaft
20. August 1968 Ende des Prager Frühling		
21. Oktober 1969 Willy Brandt wird Bundeskanzler.	**1967–1976** Kultusminister von Rheinland-Pfalz	
19. März 1970 Treffen von Willy Brandt mit Willi Stoph in Erfurt		**1970** Wahl in den SPD- Bundesvorstand
1971–1975 Gemeinsame Synode der Bistümer in der Bundesrepublik Deutschland		**1971–1972** Präsident des Deut- schen Städtetages
1973–1975 Pastoralsynode der Jurisdiktionsbezirke in der DDR		

3. Mai 1971 Erich Honecker löst Walter Ulbricht als SED-Parteichef ab.	**1970–1976** Vorsitzender bzw. stellv. Vorsitzender der Bund-Länder-Kommission für Bildungsplanung (BLK)	**1972–1977** Landesvorsitzender der SPD in Bayern
3. September 1971 Vier-Mächte-Abkommen über Berlin	**1971–1988** Abgeordneter des Landtags von Rheinland-Pfalz	**1972–1981** Abgeordneter des Deutschen Bundestages
28. Januar 1972 Radikalenerlass	**1972–1976** Präsident des Zentralkomitees der deutschen Katholiken (ZdK)	
5. September 1972 Anschlag auf die israelischen Teilnehmer an den Olympischen Spielen in München		**1972–1974** Bundesminister für Raumordnung, Bauwesen und Städtebau
6. Mai 1974 Willy Brandt tritt als Bundeskanzler zurück. Sein Nachfolger wird am 16. Mai Helmut Schmidt.	**1974–1988** Landesvorsitzender der CDU Rheinland-Pfalz	**1974–1981** Bundesminister der Justiz
5. September 1977 Mitglieder der RAF entführen den Arbeitgeber-Präsidenten Hanns Martin Schleyer.	**1975** Wahl in den Bundesvorstand der CDU	
13. Oktober 1977 Entführung der Lufthansa-Maschine „Landshut"	**1976–1988** Ministerpräsident von Rheinland-Pfalz	

1976/77 und
1987/88
Präsident des Bundes-
rates

16. Oktober 1978	1976–1988	
Karol Wojtyla wird	Vorsitzender der Rund-	
Papst Johannes Paul II.	funkkommission der	
	Ministerpräsidenten	

13. Januar 1980
Gründung der Partei der
Grünen

1. Oktober 1982	1981–1982	Januar–Juni 1981
Helmut Kohl wird	Vorsitzender der	Regierender Bürger-
Bundeskanzler.	Ministerpräsidenten-	meister von Berlin
	konferenz	

November 1982		1981–1983
Die Zahl der Arbeits-		Mitglied des Berliner
losen in Deutschland		Abgeordnetenhauses
überschreitet die		und Vorsitzender der
Zwei-Millionen-		SPD-Fraktion
Grenze.		

1983
Kanzlerkandidat der
SPD

23. Mai 1984	1983–1994
Richard von Weizsäcker	Abgeordneter des Deut-
wird Bundespräsident.	schen Bundestages

11. März 1985	1983–1991
Gorbatschow wird	Vorsitzender der SPD-
Generalsekretär des	Fraktion im Deutschen
Zentralkomitees der	Bundestag
Kommunistischen	
Partei der Sowjetunion.	

26. April 1986
Tschernobyl

28. August 1988 Katastrophe auf dem Flughafen Ramstein		
August 1989 Grenzöffnung in Ungarn	**1989–1995** Vorsitzender der Kon- rad-Adenauer-Stiftung	**1987–1991** Vorsitzender der SPD
9. November 1989 Die Mauer fällt.		
3. Oktober 1990 Beitritt der neuen Länder zur Bundes- republik Deutschland		
2. Dezember 1990 Erste gesamtdeutsche Bundestagswahlen	**1992–2003** Ministerpräsident des Freistaates Thüringen	
20. Juni 1991 Berlin wird Sitz des Bundestages.	**1992–1994** Mitglied in der Gemeinsamen Verfas- sungskommission von Bundestag und Bun- desrat	**1992–1994** Obmann der SPD in der Gemeinsamen Verfas- sungskommission von Bundestag und Bundes- rat
	1993–2000 Landesvorsitzender der CDU Thüringen	**1993–2000** Vorsitzender der Vereinigung „Gegen Vergessen – Für Demo- kratie"
3. Januar 1996 Roman Herzog erklärt den 27. Januar zum Ge- denktag für die Opfer des Nationalsozialismus.	**1994–2004** Abgeordneter des Thüringer Landtags	
	1996–1997 Vorsitzender der Ministerpräsidenten- konferenz	

27. Oktober 1998
Gerhard Schröder wird
Bundeskanzler.

2000–2001
Mitglied und Stell-
vertretender Vorsitzen-
der der Unabhängigen
Zuwanderungs-
kommission

November 1999
Beginn der CDU-
Parteispendenaffäre

1. Januar 2002
Der Euro ersetzt die
D-Mark.

26. April 2002
Morde am Gutenberg-
Gymnasium in Erfurt

20. März 2003
Beginn des Irakkriegs

19. April 2005
Joseph Ratzinger wird
als Benedikt XVI. zum
Nachfolger von Papst
Johannes Paul II.
gewählt.

Seit 2001
Ehrenamtlicher
Vorsitzender der Kon-
rad-Adenauer-Stiftung

2001–2005
Mitglied im Nationalen
Ethikrat

22. November 2005
Zweite Große Koaliti-
on, Angela Merkel wird
zur Bundeskanzlerin ge-
wählt.

9. Juni – 9. Juli 2006
Fußballweltmeister-
schaft in Deutschland

Personenregister